中国共产党建党100周年优秀学术成果丛书

风月同天
中日人物与文化交流

江 静 关雅泉 等著

浙江工商大学出版社
ZHEJIANG GONGSHANG UNIVERSITY PRESS
·杭州·

图书在版编目(CIP)数据

风月同天:中日人物与文化交流 / 江静等著. —
杭州:浙江工商大学出版社,2021.6(2022.4重印)
ISBN 978-7-5178-4463-1

Ⅰ.①风… Ⅱ.①江… Ⅲ.①中日关系—文化交流—
文化史—人物研究 Ⅳ.①K203②K313.03

中国版本图书馆 CIP 数据核字(2021)第 072486 号

风月同天:中日人物与文化交流
FENGYUE TONGTIAN:ZHONG-RI RENWU YU WENHUA JIAOLIU
江 静 关雅泉 等 著

出 品 人	鲍观明
策划编辑	郑 建
责任编辑	姚 媛 鲁燕青
责任校对	张春琴
封面设计	沈 婷
责任印制	包建辉
出版发行	浙江工商大学出版社
	(杭州市教工路198号 邮政编码310012)
	(E-mail:zjgsupress@163.com)
	(网址:http://www.zjgsupress.com)
	电话:0571-88904980,88831806(传真)
排 版	杭州朝曦图文设计有限公司
印 刷	杭州高腾印务有限公司
开 本	710mm×1000mm 1/16
印 张	18.75
字 数	296千
版 印 次	2021年6月第1版 2022年4月第2次印刷
书 号	ISBN 978-7-5178-4463-1
定 价	68.00元

总　序

　　1921年中国共产党的成立,是中国历史上开天辟地的一件大事。2021年,中国共产党将迎来百年华诞。100年来,中国共产党走过了波澜壮阔的光辉历程,从一个只有50多人的小党发展成为拥有9000多万名党员的世界第一大党,领导中国人民完成新民主主义革命,实现了民族独立和人民解放;建立社会主义制度,完成了中国历史上最广泛、最深刻的社会变革;做出改革开放伟大决策,开创了建设中国特色社会主义道路,为实现中华民族的伟大复兴指明了方向。历史和现实雄辩地证明,没有共产党就没有新中国,没有共产党就没有中国特色社会主义事业的胜利。中国共产党不愧为伟大、光荣、正确的马克思主义政党,不愧为领导中国人民不断开创新事业的核心力量。中国共产党100年的光辉历程,犹如一幅逶迤而又气势磅礴、雄浑而又绚丽多彩的画卷。

　　高山耸峙,风卷红旗过大关。中国共产党的百年历史就是在一个个挫折中不断成熟、在一场场考验中不断成长的奋进诗篇,如今的中国共产党已经拥有了应对挑战的丰富经验和克服困难的强大能力。面对百年未有之大变局,党的十八大以来,以习近平同志为核心的党中央统揽国内国际两个大局,统筹推进"五位一体"总体布局,协调推进"四个全面"战略布局,把中国特色社会主义不断推向前进。在"两个一百年"奋斗目标的历史交汇点上,党的十九届五中全会统筹中华民族伟大复兴战略全局和世界百年未有之大变局,提出了到2035年基本实现社会主义现代化远景目标,中国共产党将带领全国人民开启全面建设社会主义现代化国家、实现中华民族伟大复兴中国梦的新征程。

　　全面总结、系统阐释党的光辉历程是理论界义不容辞的责任。我校作为一所习近平同志在浙江任职期间视察并寄予厚望的省重点建设高校,发挥在哲学社会科学领域的优势,宣传、阐释浙江乃至全国各地在党的领导下开展的伟大实践和探索,是我们的使命与担当。为此,我们筹划了这次"中国共产党建党100周年优秀学术成果丛书"出版工作。对于浙江工商大学来说,这套丛书在2021年出版发行具有双重意义。首先,这套丛书是我们向建党100周年的献礼,其次,2021年我们将迎来学校110周年校庆,因此,这套丛书的出版发行也是校庆系列活动中的标志性项目。

浙江工商大学110年的校史与中国共产党100年的党史是紧密交织在一起的。我校的前身是创建于1911年的杭州中等商业学堂。这是浙江省新式商业教育之先驱,也是当时全国最早创办的商业专门学校之一。1921年后,当中国共产党人为民族解放和人民幸福前赴后继、英勇奋斗时,学校在军阀混战、抗日战争和解放战争相继发生的中国,坚守实业救国初心,以传承实业教育为己任,筚路蓝缕、艰辛办学,学校数易其名、屡迁校址。1949年中华人民共和国成立、中国共产党成为执政党后,学校迅速完成了转变,进入历史新纪元,1963年,学校由商业部直属,更名为杭州商业学校,列为全国重点学校。党的十一届三中全会开启了改革开放历史新时期,社会急需大量商业管理人才,学校进入了一个崭新的发展时期,实现了一个又一个跨越:1980年,国务院批准建立杭州商学院,学校升格为本科大学;1990年获得硕士学位授予权;2003年获得博士学位授予权;2004年,教育部批准杭州商学院更名为浙江工商大学;2015年,学校被确定为浙江省人民政府、商务部和教育部共建大学;2017年学校被确定为浙江省重点建设高校。目前,学校正在按照2020年末召开的学校第三次党代会确定的战略目标,全力冲刺"双一流",建设卓越大学,奋力标定在全国乃至世界高等教育中的新坐标。

回望学校110年办学历程,特别是新中国成立以来,我校始终坚持正确办学方向,与时代同呼吸,与祖国共命运。在我校的办学历史中涌现了爱国民主先驱、中华人民共和国首任粮食部部长章乃器,著名经济学家、原国家计划委员会副主任骆耕漠等一大批杰出校友。可以说,浙江工商大学就是一所传承红色基因、怀揣实业兴国梦的高校。

在百年党庆和110年校庆的交汇点上,浙江工商大学组织全校力量编写这套丛书,热情讴歌党的丰功伟绩,唱响校庆活动的红色旋律。丛书选题、编写工作从2020年初就开始酝酿,2020年5月在全校范围征集"庆祝中国共产党建党100周年等重点选题和优秀研究成果",经过专家评审、选题凝练,7月确定丛书总体框架、各分册主题和内容,随后进入书稿撰写阶段。此后,编写组还多次召开集体研讨会,研究书稿撰写、统稿、出版工作。目前呈现在读者面前的是丛书的第一辑,随后各分册会陆续出版发行。

这套丛书涉及政治学、历史学、管理学、法学、经济学、统计学、语言学等学科,涵盖党的历史、现代化建设、党建业务、社会治理、经济发展、对外交流、数字经济等多个主题。各分册从不同视角展现了全国人民特别是浙江儿女在中国共产党的领导下投身革命救亡图存、改革开放发展经济、走在前列实现跨越的伟大实践与探索。我们希望这套丛书能够进一步激发社会各界的爱党爱国热情,进一步坚定广大读者的"四个自信",进一步鼓舞全国人民在党的领导下建设社会主义现代化国家的冲天干劲。

这套丛书的编写、出版过程凝结了各分册作者、学校人文社会科处、浙江工商大学出版社相关同志的心血,在此致以问候!浙江省委宣传部、浙江省社科联、浙江省委党史和文献研究室等部门相关领导和专家对丛书的整体定位、选题、编写工作给予了大量指导,一并表示衷心感谢!

陈柳裕

2020年10月

前　言

　　文化交流是人类活动的产物。一切文化交流活动都是以人为主体,由人参与、进行的。离开了人,便无所谓文化,更谈不上交流。同样,中日文化交流的历史也是由中日各个阶层、不同身份的人物活动及其作用所构成的。

　　在中日两千余年的文化交流中,不同时代发挥主要作用的人物群体是不尽相同的。大体而言,隋唐以前是传说中的人物,隋唐时期是遣隋使和遣唐使,宋元时期是往来于中日两国间的僧侣,明代前期是遣明使,明末清初是赴日僧侣和商人,清代是赴日官员和留学生,民国初年则是来华的日本官员和学者。正是通过这些官方及民间的人物,中华传统文化传到日本,中日两国形成了诸多同质的文化特性、相近的文化意识和某些相似的价值观。历史上,这种共同的文化认知促进了东亚文化圈的形成,有利于东亚国际秩序的稳定。就其现实意义而言,共同的文化传统对于化解东亚各国之间的矛盾、建立良好的互动机制、加强各国的友好往来具有积极的促进作用,有利于东亚区域共同体的建设,进而推动人类命运共同体的构建。

　　本书是以文化交流和文化传播为视角,通过群体描述与个案研究相结合的方法,对中日文化交流史上的人物进行专门研究的著作。研究对象主要是各时期具有代表性的人物群体,也包括虽然不是文化交流的主角,却发挥了特殊作用的人物群体,如赴日唐商,同时,还包括未曾来过中国,却深受中国文化影响的江户儒学者。我们在对这些人物群体进行总体介绍的同时,选取其中的典型人物,对其事迹、著作、思想等进行研究,使读者不仅对各时期人物交流的特点有整体把握,还能对个体人物形成鲜活生动的印象,从而丰富大家对中日两千余年文化交流的理解与认识。同时,我们也尊重中国学术"经世致用"的传统,在世界充满不稳定性、不确定性因素的今天,我们希望我们的研究成果有利于大家吸取历史上的成功经验,在加强各国人民之间的联系、增进彼此的友谊、促进思想文化交流方面做更多的贡献,为推动世界和平与稳定发挥积极的作用。

本书主要有以下三个特点。第一,研究时代跨度长。从8世纪至20世纪初,涉及中国唐、宋、元、明、清,以及日本奈良、平安、镰仓、江户、明治等多个时期的人物,有助于我们纵向概览中日交流史的整体样貌。第二,研究人物类型多。表现在:(1)既有被中日两国共同供奉的人物神,也有真实存在的历史人物;(2)既有商人、僧侣,也有儒者、官员、汉学家;(3)既有历史上的著名人物,如林罗山(1583—1657)、罗振玉(1866—1940)等,也有许多几乎被后人遗忘、忽视的小人物,如张楷(1398—1460)、吴庆坻(1848—1924)、中畑荣(1877—1933)等;(4)既有往来于中日两国间的人物,也有未曾走出国门的人物。第三,使用文献资料丰富。表现在既有非文字形式的民间习俗,也有儒家经典、历史古籍,还有禅林墨迹、笔谈记录、私人书信,以及游华日记等。本书试图通过不同时期、不同身份的人物与多种多样的文字记载,展示以人物为载体的中日文化交流的悠久性、多样性和复杂性。

全书由以下六章构成:第一章"中日文化交流史上的共同神"以方相氏和钟馗为例,通过对古代中日共同神诞生、传播与发展历史的分析,探讨共同神信仰在古代中日文化交流史中的意义;第二章"唐日贸易与唐商人"探讨了唐日贸易的三种形式,主要聚焦9世纪登上历史舞台的唐商人,分析了唐商渡日的原因、历史作用和意义;第三章"中国僧俗与来华日僧"探讨了宋、元、明时期僧侣的东渡机缘、在日主要活动及社会影响,通过具体案例,探讨中国人与日本人交往的主要内容、作用及影响;第四章"日本江户时期的儒学者及其经典诠释"以林罗山的《大学谚解》、林鹅峰(1618—1680)的《论语集注私考》,以及熊泽蕃山(1619—1691)的《大学和解》《大学小解》为中心,考察江户儒学者对儒家经典的不同诠释,借此分析日本儒者的思想特点,进而揭示中日儒学发展之异同;第五章"清末中国官民的对日考察及其记录"从清末赴日考察官绅中选取罗振玉、吴汝纶等四位具有代表性的人物,从他们在考察期间留下的笔谈记录、访书记录、给国内家人的书信等第一手资料入手,考察他们在日期间的活动及其与日本官绅交流的情况；第六章"日本明治时期游华汉学家及其游记"在对明治时期来华日本人及其汉文游华记录做梳理和总体介绍的基础上，通过对典型人物的个案分析，考察近代早期来华日本人的主要活动，以及他们的汉文作品。

我们虽然十分重视史料的搜集，努力发掘以往不被人重视和使用，甚至是未公开的材料，并试图通过缜密的分析和考证、合理的推断和解释，最大限度地还原历史真相，但是，因水平有限，成果与意愿总还是有令人遗憾的偏差，望读者批评指正。

最后需要说明的是，本书系浙江工商大学东亚研究院集体研究的成果。各章节作者情况如下：第一章姚琼博士，第二章吴玲教授，第三章江静教授，第四章关雅泉博士，第五章吕顺长教授，第六章张明杰教授。以上作者基本上在各自的研究领域有长期的积累。我们试图打破过去只在各自领域进行研究的局限，多视角、全方位、深层次地为读者呈现出一幅真实、壮阔的中日文化交流史画卷。

C目录
Contents

第一章　中日文化交流史上的共同神

第一节　中日文化交流史上的人物神信仰

在中日人物交流的历史长河中，有一批来自中国神话故事中的神灵，他们伴随着中日往来使节的脚步，漂洋过海，成为中日两国人民共同信奉的保佑神。还有一批在中国受到世人瞩目的历史人物，他们褪去了人神的躯壳，幻化成仙，乘海东渡，成为邻国家喻户晓的守护神。本节将通过列举中日神话中的共同神信仰和历史人物神信仰，与读者一同目睹中日两国人物神信仰的面貌。

一、古代中日神话中的共同神信仰

古代中日神话中出现了一批共同神信仰，如徐福、钟馗、天妃、七福神等。这些神灵诞生于中国，随着古代中日交流的展开来到邻国日本，扎根、发展，成为日本社会民间信仰的重要组成部分。

徐福，秦代著名方士，中国有文字记载以来最早的航海家和探险家，中日友好的最早使者，中华文明的传播者。唐代诗人李商隐有七言绝句《海上》："石桥东望海连天，徐福空来不得仙。直遣麻姑与搔背，可能留命待桑田。"公元前210年，秦始皇东巡，派徐福率领三千童男、三千童女扬帆东渡，寻求不老仙药。徐福带领当时具有先进技术的工匠等技术人员东渡日本，给当时生产力低下的日本带去了先进的造船航海、铜铁冶炼等技术，以及先进的耕作方式和文明的生活习俗。直至今日，在日本有徐福祠、徐福墓，还有祭祀徐福的神道祭祀活动，徐福传说也仍流行于日本各地。相传徐福首先到达日本的熊野，因此如今

的日本三重县熊野市波田须车站附近仍有徐福之宫,宫内供奉着徐福从中国带
去的手钵。当地还曾出土秦代的货币"秦半两",这也为熊野是徐福首登日本之
地一说增添了几分可信度。在熊野附近的和歌山县新宫市还有传说中的徐福
之墓。围绕徐福墓,人们建起了徐福公园,公园内除了有徐福墓碑,还有徐福功
德纪念碑及祭拜七位徐福亲信重臣的七塚之碑。在日本佐贺县佐贺市也流传
着关于徐福的传说。在当地有种叫作寒葵的植物,因在方言中其发音与"不老
不死"相同,故这种植物被认为是徐福在当地发现的。时至今日,日本多地仍流
传着关于徐福的传说,可见两千年来徐福在日本的影响力。

　　钟馗,作为古代中国的驱鬼善神,其捉鬼的形象形成于魏晋时期,在唐代得
到广泛发展并出现在朝廷的瘟疫祭祀仪礼中,宋元时期开始世俗化,到了明清
时期钟馗成为文人画、戏曲的取材内容之一。而传入日本的钟馗,其形象多见
于京都地区寻常百姓家屋顶两端竖立的瓦片上,俗称"钟馗瓦",抑或以捉鬼图
的形式出现在绘画作品中。"钟馗瓦"的流行与日本本土的传说有关。相传有一
家药店在房顶上放置了一块大的"鬼瓦",药店对面人家的女儿得了重病,在几
番求医却不得医治的情况下,将得病的原因归于药店房顶的"鬼瓦"。经高人指
点,只有在自家屋顶上竖一块足以对抗药店"鬼瓦"的瓦片,病症才会自愈,于是
对面人家在自家屋顶上竖起了"钟馗瓦"。据说,这家女儿的病真的很快就好了
起来。这则传说最早来自《街谈文文集要》中的"鬼瓦看发病",自此,在屋顶上
竖立"钟馗瓦"的习俗在日本流行开来。而关于最为人们所熟知的钟馗追鬼图
要数创作于平安后期至镰仓初期的《辟邪绘》,图中画的是来自古代中国的瘟
神,分别是天刑星、旃檀乾闼婆、神虫、钟馗和毗沙门天。《辟邪绘》中的钟馗脚踏
官靴,头顶斗笠,面目狰狞地在捉拿一个小鬼。这基本符合唐代钟馗捉鬼的形
象。时至今日,钟馗依然是日本人所熟知的来自中国的神灵之一,日本京都清
水五条桥附近的钟馗神社和爱媛县松山市的钟馗寺每年还会举行"钟馗祭",以
此来请求钟馗保佑全家无病。

　　天妃,又称妈祖,是中国民间信仰中的一位"航海守护神",在沿海地区有广
泛的信仰基础。天妃信仰对东亚沿海国家的影响深远,其中就包括日本。天妃
信仰传入日本,伴随着朝贡贸易的发展。洪武二十五年(1392),明政府向琉球
派遣"闽人三十六姓"以提供船员、翻译等人才,天妃信仰随之传入琉球。历史

上,冲绳县内存在过四个天妃宫,分别是上天妃宫、下天妃宫、波上天妃宫和久米岛天妃宫,四个天妃宫成为冲绳岛内天妃信仰的象征。在此之后,17世纪初,中国商人乘坐的唐船被禁止进入萨摩地区,长崎开始成为唐船入港的地点,在日本幕府实行锁国政策之后,长崎作为中日之间贸易交流的窗口繁荣起来。中国商人把天妃信仰也一并带入长崎,并在此建起唐寺用以供奉天妃。其中,最为著名的唐寺要数崇福寺、兴福寺、福济寺和圣福寺。天妃信仰传入日本后与当地的本土信仰也有所结合,使其逐渐符合日本人的信仰习俗。例如,日本的天妃信仰与船玉信仰结合在一起,共同作为保佑渔民航海安全的神灵受到渔业从业人员的推崇。船玉信仰是指人们相信船体是有灵魂的,人们会在船体帆柱下面藏入女性的毛发、一对男女人偶、两个骰子、十二文钱,以及五谷,将其作为船玉的象征。日本人相信祭祀船玉神可以保佑渔民航海安全,而船玉神一般被认为是女性神,这为其与天妃信仰的结合提供了可能性。

七福神,在日本分别为惠比寿、大黑天、毗沙门天、辩才天、福禄寿、寿老人和布袋和尚。这七位福神分别有不同的由来,其中惠比寿发源于日本本土,大黑天、毗沙门天和辩才天来自佛教的神祇,而福禄寿、寿老人和布袋和尚被认为是由中国传入的。福禄寿是幸福、高禄、长寿三德之神,他手持拐杖、团扇,常有仙鹤跟随其后。人们信奉福禄寿以求实现幸福、富贵和长寿的愿望。寿老人起源于中国的道教,是不老长寿之神,他一手拄着杖,一手托着象征长寿的仙桃,身边伴着梅花鹿。日本人对寿老人的供奉同样是希望实现长寿、富贵的愿望。布袋和尚是七福神中唯一有生活原型的神。他原是中国后梁时期的人物,名为契此,有着大大的肚子,常常带着一只布袋四处化缘,他还常用装在布袋里的财宝救济穷人,又帮人占卜吉凶,被认为是弥勒菩萨的化身。

日本室町时期,随着中日之间贸易往来的繁盛,日本社会的商业发展繁荣,与此同时,庶民阶层的文化也得到极大的发展。在这一时期,从中国传入的追求现世利益的福神信仰受到庶民阶层的推崇,书院、茶馆等地常常悬挂他们的画像。进入江户时期,"黑衣宰相"天海僧正援引《仁王护国般若波罗蜜经》中的"七难即灭,七福即生",提出七福即寿老人的长寿、大黑天的财富、福禄寿的人望、惠比寿的正直、辩才天的敬爱、毗沙门天的威势、布袋和尚的宽宏大量,并进一步促使德川幕府将七福神信仰作为一项宗教政策进行推广。德川家康让人抄回七福神乘坐包船的画像,自此七福神成员固定并更加广泛流行。

二、历史人物神信仰

除了神话中的共同神,有一批在中国受到瞩目的人物,他们漂洋过海来到日本之后幻化成仙,受到邻国百姓的喜爱,例如杨贵妃、谢国明等。

杨贵妃,又名杨玉环,中国四大美人之一,因与唐明皇的爱情故事而家喻户晓。关于她去世的地点,自古以来人们认定是在陕西省兴平县(今兴平市)西的马嵬坡。然而,在日本民间则流传另一种说法,当年在马嵬坡被勒死的是杨贵妃的替身,真正的杨贵妃则在逃走后流亡各地,最终东渡来到了日本。日本民间多地都流传着有关杨贵妃的传说。例如,山口县大津郡油谷町有杨贵妃之墓,因此该地被日本人称为"杨贵妃之乡"。京都泉涌寺有杨贵妃的佛像,相传是由镰仓时期一个叫湛海的僧人请来的。此外,熊本县天草郡新和町还流传着杨贵妃手持天草来到此地的传说。相传杨贵妃曾居住在新和町的龙洞山中,在当地天降瘟疫的时候,杨贵妃用从中国带来的天草为当地人治病除疫,因此杨贵妃在当地受到百姓的广泛爱戴,人们将当地出产的一种大米称为"杨贵妃米"。关于杨贵妃在日本的传说不仅流传于民间,还出现在多部文学作品中。镰仓时期的小说《曾我物证语》中就有一则关于杨贵妃的传说,内容大致为玄宗皇帝自杨贵妃死后,思念不已,于是命方士寻找杨贵妃的灵魂所在。方士通过法术得知杨贵妃在蓬莱宫中,遂前去找寻。正遇杨贵妃从宫中出来,并让方士将一只发簪带给玄宗皇帝。随后,贵妃坐上飞车,来到日本的尾张国,现身为八明神。后人由此认为杨贵妃就是热田明神,蓬莱宫就是热田神宫。除了《曾我物证语》,还有《今昔物语集》《平家物语》《十训抄》《唐物语》等日本文学作品,都对杨贵妃的传说有所记载。另外,杨贵妃还出现在日本的戏剧剧目中,其中以能乐和歌舞伎为主,足见杨贵妃在日本的影响力。

谢国明,南宋时期活跃在日本九州地区的临安(今浙江省杭州市)商人,因从事与日本的贸易,后定居九州的博多港栉田神社附近,并在此娶妻生子。谢国明久居日本,在九州一带拥有一定的影响力,是拥有船只的贸易首脑,人称博多纲首或船头。谢国明在日本期间于日本仁治三年(1242)出资建造承天寺,并请从中国径山归来的圆尔(1202—1280)做住持。谢国明也曾在径山遭遇大火时,出资从日本运去木板千张,帮助径山寺渡过火灾之难。为感谢谢国明的资助,径山寺住持无准师范(1177—1249)还亲自写信表示感谢。谢国明不仅是活跃在日本九州地区的大商人,相传他还把荞麦面、馒头、唐铗(剪刀)、造船技术等制作工艺带入日本,因此谢国明深受当地日本人的爱戴。相传谢国明卒于日本弘安三年(1280),他去世后被安葬在距离博多站不远的御笠桥附近。人们在其墓地旁边种植楠木以作纪念,由此当地人也亲切称呼他为"大楠先生"。直至今日,在日本九州,每年8月21日人们仍会举行"千灯明祭",用以纪念谢国明并感谢其为九州地区所做出的贡献。

第二节 传入日本的驱疫神方相氏

方相氏之名,较早见于《周礼·夏官》:"惟王建国,辨方正位,体国经野,设官分职,以为民极。乃立夏官司马,使师其属而掌邦政,以佐王平邦国。……方相氏,狂夫四人。……方相氏掌蒙熊皮,黄金四目,玄衣朱裳,执戈扬盾,帅百隶而时难,以索室驱疫。大丧先柩,及墓入圹,以戈击四隅,驱方良。"[①]由此可知,方相氏是隶属于夏官司马的一种官职,在驱疫的祭祀仪礼傩祭,以及大丧的葬礼中驱鬼。作为驱鬼之官的方相氏,掌蒙熊皮,头戴金色的四目面具,在傩祭中率百官和童子将疫鬼方良驱逐出去,在葬礼中则列于队伍之首进行驱鬼。

随着日本对中国古代律令制度的吸收,在中国驱疫仪礼傩祭和葬礼中驱赶疫鬼的方相氏,与傩文化和葬礼习俗一同东传至日本,并融入日本宫廷祭礼和帝王葬礼。传入日本后的方相氏最初仍发挥着驱鬼的作用,然而随着日本宫廷傩祭的发展,其驱鬼的形式和内容逐渐发生变化。本节将通过中日古代文献中有关方相氏的记载,分析方相氏在日本古代宫廷傩祭和帝王葬礼中的发展特点,并探究其发展变化的原因。

---

① 李学勤主编:《十三经注疏 周礼注疏》,北京大学出版社,1999年,第74页。原文为繁体,现统一为简体,下同。

一、日本古代宫廷傩祭中的方相氏

日本对方相氏的引入,伴随着宫廷傩祭的东传,最初见于日本庆云三年(706)的大傩仪式:"天下诸国疫疾,百姓多死,始作土牛大傩。"[①]与同一时期中国傩祭中方相氏处于主导地位不同,日本的宫廷傩祭由阴阳寮负责,阴阳师率斋部奠祭,并由阴阳师读咒文后,才由方相氏驱鬼。因此,平安初期的日本宫廷傩祭中,方相氏是在阴阳师的主导下进行驱鬼的。由藤原冬嗣等七人受嵯峨天皇之命编纂,成书于821年,并于833年经清原夏野修订的记载平安初期宫廷仪礼的仪式书《内里式》中,记载了平安初期举行傩祭的过程。

> 十二月大傩式
>
> 晦日夜。诸卫依时克勒所部。屯诸门。……方相一人。着假面,黄金四目,玄衣朱裳,右执戈左执盾。侲子廿人,同着绀布衣朱末额,共入殿庭列立。阴阳师率斋部奠祭,阴阳师跪读咒文。讫方相先作傩声,即以戈击盾。如此三遍,群臣相承和呼,以逐恶鬼。各出四门,至宫城门外,京职接引,鼓噪而逐,至郭外而止。[②]

根据《内里式》的记载,平安初期的大傩式于年末晦日举行,方相氏一人戴黄金四目的假面,身穿玄衣朱裳,左右手分别拿着盾和戈,侲子二十人与其一同立于殿庭。阴阳师率斋部奠祭跪读咒文后,方相氏"先作傩声",后"以戈击盾",三遍之后,群臣共同和呼而追鬼,直至将鬼逐至宫城门外由京职接引,再将鬼逐至城外。此时的方相氏基本沿袭了中国古代宫廷傩祭中驱赶疫鬼的功能。

然而,随着日本宫廷傩祭的发展,方相氏的地位开始发生变化。由源高明(914—982)编撰的记载10世纪日本宫廷仪式的《西宫记》中"追傩事"一条,可以看出方相氏的这种变化。

---

① 经济杂志社编:《国史大系 续日本纪》,经济杂志社,1901年,第43页。
② 内外书籍株式会社:《新校群书类从 内里式》,内外书籍株式会社,1931年,第270页。标点为笔者注,下同。

　　戌刻,王卿着座。……方相参入,松八把立前,子八人在后。立版南三丈。王卿以下列南殿。西上去门二丈。雨下,立门坛上。阴阳寮下部八人给方相飨。出自安福殿砌入自月华门。同寮官人一人立版读宣命。词在寮式。撒飨。同寮人。方相扬声打盾三座。群臣相承和呼。王卿以下各率眷属四门分追。插笏执杖。侍臣任分配追。方相经明义、仙华门,出自泷口户向北门。上卿从方相分出。向东门。右近阵进白木束,以充追傩。阙追傩,侍从除元日见参。有障者触外记。[①]

　　分析《西宫记》中所载傩祭,我们可以发现,这一时期的傩祭发生了较大的变化,主要有以下三点:(1)傩祭名称的改变。由“大傩”变为“追傩”。(2)侲子人数减少。相对于《内里式》所载方相氏与侲子二十人一同驱疫,《西宫记》所载傩祭中的侲子人数减少至八人。根据《隋书》所载,侲子为十岁以上十二岁以下的乐人子弟,是参加驱鬼祭礼的儿童。侲子人数的减少在一定程度上体现出祭礼规模的缩小。(3)阴阳寮(师)下部给方相飨。从这三点的变化中我们可以看出,10世纪初傩祭的规模开始缩小,从名称到方相氏的地位都有所变化。而此后的宫廷傩祭也继承了这些变化。

　　《西宫记》之后,由大江匡房(1041—1111)编撰于1111年的《江家次第》记载了12世纪初的宫廷傩祭,具体如下:“方相经明义仙华门出北廊户,上卿以下随方相后度御前,出自泷口户,殿上人于长桥内射方相,主人于南殿密览,还御之时,扈从人忌最前行逢方相。”[②]方相氏经仙华门从北廊户出来,上卿以下跟在方相氏身后经过御前自泷口户出来,殿上之人在长桥内用弓箭射方相,天皇则在南殿秘密观览整个过程,而还御之时,侍从忌讳在追傩队伍前方遇到方相氏。从《江家次第》中所载傩祭可知,12世纪初期宫廷傩祭中的方相氏已经彻底沦为被追赶的对象,作为疫鬼的象征,甚至遭到殿上人的射击。

---

　　① 神道大系编纂会编:《神道大系　朝仪祭祀编　西宫记》,神道大系编纂会,1993年,第363页。

　　② 神道大系编纂会编:《神道大系　朝仪祭祀编　江家次第》,神道大系编纂会,1991年,第552页。

在此之后,由藤原为隆(1070—1130)编撰,记录日本长治二年(1105)至大治四年(1129)历史的汉文日记《永昌记》一书的"追傩"条中有载:"嘉承元年十二月卅日丁亥,夜深有追傩事……咒方相氏阴阳咒了,经轩廊渡东庭,此间侍臣放矢傩之,即下格子,主上数度有仰,良久追之。"[1]这里描述了嘉承元年(1106)的岁末追傩,阴阳师读咒文后,方相氏经轩廊来到东庭,在此期间侍臣用弓箭射向方相氏,众人追赶之,而天皇则放下格子,避免看到方相氏。平安后期,方相氏逐渐消失在宫廷傩祭中。由藤原朝隆(1097—1159)编撰的仪式书《云图抄》的"追傩"条目中,已经没有方相氏的踪影,取而代之的是"傩王"。书中记载道:"傩王率侲子入仙华门,经东庭出泷口户,侍臣于孙庇射之。"[2]率领侲子入仙华门的变成了傩王,经过东庭出泷口户之后,侍臣开始用箭射傩王,可知这里的傩王代替了已成为疫鬼象征的方相氏。镰仓时期的礼仪书《建武年中行事》(1334年成书)中所载"追傩"行事,也没有了方相氏的踪影,"大舍人寮扮鬼,阴阳寮于南殿读祭文,上卿以下追之。殿上人等立于御殿,桃弓苇矢射之。入仙华门经东庭至泷口之户"[3]。镰仓时期的追傩行事中,大舍人寮担当了被追之鬼,阴阳寮于南殿宣读祭文,上卿以下的众臣追逐大舍人寮,从仙华门经过东庭追至泷口。由此可知,到了镰仓时期,作为被追逐的疫鬼由大舍人寮扮演,而方相氏的踪影已无处寻觅。

通过以上对平安时期有关记载方相氏史料的分析可知,在早期日本宫廷傩祭中,方相氏的主要职责为做傩声驱疫鬼;而自平安中期起,随着傩祭规模的缩小、名称的变化,方相氏在傩祭中的地位开始发生变化,并逐步沦为疫鬼的象征,在傩祭中受到驱逐;直至平安后期彻底消失于日本宫廷傩祭中。

二、日本古代帝王葬礼中的方相氏

除了宫廷傩祭,日本古代帝王葬礼中也出现了方相氏。《续日本后纪》记载,日本嘉祥三年(850)三月,在仁明天皇的葬礼上,"奉葬天皇于山城国纪伊郡深草山陵,遗制薄葬、绫罗锦绣之类,并以帛布代之。鼓吹方相之仪,悉从停

---

① 笹川种郎编:《史料大成续编 永昌记》,内外书籍株式会社,1940年,第67页。
② 塙保己一编:《古事类苑 岁时部》,神宫司厅,1914年,第376页。
③ 和田英松注解:《新订建武年中行事注解》,讲谈社,1989年,第353页。笔者自译。

止"[1],因仁明天皇崇尚薄葬,故葬礼中没有出现方相氏。而根据《日本文德天皇实录》的记载,天安二年(858)八月文德天皇的葬礼,"一如仁明天皇故事。但有方相氏,帝初自登宸极"[2],其规模如仁明天皇,但在葬礼中重新启用了方相氏。而此之后有关天皇葬礼的文书中,再也没有出现有关方相氏的记载。

除了天皇的葬礼,《养老令》的注释书《令集解》中对丧葬仪礼的规定也提到了方相氏。书中写到亲王的葬礼中也允许出现方相氏:"凡亲王一品方相辆车。谓方相者,蒙熊皮、黄金四目、玄衣朱裳,执戈扬盾,所以导辆车者也,辆车葬者也。"[3]亲王一品的葬礼中允许出现由方相氏引导的灵车,这里还对葬礼中出现的方相氏的形象进行了描述,与傩祭中的形象基本一致。但日文文献中并未出现亲王葬礼中使用方相氏的具体事例,也许亲王的葬礼中也有使用方相氏的具体事例,只是没有被记载;也许《令集解》中对亲王葬礼使用方相氏一事仅仅做出了规定,而并无实例出现。尽管关于亲王葬礼中是否具体出现过方相氏这一点尚未有确凿的史料依据,但至少可以肯定的是,平安时期的天皇葬礼中出现过方相氏。

通过对以上有关日本古代帝王葬礼史料的分析可知,日本天皇的葬礼中一度出现过方相氏的踪影,在9世纪中叶以后则逐渐消失。而亲王的葬礼也被允许使用方相氏,但在文献史料中尚未发现具体事例的相关记载。

三、日本方相氏的变化及其原因

根据以上对日本古代宫廷傩祭和帝王葬礼中方相氏的论述,可以明确的是方相氏的东传伴随着日本对中国古代傩祭和丧葬文化的吸收,然而传至日本后方相氏的地位和功能逐渐发生变化,一度出现在帝王葬礼中的方相氏于9世纪中期逐渐消失,而宫廷傩祭中方相氏的形象则从10世纪开始出现由驱疫之神向被驱之鬼转变的端倪,并于12世纪初固定为疫鬼的形象。

关于日本方面方相氏发生的这种变化,中日学界已经做过一些分析,笔者试将已有的说法总结如下:(1)为日本方相氏地位的变化与其令人恐惧的如鬼

---

① 经济杂志社编:《国史大系 续日本后纪》,经济杂志社,1901年,第432页。
② 经济杂志社编:《国史大系 日本文德天皇实录》,经济杂志社,1901年,第580页。
③ 塙保己一编:《古事类苑 葬礼》,神宫司厅,1914年,第350页。

一样可怕的面貌有关。山中裕提出，方相氏的面具容貌十分可怕，容易让人联想到鬼的模样，因此傩祭发展到一定阶段后，方相氏被视作疫鬼而成为被追逐的对象。[①]（2）方相氏因在傩祭中位居追傩队伍之首，故久而久之，成为被追逐的对象。[②]（3）日本古代傩祭名称的变化与方相氏地位的变化有直接的关联。山中裕通过对《日本三代实录》中"大傩"和"追傩"分布情况的分析认为，日本贞观十二年（870）的"追傩"之后，进入"大傩"和"追傩"的称呼混用期，贞观十八年（876）以后，日本傩祭统称为"追傩"。山中裕同时指出，日本傩祭这种从"大傩"到"追傩"变化的过程，反映出从中国传来的祭祀在日本经过一定阶段的发展后，开始发生具有日本特点的变化。[③]另外，榎村宽之指出，正是方相氏在傩祭中变为被追逐的对象，才使得日本傩祭的名称发生变化。[④]（4）平安末期佛教仪式"修正会"与"修二会"中"追鬼"仪式的发展在一定程度上影响了宫廷"追傩"仪式中方相氏成为被追逐对象的变化。[⑤]（5）从日本古代傩祭举行的时代背景考虑，平安时期正值贵族社会"秽恶"思想发展之际，受到这种思想扩大发展的影响，出现在葬礼中的方相氏被认为是"秽恶"的，逐渐成为被忌讳的对象，最终出现方相氏被当作疫鬼受到追逐的现象。根据三宅和朗的论证，日本古代傩祭中对方相氏出现忌讳的现象始于9世纪中叶，同一时期一度出现在天皇葬礼中的方相氏不再出现，这也体现出平安中期以后方相氏成为被忌讳的对象。

以上关于引起古代日本方相氏发展变化原因的论述，代表了目前中日两国学界关于这一问题的研究成果。然而，以上说法并非完全合理，尚有需要斟酌的地方。例如，关于佛教仪式"修正会""修二会"对方相氏地位变化产生影响的论述就存在一些问题。

中村茂子在对平安后期至镰仓初期"修正会""修二会"与"追傩"的关系进行梳理后发现，"修正会"的结愿行事中首次出现鬼的行事是在日本大志五年

①　山中裕：《平安朝的年中行事》，塙书房，1972年，第266页。
②　西角井正庆编：《年中行事辞典》，东京堂出版社，1958年，第492页。
③　山中裕：《平安朝的年中行事》，塙书房，1972年，第268页。
④　榎村宽之：《有关傩祭的基础考察》，《文化史论从》（上），创元社，1987年，第101页。
⑤　张爱萍：《中国傩文化在日本的流变》，《温州师范学院学报》（哲学社会科学版），2004年第1期，第29—33页。

(1130)正月十四日,而在此之后关于"修正会""修二会"结愿行事的记载中并未出现相关内容,直至《勘仲记》所载弘安二年(1279)正月十四日"法成寺修正会"的条目中才首次明确地出现"追傩"行事。由此可知,"修正会""修二会"中的追鬼仪式最早形成于12世纪,要晚于方相氏地位发生变化的时间。因此,认为"修正会""修二会"中追鬼仪式的形成影响了方相氏地位发生变化这种结论是不成立的。

以上关于方相氏地位发生变化的说法中,平安时期的"秽恶"影响说是目前在日本方相氏发展变化特点的解释论述中受到较多引用的说法。那么,平安时期的"秽恶"思想是如何与方相氏加以关联的呢?在讨论方相氏地位发生变化的其他可能性之前,有必要对方相氏与"秽恶"思想间的因果关系加以探讨。

日本的"秽"思想自古有之,接触"秽"则被称为"触秽"。古代文献中关于"秽"相关内容的记载,最早可追溯至"记纪神话"。"记纪神话"中的创世神之一伊奘诺尊追妻子伊奘册尊到黄泉时,看到妻子浑身污秽不堪的画面,便惊恐地逃了出来。于是,伊奘诺尊称黄泉国为"污秽之国"。为了消除身上的"污秽",伊奘诺尊来到小河边,洗净身体,袚除污秽。"记纪神话"之后,日本"六国史"中频繁可见对于"触秽"情况的记载,以及"触秽"之后的消除和解决办法。至平安时期,对于"触秽"的内容及其解决办法基本形成了一定的规定。平安时期记载宫廷各类祭祀事务的文献《延喜式》中,具体规定了"秽"的内容。关于"触秽",《延喜式》中规定,凡是触碰"秽恶事"都需要有所忌讳。"秽恶事"包括"死秽""产秽""火秽",以及动物的"死秽""产秽"。其中,"死秽"的时限是自死者葬礼之日起三十天之内,动物的"死秽"期限则为五天。另外,在葬礼中吊丧的人和参加死者"三七日法事"的人,当天不可进入宫中。"火秽"是指凡城中失火触秽者需进行袚洗清洁身体,同时,此人的家人自失火之日起七天之内不允许进入皇宫。关于"触秽"的方式,有如下解释:"凡甲处有秽,乙入其处,谓座。乙及同处人皆为秽。丙入乙处,只丙一身为秽,同处人不为秽。乙入丙处,同处人皆为秽。丁入丙处不为秽。其触死葬之人,虽非神事月,不得参著诸司并诸卫阵及侍从所等。"[1]按照平安时期朝廷对"触秽"的规定,在葬礼中起引导作用的方相氏显然

---

① 经济杂志社编:《国史大系 延喜式》,经济杂志社,1900年,第156页。

是"触秽"的对象,理应受到忌讳。

随着"触秽"思想在平安中期越来越受到贵族的重视,"触秽"现象的发生也愈加频繁,这一点主要体现在平安时期的文献中对"触秽"现象记录的频繁程度上。平安时期的历史文献《日本三代实录》中就有多条有关"触秽"的记载。例如,日本贞观四年(862)六月十日,"大祓于建礼门前,以宫内省有马死秽也"①,同年十一月二十日,"先是,少主铃从八位上美和真人清江言,鼠啮内印盘褥。至是,神祇官卜云,触秽之人供神事,仍成祟。由是大祓于建礼门成,以攘妖祥焉"。同书,贞观五年(863)二月二日,"大祓于朱雀门前,以触死秽人入禁中也"。可见,当宫中有"触秽"情况发生时,需进行"大祓"以示"清洁"。除了"大祓",当"触秽"发生在祭祀期间,还需暂停或延期举行祭祀。例如,同样是《日本三代实录》中的记载,贞观五年(863)二月三日,"停祈年祭并以有秽也",同年三月五日,"于神祇官,修祈年祭。此祭例用二月四日,而有秽停止。故今日祠焉",同年四月五日,"昨今可修平野梅宫祭,忽有秽事并从停止"。另《江家次第》的"追傩"条目中有载,日本天历八年(954)和长保三年(1001)的"追傩"仪礼中,左右卫门未带弓箭,原因是尚处天皇母后死后四十九天之内。而延历年间(782—805),在皇后死后尚未举行葬礼期间,暂停了追傩仪礼。由此可知,平安时期"触秽"情况在宫中时有发生,而对其处理方式宫中也已形成一定的规范,即通过在建礼门"大祓"来清除"秽恶",而宫中在祭祀期间如若发生"触秽"的情况,则需要将祭祀暂停或延期举行,这些足以可见平安中期官方对于"触秽"的谨慎态度。

通过以上史料对平安时期"触秽"情况的记载,我们可知平安时期宫廷中"触秽"情况的发生较为频繁,反映出这一时期日本朝廷与贵族社会对"触秽"现象的重视,其中尤其以"死秽"最受忌讳。三宅和郎认为,随着8世纪末至9世纪初,日本律令贵族层强化了"触秽"的观念,出现在葬礼中的方相氏被看作"死秽"的对象,在平安中期的傩祭中成为被驱赶对象。另有日本学者大日方克己在分析了平安初期日本在东亚的国际局势的基础上认为,平安初期日本经历了应天门火灾,富士山、阿苏山、鹤见岳、鸟海山等火山喷发事件,以及与朝鲜半岛

---

① 经济杂志社编:《国史大系 日本三代实录》,经济杂志社,1901年,第108页。

的关系恶化,这些"天灾"和"人祸",更加强化了平安时期贵族之间对于"触秽"现象的忌讳。[①]同时,"死秽"开始被看作是所有"触秽"中最应当被忌讳的现象,出现在葬礼上的神灵和普通人,以及与死亡有关联的事物都应当严格遵守"触秽"的规则,完成解除"触秽"的步骤。由此,平安初期之后,从中国传入的在葬礼中担当重要职责的方相氏,自然会被贵族认为是"死秽"的对象,应当受到避讳和驱逐。

然而,综观同一时期的东亚国家,这些国家对于死亡和葬礼都或多或少有避讳的现象。如我国古代葬礼中有在逝者面上盖"幎目",或"覆面""面衣",以防止看到死者的"邪眼"而受害的现象。如此深究下去不禁让人疑惑,同样是出现在葬礼这种忌讳场合下的方相氏,为何唯独日本的方相氏成了被忌讳的对象,并在傩祭中受到避讳和驱逐?或者我们换一个角度来思考,如果说平安时期"触秽"思想的发展是影响傩祭中方相氏地位发生变化的因素之一,那么是否另有其他影响因素存在。带着这个疑问,笔者试着从中日傩祭中疫神观的角度,探讨使日本方相氏地位发生变化的其他原因。

四、中日古代疫神观的差异

重新审视中日两国傩祭产生的原因就会发现,同样是通过追鬼实现驱除瘟疫目的的祭礼,对于瘟疫产生的原因,即傩祭中的疫神观念,中日两国之间存在着一定的差异。

在中国古代傩祭中,方相氏作为驱鬼之神,是通过调节天地之间阴阳使其达到平衡的方式实现驱除疫鬼的目的的。因此,在我国古代傩祭的观念中,天地阴阳失调乃为疫鬼出现的根本原因,在容易发生阴阳失调的季节交替之际,需要用驱傩的形式重新达到天地之间阴阳平衡的状态。中国古代这种疫神观在古代文献中多有体现。例如,中国汉代文献《月令章句》载:"日行北方之宿,北方太阴,恐为所抑,故命有司大傩,所以扶阳抑阴也。"[②]另《五礼通考》对傩祭的记录中有载:"疫者,四时不正之气,邪鬼或凭之,以为厉鬼。"认为傩祭中的疫

---

① 大日方克己:《古代国家和年中行事》,讲谈社,2008年,第283页。
② 新文丰出版公司编:《丛书集成续编》第80册,新文丰出版公司,1988年,第766页。

鬼乃季节更替时,因阴盛阳衰而产生的。除此之外,《礼记·月令》中有载,我国古代宫廷傩祭按照时令的不同分为三种:季春之月,命国难(傩),九门磔攘,以毕春气;仲秋之月,天子乃难,以达秋气;季冬之礼,命有司大难,旁磔,出土牛,以送寒气。一年三傩都是在季节交替之时进行,而其中夏季是不能举行傩祭的,按照傩祭调节气候阴阳平衡的观念,夏季阳气过剩,因此无须举行傩祭。钱茀认为,这显然是在以人的主观意志来控制和影响自然界,使其适合于生产需要和人们生活。而在傩祭中逐疫的方相氏,无疑成了具有扶阳抑阴功能的神灵。王铭也提出,傩祭与自然时序直接相关,其背后的理念正是各个季节之间阴阳交替的时序回归点。①在这种疫神观的影响下,傩祭中方相氏驱鬼这一表象下隐藏的实质是重新平衡天地阴阳,而疫鬼只是作为一种象征。这恐怕是中国古代傩祭自始至终没有出现方相氏变为有形的疫鬼这一现象的原因之一吧。

相比之下,日本古代宫廷傩祭则强调傩祭中的疫鬼乃"秽恶疫鬼",需通过傩祭将其驱逐,以达到驱疫的目的。如《延喜式》中关于傩祭的记载,在阴阳师的祭文中出现了"秽恶疫鬼所所村村藏隐",即把傩祭中的疫鬼视为"秽恶",傩祭的作用就是把隐藏在村落各个地方的"秽恶疫鬼"驱逐出去。这里我们可以看出中日两国古代宫廷傩祭中疫神观存在的差异性。尽管日本的宫廷傩祭采取了中国傩祭于冬季大晦日举行的惯例,但从疫神观来看,日本并没有吸收中国"阴阳失调"形成疫鬼的观念,而是认为"秽恶"形成疫鬼。那么,在日本傩祭疫神驱除"秽恶疫鬼"的观念之下,方相氏又是如何发生从疫神到疫鬼的转变的呢?

五、平安时期的疫神信仰与追傩祭礼的关系

通过对日本方相氏相关史料的分析我们可知,方相氏的地位发生变化始于10世纪。这一时期的傩祭中阴阳师下部八人"给飨"于方相氏,而方相氏逐渐从驱疫神沦为疫鬼而在傩祭中受到驱赶,傩祭自此出现了有形的疫鬼。在此之前的傩祭中,"给飨"的对象往往是无形的疫鬼,如《延喜式》"傩祭祈"的"祭文"所载,疫鬼居住在各村中,通过傩祭将疫鬼驱赶至千里之外东西南北的远方,但疫

---

① 王铭:《方相氏逐疫与自然时序转换的关系》,《徐州工程学院学报》(社会科学版),2013年第28期,第38—42页。

鬼并不会无条件退去,需要将其居住地点确定好,并且提供食物,在提供了这些条件后仍不退去的话,疫鬼就会受到大傩公和小傩公的追杀。"祭文"中提到的给鬼准备食物,即"给飨"。由此可知,在10世纪的日本宫廷傩祭中,正是通过"给飨"对象的转换,实现了方相氏从驱疫神到有形的疫鬼的转变。

　　然而进入奈良、平安时期,随着疫情频繁发生,由朝廷举行的驱疫仪礼频繁举行,疫神信仰的影响也随之扩大。8世纪中期起,朝廷举行的驱疫祭礼出现了傩祭以外的形式,这就是由神祇官负责的"道飨祭"与"疫神祭"。道飨祭是为了防止京城外的鬼魅进入城内,由卜部等在城中四角道路上举行的驱疫祭礼。道飨祭从奈良初期开始举行,最早的记载出现在《续日本纪》:"天平七年(735)八月乙未读金刚般若经。仍遣使赈给疫民。并加汤药。又其长门以还诸国守若介。专斋戒道飨祭祀。"另《养老令》的注释书《令集解》对道飨祭亦有所解释:"道飨祭……卜部等于京城四隅道上而祭之。言欲令鬼魅自外来者不敢入京师,故预迎于路而飨而遏也。"[①]这两则记录都体现出道飨祭的特点,即通过在岔路口"给飨"的形式,将能够引发瘟疫的鬼魅阻挡在京城之外。而疫神祭与道飨祭的形式类似,但举行的地点范围有所扩大,不仅可以在京城四角举行,还可以在畿内各国交界之处举行。《延喜式》"临时祭"中对"疫神祭"有如下记载:"宫城四隅疫神祭,若应祭京城四隅准此……畿内界十处疫神祭。"8世纪后期,《续日本纪》中开始频繁出现有关疫神祭的记录,日本宝龟元年(770)六月、宝龟二年(771)三月、宝龟四年(773)七月、宝龟六年(775)六月、宝龟六年(775)八月、宝龟八年(777)二月、宝龟九年(778)三月都出现了疫神祭的记载。从以上道飨祭与疫神祭的记录中我们可以看出,道飨祭与疫神祭是通过在京城四角及各国交界处以向疫鬼"给飨"的形式实现驱除疫病的驱疫祭礼,而关于这两种祭礼的祭祀对象——疫鬼,则没有具体的指代。

　　在道飨祭与疫神祭之后,日本进入平安时期,以早良亲王、井上内亲王、他户亲王、藤原大夫人、橘逸势、文室宫田麻吕、菅原道真等政治上失足者形成的怨灵为祭祀对象的御灵信仰逐渐形成。御灵信仰是一种政治上失足者死后化

---

　　①　黑板胜美、国史大系编集会编:《国史大系　令集解前编》,吉川弘文馆,1966年,第195页。

作怨灵作祟从而引发瘟疫的疫病观。在这种观念的影响下,9世纪中叶起日本朝廷开始举行"御灵会",其目的是通过对政治上失足者的怨灵的祭祀实现驱除瘟疫的目的。关于平安初期御灵信仰的祭祀对象——怨灵的实质,学界已有一定的研究积累。山口建治认为,御灵会的祭祀对象有两个发展阶段:在第一个阶段,祭祀对象是由中国经朝鲜半岛传入的疫鬼,这种疫神源于中国古代五厉、五鬼、五瘟和五帝的疫神思想;在此基础上发展起来的第二阶段,其祭祀对象为日本的政治上失足者的怨灵,即具体的怨灵疫鬼。

从山口的研究来看,御灵会的祭祀对象分为初期的抽象疫鬼,以及在此基础上形成的怨灵疫鬼。换句话说,御灵会的祭祀对象为无指代的疫鬼和有指代的怨灵疫鬼,但无论哪种怨灵,其本质都是能够产生瘟疫的疫鬼。从以上8世纪中叶至9世纪初期的驱疫祭礼来看,从道飨祭、疫神祭到御灵会,这些祭礼的祭祀对象发生了从无具体指代的疫鬼向有指代的怨灵疫鬼的转变。除了神道祭祀系统下的驱瘟祭礼,进入平安中期,贵族之间通过秘密修法来驱除由个人亡灵形成的怨灵和物怪的调服法和息灾法开始流行,这种密教修法的对象同样是由个人亡灵而形成的怨灵疫鬼。

笔者认为,从祭祀对象的特点来看,道飨祭、疫神祭和御灵会反映了8世纪中叶至9世纪初期日本疫神观的特征,即从祭祀无形且无具体指代的对象向祭祀有形的个体对象的转变。在这种疫神观的影响下,进入平安时期,瘟疫开始被认为是由于具体的个体对象而引发的灾难,由此,这一时期的驱疫祭礼开始祭祀有形的疫鬼。那么,这种以怨灵疫鬼为祭祀对象的疫神观,是否也影响了同样以驱除瘟疫为祭祀目的的追傩祭礼呢?

从平安时期日本吸收中国文化的特点来看,道飨祭与疫神祭中的疫神观应该影响了这一时期追傩祭礼的发展。我们知道阴阳寮成立于7世纪后半期的天武天皇时代(673—686),以阴阳博士、阴阳生和阴阳师为首,掌管占卜、天文、历法和时刻的观察、判断与教育,其中阴阳师负责以从中国传来的阴阳五行思想为基础的祭祀活动。按照中国古代傩祭的观念,方相氏驱鬼是为了平衡天地之间的阴阳之气,因此传入日本的傩祭由阴阳寮负责、阴阳师主导是比较合理的。然而,与傩祭不同,从神祇官负责这一点就可以看出,道飨祭与疫神祭的出现是为了区别傩祭,从而形成日本神道教祭祀系统下的驱疫仪式。综观平安时期中日文化交流的特点,来自中国的律令制度对日本的影响逐渐减弱,直至平安中期律令制度走向崩溃。因此,笔者试着提出这样的观点,由阴阳寮负责的受中国律令文化影响的傩祭,进入平安时期后其规模开始缩小,原本出现在帝王葬礼中的方相氏也逐渐消失,这反映出日本律令制度正在走向瓦解。与此同时,由神祇官负责的日本神道祭祀系统下道飨祭、疫神祭和御灵会等驱疫祭礼中祭祀怨灵疫鬼的疫神观,则影响了在此之后举行的宫廷傩祭,使傩祭发生了从祭祀无形的秽恶疫鬼到有形的怨灵疫鬼的转变,方相氏地位的变化则成为傩祭疫神观转变的具体表现。

六、结语

方相氏作为在中国古代傩祭和帝王葬礼中驱赶疫鬼的神灵,自8世纪初东传至日本后开始出现在日本宫廷傩祭和帝王葬礼中,并逐渐成为日本驱疫祭礼中的重要神灵。然而,随着平安初期日本对中国律令文化吸收方式的转变,传入日本的方相氏也开始发生变化:9世纪中叶以后方相氏逐渐消失在日本天皇的葬礼中;10世纪之后,在宫廷傩祭中扮演驱逐疫鬼角色的方相氏逐渐演变为被驱逐的疫鬼。方相氏由疫神向疫鬼的这一转变,在中国及吸收中国傩文化的国家和地区中都未出现,属于日本宫廷傩祭的特点。

关于日本追傩祭礼中方相氏这一特点形成的原因,以往的研究主要围绕方相氏面貌的丑陋、因站在追傩列队之首故逐渐被看作疫鬼受到驱逐,以及平安时期"触秽"思想扩大化的影响等方面,对日本方相氏地位变化的原因进行了分析。然而,这些分析都没有考虑到中日两国之间疫神观的影响因素。在中国古代傩祭中,方相氏是通过协调阴阳的方式驱赶疫鬼的,因此可以看出中国的疫神观认为,瘟疫的产生根源在于天地之间季节更替导致的阴阳失调,疫鬼只是作为阴阳失调的象征。而在日本,初期傩祭的祭祀对象为秽恶疫鬼,祭祀目的为通过阴阳师和方相氏将疫鬼驱赶至京城之外,然而随着道飨祭、疫神祭和御灵会等由神祇官负责的驱疫祭礼的频繁举行,平安初期驱疫祭礼的祭祀对象开始由无指代的抽象疫鬼向有指代的怨灵疫鬼转变。这种疫神观也影响了这一时期的宫廷傩祭,导致平安初期的追傩祭礼的祭祀对象同样发生了这种转变,并在傩祭中将作为驱逐对象的怨灵疫鬼用具体的形象表现了出来,方相氏则成为这一具体形象。由神祇官负责的驱疫祭礼对由阴阳师负责的傩祭的影响,也符合平安时期中日文化交流的发展特点,即来自中国的律令制度对日本的影响逐渐减弱,日本开始逐步发展"国风文化"并有意加强其影响。在日本文化这样的发展背景下,傩祭逐渐受到日本神道祭祀系统下道飨祭、疫神祭和御灵会的影响,具体表现为受到由神祇官负责的驱疫祭礼祭祀有指代的怨灵疫鬼的疫神观的影响。与此同时,傩祭的规模开始缩小,方相氏逐渐在帝王葬礼中消失。方相氏的这些变化向我们具体地呈现出平安初期日本律令文化逐步瓦解的过程。

如果说平安初期怨灵疫鬼的疫神观直接影响到了日本宫廷傩祭中方相氏的变化,那么平安时期日本文化对中国律令文化吸收方式的转变则间接影响了方相氏的变化。平安后期,随着宫廷傩祭的继续简化,方相氏逐渐消失在傩祭中,日本傩祭的举行范围逐步从宫廷扩大至贵族层,傩祭进一步与大祓、雨仪等祭礼一同作为年末驱邪消灾的祭祀活动共同举行。尽管方相氏从中国传入日本后,并未自始至终贯穿傩祭在日本的发展,但作为日本傩祭发生变化的重要特征,方相氏功能性的转变具有重要意义,为分析平安时期日本文化吸收中国文化的特点提供了具体的佐证。

第三节　传入日本的钟馗信仰

自古以来驱鬼仪式在宫中祭祀中占据着重要的地位,出现在驱鬼仪式上的神灵更是成为驱邪消病的善神,广受祭祀与信仰。钟馗,作为中国古代驱鬼善神,其捉鬼的形象形成于魏晋时期,在唐代得到广泛发展并出现在朝廷的瘟疫祭祀仪礼中,至宋元时期开始走向世俗化,到了明清时期成为文人画、戏曲的取材内容之一。几年前,笔者在京都漫游时,发现一户人家的屋顶两端各竖立着刻画着钟馗的瓦片。在日本,"端午节"又称"男儿节",有些地区会在自家院子里挂上印有钟馗捉鬼图像的旗帜。钟馗这位其貌不扬的大汉,竟跨洋过海,超越时空,进入日本寻常百姓的生活中,不由得让人想要探索其中的历史缘由。

据笔者管见所及,专门研究钟馗信仰在日本传播的论著,中文论文以曹建南的《日本的钟馗信仰》为开山之作,对日本钟馗信仰的几种形式进行了论述。

麻国钧、有泽晶子的《日本的钟馗信仰、钟馗艺术与钟馗戏——中日祭祀演剧散论之一》以日本古代的绘画艺术、说唱艺术、戏剧艺术中的钟馗为对象,对日本的钟馗信仰有所论述。日文论文方面,以王勇的《中国的钟馗与日本的钟馗——以画像形象的比较为中心》为起点,对中日两国历史上画像中的钟馗做了比较研究。日本学者松村英哲的《钟馗考》论文系列论述了中国钟馗信仰的发展历史。以上的研究对中国钟馗信仰的发展历史及日本钟馗信仰的现状进行了梳理,但笔者对中日两国的相关史料进行研究后发现,在自唐代以来的国家祭祀仪礼中扮演重要角色的钟馗却不曾出现在日本的国家祭祀仪礼之中。通过对中日两国古代国家祭祀仪礼的分析,可以看出,作为捉鬼驱邪善神的钟馗在两国国家祭祀中所占据的地位截然不同。

中国的钟馗信仰历史悠久,且各个历史阶段的钟馗信仰都对日本产生了不同的影响,这一过程背后实际暗含着日本对中国道教神仙信仰,以及对道教的吸收过程。为此,在现有研究的基础上,笔者试从古代国家祭祀傩仪中的钟馗入手,分析中日两国古代国家祭祀中的钟馗,阐述日本钟馗信仰的特点并就其原因做较为深入的分析。

一、钟馗信仰的形成和发展

关于"钟馗"一词最初的来源,一直存在"终葵"来源说。众多学者通过对考古资料与史料的考证,认为钟馗起源于追鬼的道具"终葵"。《周礼·考工记》中对"大奎终葵耳"的注疏"终葵,椎也。齐人谓椎为终葵"的记载被普遍认为是"终葵"起源说强有力的证据。民间信仰的形成离不开神话传说的流传,钟馗信仰的形成同样伴随着钟馗传说的开始。有关钟馗传说最早的记载见于晋末敦煌写本《太上洞渊神咒经·斩鬼》,其中关于钟馗是这样记载的:"今何鬼来病主人,主人今危厄,太上遣力士、赤卒,杀鬼之众万亿,孔子执刀,武王缚之,钟馗打杀(刹)得,便付之辟邪。"[①]从这里可以看出,钟馗打鬼的形象较为鲜明地被刻画了

---

　　① 黄永武编:《敦煌宝藏》第120册,新文丰出版公司,1985年,第480页。刘锡诚:《钟馗传说和信仰的滥觞》,《中国文化研究》,1998年第3期,第55—60页。张兵、张毓洲:《从敦煌写本〈除夕钟馗驱傩文〉看钟馗故事的发展和演变》,《敦煌研究》,2008年第1期,第102—105页。

出来,因此可以说魏晋时期钟馗信仰已出现于民间。

　　唐代中后期,钟馗作为捉鬼的善神还出现在了传统的驱邪傩仪中。被王重民重新定名的唐代中后期敦煌写本《除夕钟馗驱傩文》中对钟馗驱傩有这样的记载:

　　　　正月杨(阳)春担(佳)节,万物咸宜。春龙欲腾波海,以(异)瑞乞敬今时。大王福如山岳,门兴壹宅光辉。今夜新受节义(仪),九天龙奉(凤)俱飞。五道将军亲至,虎(龙)领十万熊罴。衣(又)领铜头铁额,魂(浑)身总着豹皮。教使朱砂染赤,咸称我是钟馗。捉取浮游浪鬼,积郡扫出三峗。学郎不才之庆(器),敢请官(恭)奉口口。音声。[1]

　　张兵、张毓洲对《除夕钟馗驱傩文》中钟馗出现在傩仪中的这部分内容进行了分析,并与《太上洞渊神咒经》中的钟馗故事做了对比:"《除夕钟馗驱傩文》突出了钟馗驱鬼的主体地位,并将驱鬼的时间明确为除夕夜,钟馗捉鬼的对象也由《太上洞渊神咒经》中出现的使人致病之鬼扩大到浮游浪鬼,而驱鬼仪式的参加者则扩大到五道将军,且参加仪式者每人都装扮成钟馗的模样。"从以上唐代敦煌地区的有关傩仪的研究资料来看,"钟馗与古代傩仪有着密切的关系,至少在唐代敦煌和西北地区的除夕傩仪、傩舞中,钟馗取代了方相氏,占据统领的地位"[2]。唐代奉道教为国家的宗教,神仙信仰的流行在这一时期达到了鼎盛。在这样的背景下,钟馗信仰在唐代也得到继承、发展。"何事最堪悲,云娘只首奇。瘦拳抛令急,长啸出歌迟。只见肩侵鬓,唯忧骨透皮。不须当户立,头上有钟馗。"这是《全唐诗》中李宣古的《咏崔云娘》,从侧面可以看出钟馗信仰在唐代的流行程度。

　　北宋科学家沈括(1031—1095)在《梦溪笔谈·补笔谈》中对钟馗的描述可

---

　　① 黄征、吴伟编校:《敦煌愿文集》,岳麓书社,1995年,第963—964页。刘锡诚:《钟馗传说和信仰的滥觞》,《中国文化研究》,1998年第3期,第55—60页。张兵、张毓洲:《从敦煌写本〈除夕钟馗驱傩文〉看钟馗故事的发展和演变》,《敦煌研究》,2008年第1期,第102—105页。

　　② 刘锡诚:《钟馗传说和信仰的滥觞》,《中国文化研究》,1998年第3期,第55—60页。

谓是对钟馗形象最为完整的描述。其中钟馗在唐明皇的梦中仍然保持捉鬼的形象，"其大者戴帽，衣蓝裳，袒一臂，鞹双足，乃捉其小者，刳其目，然后擘而啖之"，并表明自己乃是"武举不捷之士也，誓与陛下除天下之妖孽"。唐明皇在梦中遇到钟馗替自己捉鬼除病，于是醒来后昭告天下，将钟馗奉为可在岁暮驱邪之善神。由此可以看出，宋代的钟馗开始走入文学的世界，逐渐成为文人墨客笔下的题材，钟馗信仰开始走向世俗化。与此同时，在唐代已经成为宫廷傩仪主角的钟馗，到了宋代不再只出现在宫廷傩仪中，更是广泛活跃在民间傩仪中。不同于唐代的是，宋代傩仪中的钟馗、将军、门神、判官等角色由教坊人扮演，变成了只具有象征意义的岁时活动。①这也更加印证了宋代钟馗信仰的民俗化、世俗化。之后的元代，由于宫廷傩仪被废除，傩仪完全世俗化，成为寻常百姓的民俗活动。从唐代起就在傩仪中扮演重要角色的钟馗，伴随着傩仪的民俗化再次走向民间。直至清代，人们对钟馗的信仰表现为"跳钟馗"、门贴钟馗像等，可以看出钟馗信仰完全成为一项民俗事项而存在。从魏晋时期形成，至唐代进入宫廷傩仪，再到宋代伴随傩仪成为民间民俗活动，中国的钟馗信仰跨越多个时期，历经变换，钟馗最终成为广受敬仰的驱邪善神。那么，漂洋过海传入日本的钟馗信仰是否也经历了同样的变化呢？

二、日本钟馗信仰的特点

一般认为创作于平安后期至镰仓初期的作品《辟邪绘》，其内容画的是来自古代中国的瘟神，这些瘟神惩治疫鬼并驱散瘟疫，因此作为善神被广泛信仰。出现在《辟邪绘》中的瘟神分别有天刑星、栴檀乾闼婆、神虫、钟馗、毗沙门天。《辟邪绘》曾由益田孝所藏，因此又被称作"地狱草纸益田家乙本"，与《地狱草纸》《饿鬼草纸》《病草纸》等六幅画卷一同完成于后白河法王时期（1155—1158）。②《辟邪绘》钟馗卷的卷书与现藏于东京国立博物馆的《地狱草纸》中的卷书内容相同，根据《日本绘卷全集》中对《地域草纸》卷书的整理，笔者发现有一段关于钟馗的记载："在瞻部州中有一位专门吃疫鬼的神灵钟馗，他挖掉疫鬼

---

① 刘锡诚：《钟馗传说和信仰的滥觞》，《中国文化研究》，1998年第3期，第55—60页。

② 五岛美术馆学艺部编：《钝翁的眼　益田钝翁美的世界》，五岛美术馆，1998年，第68—69页。

的眼睛,打碎他们的身体,然后扔掉。"①

　　如图1-1所示,《辟邪绘》中的钟馗脚踏官靴,头顶斗笠,面目狰狞地在捉拿一个小鬼,这基本符合唐代钟馗捉鬼的形象。从《辟邪绘》和《地狱草纸》中对钟馗的描述及钟馗捉鬼形象的描绘可以看出,至少在平安后期,钟馗信仰已经在日本广为流传。有研究表明,《辟邪绘》和《地狱草纸》画卷的内容都来自平安初期"佛名会"上使用的"地狱变御屏风"。也就是说钟馗传入日本后不久就融合了佛教。在中国的史料中,作为捉鬼驱邪的善神,钟馗与驱邪傩仪有着密切的关系。可以说,正是由于钟馗在国家祭礼傩仪中充当了重要的角色,钟馗信仰才得以在民间广为流传。日本奈良时期已开始出现有关岁末傩仪的记载,那么日本的傩仪中是否也出现了钟馗的身影呢?

图1-1　《辟邪绘》中的钟馗(奈良国立博物馆)

　　日本文武天皇四年(700),由藤原不比等(659—720)敕命组织仿照唐代《永徽律》编撰的日本法典,于大宝元年(701)完成,称为《大宝律令》。《大宝律令》中记载了"大傩",其中规定:"大傩由中务省阴阳寮主事,大舍人寮等配合进行。"然而根据《续日本书纪》的记载,《大宝律令》中制定的"大傩"并没有马上实施,而是到了文武天皇庆云三年(706)十二月,"天下诸国疫疾,百姓多死,始作土牛大傩"②。除此之外,日本平安时期史料《贞观仪式》卷一〇中对傩祭有如下记载:

---

①　角川书店编辑部编:《日本绘卷物全集》第四卷,角川书店,1959年。
②　经济杂志社编:《国史大系 续日本纪》,经济杂志社,1897年,第43页。

　　晦日戌二刻,诸卫勒所部,中务辅、丞、录率史生、省掌等列承明门
外东庭,录唤四位、五位史生唤丞及内舍人,于时阴阳寮官人率斋郎等
候承明门外,以桃弓、苇矢、桃杖颁傩人。讫,大舍人叫门,闱司问阿
谁,大舍人答,傩人等将参入,其官姓名等,候御门申,闱司传奏如上,
于时傩人入而列立,时刻阴阳寮共入。斋郎持食荐,敷庭中陈祭物,其
料五色薄绝各一尺二寸,饭一斗,酒一斗,脯、盐、干鱼各一斤,海藻五
斤,盐五升,柏廿把,食荐五枚,匏二柄,缶二口,陶钵六口,松明五把,
祝明五把,祝料当色袍一领、袴一腰、讫阴阳师进读祭文。[①]

　　从《贞观仪式》中对"傩礼"的记载可以看出,傩祭在晦日举行,当日戌二刻,
由诸卫勒所部中务辅、丞、录率领史生、省掌等,阴阳寮官人率斋郎等于承明门
外等候,以桃弓、苇矢、桃杖充当傩人,由斋郎陈列各类祭物后,阴阳师诵读祭文,
傩仪开始。其中,在傩祭中扮演重要角色的傩人,是由桃弓、苇矢、桃杖充当的。
　　此外,《延喜式》卷一六"阴阳寮"记载了由阴阳寮组织进行的各类年中祭
祀,其中"傩祭祈"就是对岁末傩祭的详细记载:

　　十二月晦日昏时,官人率斋郎等候承明门外。即依时克共入禁
中。斋郎持食荐安庭中,陈祭物。讫,阴阳师进读祭文。凡追傩料,桃
弓杖、苇矢,令守辰丁造备。其矢料而苇各二荷,摄津国每年十二月上
旬采送。[②]

　　从《延喜式》的这段记载中可以看出,平安时期的追傩于每年十二月晦日由
阴阳师组织举行,祭礼当日由官人率领斋郎等在承明门外等候,之后一同进入
禁中,再由斋郎陈列祭祀供品,阴阳师奉读祭文,追傩工具包括桃弓杖、苇矢。
在《延喜式》关于傩祭的记载中,钟馗并没有出现在傩仪中。而在《西宫记》卷六

---

　　① 神道大系编纂会编:《神道大系 朝仪祭祀编 仪式·内里式》,神道大系编纂会,1980
年,第284—285页。
　　② 经济杂志社编:《国史大系 延喜式》,经济杂志社,1900年,第557—558页。

中,详细记载了傩人是由"方相"所扮,整个追傩的过程中"方相"充当了重要的角色。以下是《西宫记》卷六对追傩的记载:

> 戍刻,王卿着座。卫府带弓箭,长乐门东廊西上对座。亲王南面,上卿北面,以绀幕曳渡柱外。雨仪也。晴时,廊前立七丈帐二宇,近仗阵南阶,立阵,兵卫阵承明门外。中务丞进分配简,每门一枚惣四枚。王卿已下分配四门。阴阳寮以桃杖、弓、苇矢进王卿以下,或天皇御南殿,不御帐中。内侍上裳云々,王卿立承明门巽坛上开门,不开建礼门。司着,大舍人叩门,司传宣,敕云,万都礼。阴阳寮于门坛上,以桃弓、苇矢付司。入折柜,内侍自南阶传取给女官。<u>方相参入,松八把立前,子八人在后。</u>立版南三丈。王卿以下列南殿,西上去门二丈。雨下,立门坛上。<u>阴阳寮下部八人给方相飨。</u>出自安福殿砌入自月华门,同寮官人一人立版读宣命,词在寮式。撤飨,同寮人。<u>方相扬声打盾三座。群臣相承和呼。</u>王卿以下各率眷属四门分追,插笏执杖,侍臣任分配追。<u>方相经明义、仙华门,出自泷口户向北门,上卿从方相分出。</u>向东门,右近阵进白木束,以充追傩。阙追傩,从除元日见参。有障者触外记。[①]

《西宫记》中对追傩的记载与《贞观仪式》《延喜式》最大的不同就是充当"傩人"这一角色的人物不同。从《西宫记》中笔者画线部分可以看出,追傩仪式是以"方相参入"为主导,"方相扬声打盾三座。群臣相承和呼",最终将傩赶出宫中。另外,平安时期的《北山抄》《江家次第》中记载的关于追傩的内容基本与《西宫记》相同,即在傩祭中充当傩人的是"方相",不是钟馗。

综上,通过对日本奈良、平安时期记载国家祭祀傩仪的史料的分析可以得出以下结论:从奈良时期至平安时期,日本在宫中举行的国家祭祀大傩、追傩等傩祭、傩仪中,没有发现钟馗的踪影,钟馗也没有出现在这一时期的其他国家祭

---

① 神道大系编纂会编:《神道大系 西宫记 朝仪祭祀编2》,神道大系编纂会,1993年。下画线为笔者所加。

祀仪礼中。中国从唐代起,钟馗就在国家祭祀傩礼中充当驱鬼的重要角色,相反,日本的国家祭祀傩礼中没有出现钟馗。也就是说,钟馗信仰在传入日本的初期阶段即发生了文化的变异。那么,是什么原因促使文化传播中这种情况发生了变异呢?

三、日本钟馗信仰特点形成的原因

如果要分析钟馗信仰在传入日本的初期阶段就发生文化变异的原因,那就必然要弄清楚钟馗信仰传入日本的路径。钟馗信仰等中国古代神仙信仰东传日本的基础条件是道教的东传,正是道教典籍及道家思想的东传才使钟馗信仰等道教神仙信仰的东传得以实现。因此,本小节从分析道教东传日本的过程入手,考察钟馗信仰东传日本可能存在的路线。

第一,经由百济主动传入。《日本书纪》卷一〇记载,日本应神天皇十五年(284)八月,百济王遣阿直岐与良马两匹供于天皇。阿直岐因能读经典,成为太子菟道稚郎子之师,于是天皇问阿直岐是否有比他更优秀的博士,阿直岐向应神天皇推荐了王仁。[①]王仁于次年来到日本,成为太子之师,教授典籍,因熟悉典籍而被称为"书首等之始祖"。关于"能读经典"的阿直岐、讲授"诸典籍"的王仁是否把汉籍带入了日本,"虽然有《海东绎史》说阿直岐带去《易经》《孝经》《论语》《山海经》,《古事记》说王仁带去《论语》十卷、《千字文》一卷"[②],但学界仍未有定论。虽然如此,阿直岐和王仁的子孙后来在日本留了下来,主要在日本朝廷的东西文部担任秘书,还掌管朝廷的祭祀仪礼。孙亦平通过分析,推测阿直岐与王仁的子孙"忌寸"氏族可能是道教文化的传承者。[③]因此,在传播初期,很有可能是由来到日本的百济子孙氏族主动将道教传入日本的。

第二,经由遣隋使、遣唐使顺带传入。在平安朝宇多天皇宽平年间(889—897)主持教育的藤原佐世(？—897)奉敕命编撰《日本国见在书目录》,包括收

---

① 黑板胜美、国史大系编修会编修:《新订增补国史大系　日本书纪》,吉川弘文馆,1981年,第277页。

② 王勇:《日本文化——模仿与创新的轨迹》,高等教育出版社,2001年,第141页。

③ 关于阿直岐与王仁子孙"忌寸"氏族是道教文化传承者的推测,参考孙亦平:《东亚道教研究》,人民出版社,2014年,第690页。

藏于宫廷或王公贵族书库中的汉籍,其中就有大量道教的书籍。孙亦平将《日本国见在书目录》中的道教书籍做了整理,并由此得出结论,从这个书目中可以得知,道教的主要文献在当时都已经传入日本。①遣隋使、遣唐使、学问僧从中国带回的大量道书,为日本对道教祭祀仪礼的受容提供了可能。

从以上对初期道教传入日本路径的分析我们可以看出,道教传入日本主要有两种途径。从中国钟馗信仰形成、发展的历史过程来看,钟馗信仰传入日本的路径最有可能是经由遣唐使顺带传入。唐代是钟馗信仰发展的鼎盛时期,这一时期的钟馗进入国家祭祀,并在傩仪中扮演着重要角色。然而,钟馗并没有进入日本的傩仪及国家祭祀中,日本的钟馗信仰从形成之初便只是作为民间信仰出现在民间祭祀中。钟馗信仰在中日两国有截然不同的表现形式,笔者认为这与日本吸收中国道教的过程有着密切的关系。

奈良、平安时期,日本朝廷开始派遣使节团到中国,旨在学习中国的先进文化。尤其是随着规模与人数都达到空前水平的遣唐使的到来,中日文化交流呈现出繁荣的局面。遣唐使来到中国学习制度、宗教、建筑、艺术等中国文化的各个方面,而对宗教方面主要体现在对中国佛教的学习上。孙亦平在总结奈良朝对道教的态度中指出,从官方层面看,道教的根本经典——《老子》《庄子》等被排除在国家律令之外,官方的这种态度在遣唐使中就表现为崇尚儒家、引进佛教而排斥道教的倾向。②奈良朝不积极引进道教的态度,在平安朝依然得到传承。尽管无论是在由官方组织编纂的律令制度,还是流行于民间的神灵信仰,奈良、平安时期的日本在各方面都深受道教思想的影响,但道教在日本的传播却因受到各种阻力而游离于官方之外。

正是由于奈良、平安时期日本对道教采取吸收个别内容、抵制全盘接受的态度,中国的神仙信仰传至日本后都会发生一些改变,日本国家祭祀对钟馗的排斥就是其中表现之一。尽管奈良、平安时期日本的国家祭祀不见钟馗的身影,但钟馗作为捉鬼驱邪的形象在日本的民间社会广为流传。江户时期围绕钟馗的中国岁时习俗逐渐在日本流播开来,日本各地还有在岁时祭祀中供奉钟馗

---

① 孙亦平:《东亚道教研究》,人民出版社,2014年,第694页。
② 孙亦平:《东亚道教研究》,人民出版社,2014年,第694页。

的习惯。人们在端午节时在门前悬挂以钟馗捉鬼为内容的幡旗,刊行于1838年记录江户时期年中行事的《东都岁时记》中,有一幅描绘江户端午节市街风景的插图,其中就有钟馗旗。此外,还有守护村寨的草钟馗、把守门户的钟馗符、除病解厄的朱钟馗、镇宅辟邪的瓦钟馗等。[①]相对于中国的钟馗信仰历经各个时期,在朝廷与民间之间不断切换错综复杂的发展过程,日本的钟馗信仰在传入之初就只在民间范围得到流传,而并未进入国家祭祀的行列中。日本钟馗信仰的这一特点,反映出古代日本朝廷对道教的吸收采取消极对待的态度。也正是因为日本朝廷对道教消极对待、对佛教积极吸收的态度,才出现了本文中提到的,12世纪初钟馗画像出现在佛教祭祀仪礼"佛名会"上的现象。

---

① 曹建南:《日本的钟馗信仰》,《民俗研究》,1994年第3期,第76—79页。

第二章　唐日贸易与唐商人

第一节　唐日贸易形式

唐代是中国封建社会的鼎盛时期,国威远播,声誉遐迩,再加上其采取了对外开放政策,吸引了很多外国使节和商旅通过陆路或水路来到唐朝访问和贸易。唐政府设置鸿胪寺来接待各国使节和宾客,在不少地方设置商馆以招待外商,又设互市监、市舶司来掌管对外贸易。长安、洛阳、扬州、广州等都是唐朝对外贸易的重要城市。据日本僧人的记载,唐开元年间(713—741),广州珠江中可见"婆罗门、波斯、昆仑等舶,不知其数;并载香药、珍宝,积载如山。其舶深六七丈。狮子国、大石国、骨唐国、白蛮、赤蛮等往来居(住),种类极多"①。韩愈在《送郑尚书序》中描述广州海外贸易之兴盛时说:"外国之货日至,珠香、象犀、玳瑁、奇物溢于中国,不可胜用。"②可以说,唐朝时期,中国是亚非各国进行经济文化贸易的中心,各国的物品通过陆路与海路荟萃于中国。

在这样的环境下,作为唐对外贸易一环的唐日贸易自然也带有国际性色彩。许多来自亚非各国的物品通过纳贡或商人贸易传入唐,又通过唐日贸易传至日本。综观整个唐代,唐日贸易大致可以分为三种形式:一种是通过遣唐使进行的朝贡贸易,一种是通过新罗使和渤海使进行的中继贸易,还有一种则是9世纪初开始活跃于历史舞台的东亚商人群的民间贸易。

---

① 真人开元著,汪向荣校注:《唐大和尚东征传》,中华书局,2000年,第74页。
② 董诰等编:《全唐文》卷五五六《送郑尚书序》,中华书局,1983年,第5626页。

一、遣唐使的朝贡贸易

日本对遣唐使的派遣从630年第一次派遣至894年朝廷听取菅原道真的建议停止派遣,共持续了两百六十四年。根据学界研究,日本共任命过二十次遣唐使,其中四次因故停止,实际成行的有十六次。[①]

遣唐使到达中国后,对唐朝进贡礼物及其他方物,唐朝则回赐物品,并对使节按级别各有赏赐。通过朝贡这样一种特殊的贸易方式,以达到唐日贸易的目的。

《延喜式》中载有遣唐使带给大唐皇的贡品,其品名与数量如下:

> 银大五百两、水织绝美浓绝各二百匹、细绝黄绝各三百匹、黄丝五百绚、细屯绵一千屯,别送彩帛二百匹、叠绵二百帖、屯绵二百屯、纮布卅端、望陡布一百端、木棉一百帖、出火水精十颗、玛瑙十颗、出火铁十具、海石榴油六斗、甘葛汁六斗、金漆四斗。[②]

从以上记载中我们大致可以推测遣唐使上供唐朝的朝贡品。

绝是当时日本最一般的平织绢,有不同的种类。其中水织绝大概是从美浓国移居常陆国久慈郡的长幡部织的乌织绝。乌织绝因其是黑色而得名,而水在五行中通黑色。美浓绝特产于美浓国,经常成为对外国的赠品。细绝在《令集解·赋役令》中被定为绢。黄丝是染成黄色的生丝;细屯绵是纤维较细的块状真绵;屯绵是普通的块状真绵;叠绵是叠状真绵;纮布是用苎麻的纤维织成的布,奈良时期的布大部分以苎麻为原料,所以可以将纮布看成是普通的调庸布;望陡布是上总国特产的优质麻布;木棉是从栲树等的树皮中抽取的纤维;出火水精大概指利用太阳光线引火的水晶透镜;出火铁大概也是打火工具;海石榴油即椿油,可以食用;甘葛汁是古代典型的甜味调料品;金漆是从漆树等树木中抽

---

① 王勇、中西进主编:《中日文化交流史大系·人物卷》,浙江人民出版社,1996年,第59页。

② 《延喜式》卷三〇《大藏省·赐蕃客例》,黑板胜美、国史大系编修会编:《新订增补国史大系》卷二六,吉川弘文馆,1965年,第738页。

取的树脂,喷涂后可以防锈。

通过以上分析不难看出,上述贡品大多为自然物产,以及单纯的纤维制品、加工品。这可以说是遣唐使朝贡品的一大特征。[①]

中国方面的史料《册府元龟》中有以下几条记载:

> (永徽五年)十二月,倭国遣使献琥珀、马脑。琥珀大如斗,马脑大如五升器。[②]
>
> (开元二十二年)四月,日本国遣使来朝,献美浓绝二百匹,水织绝二百匹。[③]
>
> (开成三年)十二月,日本国遣使朝贡,进真珠绢。[④]

上述记载中出现的日本对唐朝的贡品同样具有上述特征。玛瑙、琥珀、珍珠是日本的自然物产,而美浓绝、水织绝、绢如前所述,属于单纯的纤维制品。正因为日本的朝贡品具有这样的特征,所以唐朝将其视为原料品和单纯加工品的生产国。《唐会要》中关于日本有如下记载:

> 颇有丝绵,出玛瑙。有黄白二色。其琥珀好者,云海中涌出。[⑤]

以上简单分析论述了遣唐使的朝贡品。日本如此积极地遣使朝贡,其中一个主要的目的是从唐朝获得数倍于朝贡品的回赐品。《续日本纪》记载,唐代宗于778年特派太监赵宝英为押运使,将唐朝回赐物品送至日本。[⑥]839年遣唐使

---

① 东野治之:《遣唐使和正仓院》,岩波书店,1992年,第41—42页。
② 《册府元龟》卷九七〇《外臣部·朝贡》三,王钦若等编纂,周勋初等校订:《册府元龟》(校订本)一一,凤凰出版社,2006年,第11232页。
③ 《册府元龟》卷九七一《外臣部·朝贡》四,王钦若等编纂,周勋初等校订:《册府元龟》(校订本)一一,凤凰出版社,2006年,第11241页。
④ 《册府元龟》卷九七二《外臣部·朝贡》五,王钦若等编纂,周勋初等校订:《册府元龟》(校订本)一一,凤凰出版社,2006年,第11252页。
⑤ 《唐会要》卷九九《倭国》,王溥:《唐会要》,中华书局,1955年,第1770页。
⑥ 《续日本纪》卷三六"宝龟九年冬十月乙未"条,黑板胜美、国史大系编修会编:《新订增补国史大系》卷二,吉川弘文馆,1966年,第443—444页。

带回的回赐物品,竟需要"差检校使,取陆路递运"至京。[1]由此看来,其物品的种类和数量相当可观。

关于唐朝的回赐品,由于史料中没有专门的记载,所以只能通过一些零散的史料加以论述。

《日本后纪》卷一三"日本延历二十四年(805)七月"条记载:

> 辛巳,葛野麻吕等上唐国答信物。
> 辛卯,赐亲王已下参议已上及内侍唐国彩帛各有差。
> 甲午,献唐国物于山科、后田原、崇道天皇三陵。[2]

遣唐使归朝后,朝廷会献唐朝的回赐品于神社、皇陵,有时亦会将唐朝彩帛赐予臣子。由此可见,唐朝的回赐品中应当包括唐绫、唐绢等物品。这些物品的使用阶层受到严格的限定,对安定、强化当时的身份秩序亦起了一定的作用。

《日本书纪》卷二五"日本白稚五年(654)七月"条记载:

> 褒美西海使等奉对唐国天子,多得文书宝物。授小山上大使吉士长丹以小华下,赐封二百户,赐姓为吴氏。授小乙上副使吉士驹以小华下。[3]

吉士长丹是653年出发的第二批遣唐使之一,因为从唐朝获得了众多文书宝物而受到了朝廷的嘉奖。新罗、渤海等国的遣唐使有向唐朝申请下赐书籍的例子[4],同样,日本遣唐使也是在申请之下获得所需书籍。《册府元龟》卷九九九《外臣部·请求》中有如下记载:

① 《续日本后纪》卷八"承和六年八月甲戌"条,黑板胜美、国史大系编修会编:《新订增补国史大系》卷三,吉川弘文馆,1966年,第91页。
② 黑板胜美、国史大系编修会编:《新订增补国史大系》卷三,吉川弘文馆,1966年,第45—46页。
③ 黑板胜美、国史大系编修会编:《新订增补国史大系》卷一下,吉川弘文馆,1967年,第256页。
④ 《唐会要》卷三六《蕃夷请经史》,王溥:《唐会要》,中华书局,1955年,第667页。

（玄宗开元）二十三年闰十一月，日本国遣其臣名代来朝，献表恳求《老子》经本及天尊像以归，于国发扬圣教。许之。[①]

毋庸置疑，书籍亦是唐朝回赐品的一部分。这些书籍由遣唐使带回日本后，大部分归国家、天皇所有，内外典籍乃至书法、屏风、绘画等皆收入图书寮，无天皇敕许不能借阅，"亲王以下及庶人，若不奏闻私借者"，将"科违敕罪"。[②]

另外，奈良正仓院的收藏品中有不少来自唐的宝物，现举乐器两例。现存正仓院的宝物中有一面金银平文琴，为七弦琴，桐材制，涂有黑漆，琴上有"乙亥之年，季春造作"的铭，乙亥之年被认定为唐开元二十三年（735）。这面琴原来是一面银平文琴，814年借出，三年后返还时变成了金银平文琴。原来的银平文琴是韦家所造，韦家是唐中宗的皇后韦氏所出身的名门望族，可见该琴是唐朝的精品。此外，正仓院所藏的琵琶中有六面来自唐朝，其中最有价值的是螺钿紫檀五弦琵琶。这面琵琶是世界上现存的唯一一面五弦琵琶。五弦琵琶起源于印度，经中亚传入北魏，到唐时大成。这些来自唐朝的宝物很有可能就是唐朝的回赐品。

7世纪后半期至8世纪，由于阿拉伯军队侵略伊朗，大批伊朗人移居长安，从而造成8世纪长安盛行波斯文化。当时唐宫廷供贵妃院中的波斯工匠制作了大量波斯风格的金银器，唐朝给来贡国的回赐品中金银器明显增多。20世纪80年代初，西安南郊何家村出土了众多金银器，据认定是唐高宗的孙子邠王李守仁的遗宝，其中不少器具与正仓院的宝物非常相似。例如，正仓院中有一个和何家村出土的银熏球基本相似的银熏炉。它们的结构大致相同，在镂空的纹饰上精雕着唐草陪衬下遨游的狮子和凤凰。因此，正仓院所藏的金银器中应该也有不少是唐朝的回赐品。

以上对唐朝的回赐品进行了一些论述，遣唐使的携回品不仅仅局限于唐朝

---

① 王钦若等编纂，周勋初等校订：《册府元龟》（校订本）一一，凤凰出版社，2006年，第11559页。

② 《类聚三代格》卷一九《禁制事》神龟五年九月六日敕，黑板胜美、国史大系编修会编：《新订增补国史大系》卷二五，吉川弘文馆，1965年，第589页。

的回赐品,使节及其随员用所带物品在中国交易换得的唐物也占了相当大的比重。关于遣唐使及其随员所带物品的数量,以及在中国的交易情况,张声振在《中日关系史》卷一第二章中有所论及[①],在此不再赘述。

二、新罗使与渤海使的中继贸易

新罗使、渤海使的中继贸易是唐日贸易的一种特殊形式,但其在唐日物品流通中所起的作用却与直接贸易是相同的。

据笔者对《册府元龟》《旧唐书》《新唐书》《通典》《唐会要》《资治通鉴》等史料的不完全统计,621年至846年,新罗共向唐朝遣使八十八次,如果计算到新罗与日本中止官方往来的799年的话,共计七十一次。新罗使通过朝贡从唐朝获得金银制品、绢织品、书物、药品,以及产自南海的香料、鹦鹉等珍贵的回赐品,而后又将其中一些物品转献或转卖给日本。

现存正仓院文书中的"买新罗物解"是研究新罗使中继贸易的不可忽视的资料。"买新罗物解"是日本贵族向官方申请购入新罗文物的文书,可以了解到新罗使与日本贵族间交易物品的种类。至今已被确认的"买新罗物解"有三十多份,李成市在《东亚的王权与交易》一书中,罗列了其中形式较为完整的十七份文书。[②]文书记载的交易品,大致可以归纳为以下六类。(1)日用品:屏风、镜、蝇拂、脂壶、梳子、带等。(2)食具类:钵、盘、匙、箸、瓶等。(3)纺织品:直绢、布、毡等。(4)佛器类:锡杖、香炉、烛台、念珠等。(5)香药类:沉香、丁香、青木香、薰衣香、安息香、熏路香、桂心、甘草、人参、松子、牛黄、大黄、麝香、犀角等。(6)颜料类:苏方、朱砂等。

这些交易品中,除了人参、松子等新罗的特产,还有不少唐朝和荟萃于唐朝的异国物品。上述十七份"买新罗物解"文书中,出现次数最多的是镜子,共在十五份文书中出现,相信这些镜子中会包括一部分唐镜。仅次于镜子的是颜料苏方,在十份文书中出现。苏方木在新罗和中国都没有出产,一直以来,中国都从扶南和林邑购入。唐代以后,这些地区仍然是苏方木的重要产地。因为唐朝

---

① 张声振:《中日关系史》卷一,吉林文史出版社,1986年,第108—112页。

② 李成市:《东亚的王权与交易》,青木书店,1997年,第114—122页。

人会利用它来染布,同时还用它给木器染色,所以唐朝对这种木材的需求量很大。可见新罗使通过唐朝获得这些异国物品后,在满足自己需求的同时,又输往日本。

新罗与日本的官方往来中断于799年,继新罗后在唐日贸易中起中继作用的是698年兴起的渤海。渤海于727年初次向日本派遣使者,到10世纪初灭亡为止的约二百年间,双方使者往来频繁,渤海共向日本派遣使者三十四次。有关渤海使在唐日贸易中所起的中继作用,早在20世纪30年代便由日本学者鸟山喜一推测提出,后又经三上次男、石井正敏、东野治之等学者的研究[1],引起广泛关注。在日渤的官方贸易中,渤海使将唐物转献或转卖给日本,有时又将从日本得到的物品作为朝贡品献给唐王朝,从而在唐日贸易中起到中继作用。

《旧唐书》卷一一《代宗本纪》记载:

> (大历)十二年春正月甲寅朔。辛酉……渤海使献日本国舞女十一人。[2]

776年,渤海国使史都蒙等到达日本越前国,次年归国。归国时,十一名日本国舞女被渤海使带回渤海,并于同年由入唐渤海使献给唐代宗。

《三代实录》卷三一"日本元庆元年(877)六月二十五日甲午"条记载:

> 渤海国使杨中远等,自出云国还于本蕃。王启并信物不受而还之。大使中远欲以珍玩、玳瑁酒杯等,奉献天子,皆不受之。通事园池正春日朝臣宅成言,昔往大唐,多观珍宝,未有若此之奇怪。[3]

---

① 三上次男:《8—9世纪的东亚和日本》,《高句丽和渤海》,吉川弘文馆,1991年;石井正敏:《渤海在唐日间的中继作用》,《东方学》,1976年第51期,第72—90页;东野治之:《唐日间的渤海中继贸易》,《日本历史》,1984年第438期,第80—85页。

② 刘昫等撰:《旧唐书》第二册,中华书局,1975年,第310页。

③ 黑板胜美、国史大系编修会编:《新订增补国史大系》卷四,吉川弘文馆,1966年,第407页。

这里值得注意的是渤海使欲献上的玳瑁酒杯。玳瑁产于南海,唐朝人使用的玳瑁一般是从安南的陆州得到的。[1]此玳瑁酒杯应是经唐传至渤海,之后又由渤海使带至日本欲献给天皇的。由此我们可以窥见渤海中继贸易之一斑。

三、东亚商人群的民间贸易

如果说9世纪前的唐日贸易是通过遣唐使朝贡贸易、新罗使与渤海使的中继贸易而进行的变相贸易,那么9世纪后即后期的唐日贸易则主要是一种由商人承担的真正意义上的贸易。虽然9世纪后日本仍有两次遣唐使入唐[2],而且渤海使也继续起着中继贸易的作用,但此时在唐日贸易中居主体地位的已不是遣唐使,而是9世纪登上历史舞台的东亚商人群。往来于唐日之间从事贸易的东亚商人群的出现,使得以遣唐使为主角的唐日官方贸易逐步转变为以东亚商人群为主角的唐日民间贸易。

9世纪的东亚商人群包括新罗商人、唐商人、渤海商人与日本商人。各国商人既具有一定的独立性,又存在着一定的联系,为了获利这一共同目的,他们往往不拘泥于国籍,同乘一船进行贸易。在这个群体中,新罗商人和唐商人占了大多数。9世纪前期,新罗商人是核心,从9世纪中期开始,其核心逐渐转为唐商人。

东亚商人群中最先出现的是新罗商人,9世纪初新罗商人开始频繁渡日,从而揭开了唐日贸易的新篇章。这些新罗商人主要为在唐新罗商人,他们在山东半岛的登州、楚州等地有称为"新罗坊"的居留地。根据日本史料的记载,新罗商人的渡日情况大致如下:

日本弘仁五年(814),新罗商人三十一人漂着长门国丰浦郡。(《日本后纪》)

弘仁九年(818),新罗人张春等十四人来大宰府,献上驴四头。(《日本纪略》)

弘仁十年(819),新罗人载大唐越州人周光翰、言升则等来日。

---

① 欧阳修、宋祁撰:《新唐书》第四册卷四三上《地理志七上》,中华书局,1975年,第1112页。

② 这两次遣唐使分别为:801年任命、803年出航的桓武朝遣唐使;834年任命、836年启程的仁明朝遣唐使。

（《日本纪略》）

弘仁十年（819），新罗人王请与唐人张觉济兄弟等为交易之故，从唐出发，经三个月，漂流至出羽国。（《入唐求法巡礼行记》）

弘仁十一年（820），李少贞等二十人漂着出羽国。（《日本纪略》）

弘仁十一年（820），新罗人张长行等进献羖𤚩勃羊二头、白羊四头、山羊一头、鹅一只。（《日本纪略》）

天长一年（824），新罗人张宝高到大宰府。（《入唐求法巡礼行记》）

承和二年（835），顷年新罗商人来壹岐岛不绝。（《续日本后纪》）

承和七年（840），张宝高遣使献方物。（《续日本后纪》）

承和十年（843），新罗人张公靖等二十六人，从唐楚州出发，来着长门国。（《续日本后纪》《入唐求法巡礼行记》）

承和十四年（847），新罗人金子白、钦良晖、金珍与唐人江长等四十三人从苏州出发，到达大宰府。（《入唐求法巡礼行记》）

这些渡日的新罗商人在将唐物输入日本方面起了很大的作用，尤其是在将唐代"初期贸易陶瓷器"输入日本这一点上更是功不可没。①

受了新罗商人在唐日贸易中获得高额利润的刺激，9世纪中期开始，一批大唐商人开始活跃于唐日之间。史料中有名可查的渡日唐商人有二十九人，往返于中日之间的航次达三十余次。由于唐商人在商品的收集、船队的组织、资金、技术等各方面都占优势，再加上日本政府对新罗商人的戒备态度，唐商人很快便取代了新罗商人的位置，在唐日贸易中起着主导地位。

第二节　唐商人渡日的概况

唐商人的最初渡日见于9世纪前期，据《入唐求法巡礼行记》卷一"开成四

---

① 龟井明德：《唐代陶瓷贸易的展开和商人》，荒野泰典等编：《亚洲日本史3 海上之路》，东京大学出版会，1992年。

年(839)正月八日"条所记,二十年前,唐人张觉济等与新罗人王请"为交易诸物,离此过海,忽遇恶风,南流三月,流着出州国(又称出羽国,今日本本州北部)"。张觉济兄弟临出发时,逃留出羽。①从819年张觉济兄弟渡日贸易到903年,众多唐商人往来唐日间,现将9世纪唐商人的渡日情况列表,如表2-1所示:

表2-1　9世纪唐商人的渡日情况

名　字	唐日往来杂纂	出　典
张觉济	元和十四年(819,弘仁十年)由于贸易,兄弟两人与新罗人王请等同船从唐出发,经三个月的漂流,到达出羽(日本本州北部)。	《入唐求法巡礼行记》
周光翰	唐越州人。元和十四年(819,弘仁十年)六月,与言升则等人乘新罗人的船到日本,带去唐李师道反乱的消息。翌年正月,与言升则一同随渤海使节归国。亦有将其名写为周光轮的,恐为误写	《日本纪略》《日本逸史》
言升则	唐越州人。元和十四年(819,弘仁十年)六月,与周光翰等人乘新罗人的船到日本,带去唐李师道反乱的消息。翌年正月,与周光翰一同随渤海使节归国	《日本纪略》《日本逸史》
李处人	会昌二年(842,承和九年)八月前到达日本大宰府,842年八月归国,从肥前的远值嘉岛出发,到达温州。让入唐僧惠运同船,帮助其入唐	《入唐五家传》(惠运)
张继明	似乎作为商人去日,滞留于大宰府,太和八年(834,承和元年)三月奉敕令由肥后守粟田饱田麻吕带领入京。可能是因为同年正月任命的遣唐使即将入唐,所以要问他唐的情况	《续日本后纪》
李邻德	会昌二年(842,承和九年)春,从明州出发到日本,让入唐僧惠尊搭乘其船。会昌五年(845,承和十二年)末归国,让圆仁的弟子同乘,到达楚州。其名亦写为李骑德,也称为四郎	《入唐求法巡礼行记》

———————
①　圆仁著,顾承甫、何泉达点校:《入唐求法巡礼行记》,上海古籍出版社,1986年,第26页。

续　表

名　字	唐日往来杂纂	出　典
徐公佑	出生于苏州。唐朝大中年间(847—859)往来于唐日之间,将其兄徐公直的书信和赠答物带给留日唐僧义空。其兄徐公直在苏州援助了大中七年(853,仁寿三年)入唐的圆珍	《唐人书简》(高野杂笔集付载) 《唐人送别诗》
张友信	大中元年(847,承和十四年)六月,与元净等四十五人一行乘一船从明州出发,到达肥前的远值嘉岛,七月进大宰府。让日僧惠萼、惠运、仁好搭乘其船到日。其后作为唐通事留在大宰府,咸通三年(862,贞观四年)九月与真如亲王等一起归唐到达明州。其名亦写为张支信	《续日本后纪》 《入唐五家传》(惠运) 《头陀亲王入唐略记》
元净	大中元年(847,承和十四年)六月,与张友信等四十五人一行乘一船从明州出发,到达肥前的远值嘉岛,七月进大宰府	《续日本后纪》 《入唐五家传》(惠运) 《头陀亲王入唐略记》
江长	大中元年(847,承和十四年)五月,与金珍、金子白、钦良晖等四十三人从苏州松江口出发,九月到达大宰府。途中,于山东半岛的乳山浦让圆仁搭乘归国	《入唐求法巡礼行记》
王超	大中七年(853,仁寿三年)七月,归国时让圆珍搭乘,到达福州	《圆珍公验》
陈太信	大中十年(856,齐衡三年)八月,与李英觉一同从广州到台州,受圆觉所托给圆珍带去了天竺贝多树挂杖等信物。咸通三年(862,贞观四年)七月,似乎与李延孝等一同去日本,翌年正月通过春日宅成送给圆珍书信。其名亦写为陈泰信	《圆珍将来目录》 《唐人送别诗》
詹景全	越州商人,出身婺州。大中十年(856,齐衡三年)九月从日本归来,应圆珍所求与李英觉等人一起捐了钱资助建造国清寺的住房。大中十二年(858,天安二年)六月,与圆珍等人乘李延孝的船从台州出发,到达肥前的五岛,进入大宰府。留有给圆珍的书信和诗。咸通四年(863,贞观五年)四月,让贤真、惠萼、中全等人同船去日本。八月,受圆珍所托带着圆珍给智慧轮(西域僧,般若斫迦)的书信归国。翌年去日本,受温州的圆德所托带给圆珍净土变的绣佛等物。乾符四年(877,元庆元年)让入唐僧圆载搭乘,与李延孝一起去日本,途中遇难淹死	《圆珍传》 《圆珍上智慧轮三藏决疑表》 《圆珍乞台州公验状》 《头陀亲王入唐略记》

名 字	唐日往来杂纂	出 典
刘仕献	大中十年(856,齐衡三年)九月,与詹景全、李英觉、李延孝等一同归国,应圆珍所求,与其他三人捐了四千文钱资助建造国清寺的住房	《圆珍乞台州公验状》
李达	出生于婺州永康县。大中十二年(858,天安二年)六月似乎乘李延孝的船到达大宰府,留有给同船共乘的圆珍的书信及诗。归国之际,受圆珍所托,嘱乡贡进士沈欢撰写国清寺止观堂的记。该文于咸通二年(861,贞观三年)完成。乾符四年(877,元庆元年)载唐僧智聪等去日本。中和元年(881,元庆五年),托唐商人张蒙将一切经的欠本一百二十余卷送去日本	《唐人送别诗》《圆珍传》《上智慧轮三藏书》
蔡辅	大中十二年(858,天安二年)六月,似乎与圆珍同船去日本,留有给圆珍的书信和诗。任管道衙前散将的官	《唐人送别诗》
高奉	大中十二年(858,天安二年)六月,似乎与圆珍同船去日本,留有给圆珍的书信和诗	《唐人送别诗》
任仲元	咸通三年(862,贞观四年)七月,与真如亲王一起从大宰府出发,回到唐土。咸通六年(865,贞观七年)从长安到淮南,向在淮南的伊势兴房传达亲王之命	《头陀亲王入唐略记》
金文习	咸通三年(862,贞观四年)七月,与真如亲王一起从大宰府出发,回到唐土	《头陀亲王入唐略记》
张言	咸通七年(866,贞观八年)九月,一行四十一人共乘一船,到达大宰府	《三代实录》
崔岌	乾符元年(874,贞观十六年)六月,一行三十六人共乘一船,抵达肥前松浦郡	《三代实录》
杨清	乾符三年(876,贞观十八年)七月,一行三十一人共乘一船,到达筑前荒津	《三代实录》
崔铎	乾符四年(877,元庆元年)六月,一行六十三人从台州出发,七月,抵达大宰府。多治安江、智聪等人搭乘其船回日本	《三代实录》

名　字	唐日往来杂纂	出　典
张蒙	中和元年（881，元庆五年）去日本，带去了李达所托的大藏经欠本一百二十余卷。中和二年（882，元庆六年）归国，圆珍托李达送黄金及书信给长安大兴善寺慧轮，求欠经	《三代实录》《智证大师传》《圆珍上智慧轮三藏决疑表》
柏志贞	中和三年（883，元庆七年），到达大宰府。带去了天台山国清寺诸僧以及越州良谞和尚的遗弟子写给圆珍的信件	《智证大师传》
王讷	景福二年（893，宽平五年）三月，到日本。带去了在唐日本僧人中瓘的书信	《菅家文草》
周汾	景福二年（893，宽平五年）七月，一行六十人共乘一船，抵达博多津。带去了在唐日本僧人好真的牒	《入唐五家传》（好真）
梨怀	乾宁三年（896，宽平八年）三月四日，应召入京。其渡日大概在896年	《日本纪略》
景球	天复三年（903，延喜三年）十一月二十日，献上羊一头，白鹅五只，其渡日大概在903年	《扶桑略记》

注：括号外的年份为中国纪年，括号内的年份为公历和日本纪年。

　　上述唐商人中，如张友信、李邻德、李达、詹景全等人多次往返于唐日，是9世纪中后期经营对日贸易的大商人。

　　唐商船驶入博多湾后，先由大宰府将来港的唐商船人员及货物情况呈报太政官。因九州距京都路程颇远，即使用快马于专设驿道传递，往返亦需十数天，因此唐商船需在博多湾码头等候多日。及至太政官官符送到，方允许唐商人上岸。上岸的唐商人依归化人的待遇，例如，《三代实录》卷二六"贞观十六年七月十八日甲辰"条和卷二九"贞观十八年八月三日丁未"条中有以下记载：

　　　　先是，太政府言，大唐商人崔岌等三十六人，驾船一艘，六月三日著肥前国松浦郡岸。是日敕，宜准归化例，安置供给。[1]

---

　　① 黑板胜美、国史大系编修会编：《新订增补国史大系》卷四，吉川弘文馆，1966年，第345—346页。

　　大宰府言,去七月十四日,大唐商人杨清等三十一人,驾一只船,著荒津岸。敕,宜准归化例,安置供给。①

关于归化人的待遇,《令义解》卷七《公式令》记载:

　　其蕃人归化者,置馆供给,亦不得任来往。②

　　由此可见,唐商人被安置于到达地的客馆(一般为大宰府鸿胪馆)中,没有允许是不能随意入京的。866年,唐商人任仲元因为"非有过所"而入京,结果被谴诘,送还大宰府的事件就是一个很好的例子。③唐商人被安置于大宰府鸿胪馆后,需向大宰府申报所运货物清单,由大宰府派出官吏对其所带货物进行检查核对,接着再由大宰府验定定价。这时,唐商人所运货物成为"交关物",由大宰府派人看管。这些手续办理完毕后,还须等待由京都派来的交易唐物使前来主持贸易,同样需要待以时日。按太政官令规定,在交易唐物使到达大宰府之前,不准唐商人与日本商人或一般市民私自进行贸易,一旦被告发或被官吏发现,货物全部没收充官,对唐商人和私自交易的日本人按律治罪。④交易唐物使一般由太政官委派内藏寮官吏充任,他们从京城到达大宰府后,即主持贸易。贸易首先在唐商人与大宰府之间进行。大宰府代表日本朝廷购买所需货物,余下的则由达官贵人、商人、市民进行贸易。通过这样一种方式,大量唐朝商品流入日本各个阶层。

---

　　① 黑板胜美、国史大系编修会编:《新订增补国史大系》卷四,吉川弘文馆,1966年,第380页。
　　② 黑板胜美、国史大系编修会编:《新订增补国史大系》卷二二,吉川弘文馆,1966年,第261—262页。
　　③ 《三代实录》卷一二"贞观八年五月二十一日甲子"条,黑板胜美、国史大系编修会编:《新订增补国史大系》卷四,吉川弘文馆,1966年,第184页。
　　④ 黑板胜美、国史大系编修会编:《新订增补国史大系》卷二五,吉川弘文馆,1965年,第612页。

第三节 唐商人渡日的原因

分析9世纪唐商人频繁渡日的原因,主要有以下几点。

第一,唐代江南经济的发展。

在9世纪渡日的唐商人中,可以明确身份的有越州的周光翰、言升则,婺州的詹景全、李达,以及苏州的徐公佑,由此大致可以推测出9世纪渡日的唐商人大多来自江南一带。唐代,特别是中唐以后,江南经济的全面繁荣为他们渡日贸易提供了良好的物质基础。

唐代江南经济的发展可谓日新月异,其中丝陶业的发展尤为显著。唐代的江南已成为丝绸的著名产地。《新唐书》卷四一《地理志五》记载,明州余姚郡的丝绸土贡有"吴绫、交梭绫",越州会稽郡上缴的丝绸土贡是"宝花、花纹等罗,白编、交梭、十样花纹等绫,轻容、生縠、花纱、吴绢等"。[①]此外,越州附近,杭州湾一带和太湖流域均为丝绸产地,所产丝绸品类繁多,色泽秀丽。唐代江南的制瓷业发展也很迅速,其中越州窑的青瓷烧制得最为精良,远销世界各地。唐代的越州窑分布在现在的宁波、余姚、慈溪、绍兴、镇海、鄞州、奉化、临海等地,形成了一个庞大的越窑体系。

江南经济的发展还表现在长江流域特别是江淮地区的城市的全面发展。这些城市主要以太湖流域为核心,形成放射型的城市群,主要的城市有扬州、苏州、杭州、常州、润州、湖州、越州、明州、衢州、婺州、宜州等,其中又数扬州最为繁华,是唐代对外贸易的主要港口,全国最理想的商品集散地。从海路来扬州的各国商人络绎不绝,大量国外的珠宝和珍贵的药材源源不断地流入扬州,又从扬州通过水路交通线,转运到各地。

处在这样一个得天独厚的环境中,渡日唐商人很容易组织货源,满足日本对唐朝物品及异国奇珍的需求。

第二,唐代造船业的发展和航海技术的进步。

---

① 欧阳修、宋祁撰:《新唐书》第四册,中华书局,1975年,第1060—1061页。

海上的交通离不开造船和航海技术,唐代造船业的发展和航海技术的进步为唐商人的渡日提供了良好的前提条件,增强了他们渡日的信心。

唐代在沿江河和沿海地区设有众多造船场,如莱州、登州、扬州、润州、常州、苏州、湖州、杭州、越州、台州、江州、洪州、福州、泉州、广州等地都以造船业著称。唐代的造船技术有了重大的革新。(1)采用水密舱结构,船底舱用木板隔开,并在隔板与船舷的结合处采用合理拼接板材、钉锔加固、捻料填塞等方法予以密封。这种结构的显著优点是:如果某舱不幸破损,其他舱不致被连累受损,既保证了船只与货物的安全,又便于修复;隔舱板横向支撑船舷,增强了船体抗御侧向水压、风浪的能力。(2)采用榫钉结合与油灰捻缝技术。使用这种结合技术的船只船体结实,抗风力强,远比当时的外国船只先进。(3)在船底涂漆防止浸腐和减少水的阻力。(4)在船舷安装粗木,用长钉牢牢钉在两舷上,既可提高船体的纵向强度,承受外来的冲撞力,又可加强船体的浮力及稳定性。(5)在舷下左右置浮板,在风浪中增加水的阻力,以减轻船只摇摆幅度,加强稳定性。[①]

随着中西方海上交通贸易的日益频繁,唐代造船业发展的同时,海上航行实践也在不断增加,唐人的航海技术也取得了长足的进步。主要表现在:(1)对季风的规律有了进一步的认识,并正确地应用于航海活动中;(2)地文航海技术有了提高;(3)海岸地形和海岸地貌的知识较之前更丰富,能以岛和山峰作为导航目标;(4)对海洋潮汐有了进一步的认识;(5)对作为帆船主要动力的风有了进一步的研究。[②]

唐日间的航线分为北路和南路。北路为远古以来一直被利用的以朝鲜半岛为中介的中日交通航线。南路的基本走向是,从中国江浙沿海的楚州、扬州、明州、越州等地起航,循东偏北方向横越东海,直趋日本肥前松浦郡的值嘉岛(今平户岛和五岛列岛),然后驶达博多港或难波三津浦。这是中日地理直线最近的一条航线,但这条航线相对于北路航线来说危险较大。日本文武朝以后,取南路而行的遣唐使船几乎每回都有船只遭遇海难。唐商人凭借本国先进的船舶和高超的航海技术,不仅减少了海难的发生,而且缩短了航行时间。由过

---

① 王冠倬:《中国古船图谱》,生活·读书·新知三联书店,2000年,第98—100页。

② 夏秀瑞、孙玉琴:《中国对外贸易史》,对外经济贸易大学出版社,2001年,第82—83页。

去航行北路所需一两个月的时间,减少到最快只需三至六天即可完成单程航运。例如,唐商人李处人的贸易船于842年八月二十四日从日本值嘉岛那留浦返航归国,遇正东风,六个日夜便抵达大唐温州乐城县。又如唐商张友信,于847年六月二十二日,从明州望海镇起航,遇西南风,三个日夜便抵达值嘉岛那留浦。

第三,东南亚、西亚各国商人的刺激。

由于唐王朝实行对外开放的政策,吸收了众多胡商到唐从事贸易。中唐以后,随着陆地丝绸之路受阻,原先就已经相当活跃的南海贸易得到了更大的重视,来自东南亚、西亚各国的外商除了按常例进贡,还可与唐人自由贸易。外商获利,每年来唐人员增多,舶货也随之大增。这些东南亚、西亚各国商人的贸易活动刺激了唐朝商人进行海外贸易的欲望,他们逐渐变被动为主动,开始积极出海从事南海贸易。据阿拉伯作家在9世纪至10世纪所撰的《中国印度见闻录》记载,中国船只大部分在当时波斯湾最繁华的贸易港口尸罗夫(Siraf)装货。而中国船只通过南印度西南海岸的故临(Quilon)时,交纳的关税要比其他国家的船只多得多。[①]可见,唐代商船在南亚、西亚进行了大量海外贸易。通过这些贸易,大量南海的珍贵货物输入中国,唐商人将这些来自南海的物品投入国内消费之余,又将目光转向了东面的日本。

第四,遣唐使实际上的终止。

9世纪之后,唐王朝由盛而衰,内乱频发,外侮不断,已进入王朝末期阶段。加之日本国内财政亦不景气,组织遣唐使费用颇多,财政难以负担。基于以上原因,自838年以后,日本实际上就已经终止派遣遣唐使。虽然894年四月,日本朝廷曾任命菅原道真为最后一次遣唐使,却最终在菅原道真的建议下取消了派遣。遣唐使派遣的终止,使得以朝贡贸易为主要方式的唐日官方贸易宣告结束。唐日官方贸易虽告终结,但是日本方面对中国文物的需求并未减少。日本方面对中国商品的浓厚兴趣刺激了唐日民间贸易的进一步展开,吸引了唐商人从事利润丰厚的唐日贸易。

第五,日本商人竞争力不足。

关于渡唐日本商人,《入唐求法巡礼行记》和《三代实录》中有以下记载:

---

① 穆根来等译:《中国印度见闻录》,中华书局,1983年,第7—8页。

商量往明州,趁本国神御井等船归国。①

得苏州船上唐人江长,新罗人金子白、钦良晖、金珍等书云……书中又云:"春大郎、神一郎等,乘明州张支信船归国也。来时得消息,已发也。春大郎本拟雇此船归国,大郎往广州后,神一郎将钱金付张支信讫,仍春大郎上明州船发去。春大郎儿宗健兼有此物,今在此船。"云云。②

十七日癸酉,遣伊豫权掾正六位上大神宿祢巳井、丰后介正六位下多治真人安江等于唐,唐家市香药。③

以上记载中出现的神御井、神一郎和大神宿祢巳井乃同为一人。④可见当时从事唐日贸易的日本商人人数之少,根本无法与唐商人相抗衡。究其原因,主要有二。

首先,唐代日本国内商人虽已出现,但尚未形成商人阶层,当时日本的商人只是一些中小商贩,一般只有能力在国内贩运。要到唐从事贸易,必须有雄厚的资金做后盾,而这对于刚刚出现的日本商人来说,是很难实现的。所以,尽管国内唐物极受欢迎,从事唐日贸易可获巨额利润,但除少数资本雄厚的商人外,绝大多数商人还是不得不让位于唐商人。

其次,当时日本造船技术和航海技术的不足亦抑制了日本商人赴唐进行贸易。据明代胡宗宪所编的《筹海图编》、茅元仪所撰的《武备志》,以及李言恭与郝杰编撰的《日本考》,日本船与中国船结构不同,船材铆接不用铁钉而用铁片,接缝不用麻筋桐油而只用所谓短水草来填塞,故非常费工费料,而且还不牢。

---

① 《入唐求法巡礼行记》卷四"日本大中元年闰三月十日"条,圆仁著,顾承甫、何泉达点校:《入唐求法巡礼行记》,上海古籍出版社,1986年,第199页。

② 《入唐求法巡礼行记》卷四"日本大中元年六月九日"条,圆仁著,顾承甫、何泉达点校:《入唐求法巡礼行记》,上海古籍出版社,1986年,第200—201页。

③ 《三代实录》卷二五"日本贞观十六年六月十七日"条,黑板胜美、国史大系编修会编:《新订增补国史大系》卷四,吉川弘文馆,1966年,第343页。

④ 佐伯有清:《〈入唐求法巡礼行记〉所载人名考异——围绕圆仁等无名人士》,井上光贞博士还历纪念会编:《古代史论丛》下卷,吉川弘文馆,1978年。

船底扁平,不能破浪猛进,帆则悬于桅杆正中心处,只适于顺风,若遇逆风则须把桅杆放倒,只凭划橹前进。明代时日本船只尚落后如此,唐代时更可想而知。此外,当时日本的航海技术亦十分落后,日本人还未掌握季风、信风,以及洋流规律。日本当时造船技术和航海技术的不济从遣唐使船的屡屡遇难便可知。综观唐代,日本共任命过二十次遣唐使,其中四次因故停止,实际成行十六次。在实际成行的十六次遣唐使渡海途中,船只遇难屡见不鲜,尤其是后期取道南路航线后,使舶遭难尤多,牺牲巨大。落后的造船技术和航海技术自然大大抑制了日本商人的渡唐,使他们无法与拥有先进造船技术和航海技术的唐商人竞争。

第六,日本政府对新罗商人的戒备态度。

渡日的新罗商人可说是唐商人的先驱。在9世纪前半期,他们主要以山东半岛及其周边地区为据点,频繁渡日从事贸易。此时期,唐商人往往搭乘他们的商船从事贸易。

到了9世纪中后期,新罗商人在唐日贸易中担当主角的情形发生了变化,他们的地位被唐商人取而代之。这主要与当时日本朝廷对待新罗商人的态度发生变化有关。

8世纪末到9世纪初,新罗国内连年发生叛乱和饥荒,许多新罗人逃往唐东部沿海,还有一些去了日本。日本开始对这些归化的新罗人采取接纳的态度。但这些得到日本接纳的新罗人并不全是顺民。例如,820年二月,七百名新罗人在日本的远江、骏河叛乱,当地政府出动军队镇压未能成功,乱民抢了伊豆国的谷物乘船出海,最后政府出动了七个地方的兵力才得以镇压。[1]这些归化的新罗人的叛乱令日本政府重新考虑对新罗人的归化政策。根据史籍记载,834年以后,漂流到日本的新罗人都被放还,再不受到日本政府欢迎。同时,新罗商人亦成为日本的警戒对象。838年七月,大宰府官员表示,"新罗商人往来不绝,警固之事不可以暂忘",故申请多派一名性质接近今日军官的弩师。[2]841

---

① 《日本逸史》卷二八"日本弘仁十一年二月十四日丙戌"条,黑板胜美、国史大系编修会编:《新订增补国史大系》卷八,吉川弘文馆,1965年,第247页。

② 《类聚三代格》卷五《应废史生一员置弩师事》,黑板胜美、国史大系编修会编:《新订增补国史大系》卷二五,吉川弘文馆,1965年,第210页。

年八月,又"以大宰府曹百四口宛对马岛,兼宛防人"①。842年八月,大宰大贰藤原朝臣卫上奏,指新罗人"寄事商贾,窥国消息",故建议"新罗国人,一切禁断,不入境内"②。朝廷虽未赞成,但下令新罗商人在交易完毕后立即返还,不许进入鸿胪馆。③这些行为都是日本官方对新罗商人戒备态度的一种表现。与此相对,日本朝廷对待唐商人的态度就比较友好,一般唐商人抵达日本后,享受归化人的待遇,被安置在大宰府鸿胪馆内,接受供给。虽然他们的行动受到一定的限制,没有允许不能随意往来,但比起新罗商人,在交易上占有一定的优势。在这种情况下,前期主要依附新罗商人从事贸易的唐商人在积累了一定的经验后,无可争议地替代了新罗商人的地位。

以上从国内外六个方面分析了唐商人渡日的原因,占尽天时、地利、人和各方面优势的唐商人在9世纪中后期不可避免地成了唐日贸易的主角,承担起了中日交流的重任。

第四节 渡日唐商人的作用及意义

9世纪唐商人频繁往来于唐日之间,其目的主要是贩运和销售备受日本各阶层青睐的唐朝物品,从而谋求巨额利润。商船渡日时,往往"颇赍货物"④。货物具体的品名散见于平安时期的贵族日记中,其中藤原明衡(989—1066)的《新猿乐记》有较为详细的记载。参照《新猿乐记》中所罗列的唐物品名,以及其他一些零星史料,可将9世纪唐商携带至日本的物品归为如下几类。⑤

---

① 《续日本后纪》卷一〇"日本承和八年八月丙辰"条,黑板胜美、国史大系编修会编:《新订增补国史大系》卷三,吉川弘文馆,1966年,第122页。

② 《续日本后纪》卷一二"日本承和九年八月丙子"条,黑板胜美、国史大系编修会编:《新订增补国史大系》卷三,吉川弘文馆,1966年,第143页。

③ 《类聚三代格》卷一八《应放还入境新罗人事》,黑板胜美、国史大系编修会编:《新订增补国史大系》卷二五,吉川弘文馆,1965年,第570页。

④ 《三代实录》卷三二"日本元庆元年八月二十二日庚寅"条,黑板胜美、国史大系编修会编:《新订增补国史大系》卷四,吉川弘文馆,1966年,第410页。

⑤ 张声振:《中日关系史》卷一,吉林文史出版社,1986年,第116页。

第一,宗教用品。主要是佛经、佛像、佛画、佛具,以及与佛教有关的用具。奈良、平安时期是日本佛教发展的鼎盛时期。大批学问僧随遣唐使船频频东渡,赴唐求法。这些日本僧侣回日本时,都带回大量唐本佛经、佛像、佛画、佛具。如最澄于805年五月,搭乘遣唐大使藤原葛野麻吕之船,携回佛教经论章疏二百三十部四百六十卷,以及真言道具等十余种。又如空海,他于806年八月随遣唐判官高阶远成回国,携回佛教经论章疏二百十六部四百六十一卷、胎藏金刚界等曼荼罗、祖师影等十铺、真言道具九种,以及惠果阿阇梨付嘱物十三种。9世纪后,唐商船频繁渡日,他们将日本佛教界所需的中国佛教用品贩运至日本。特别是838年遣唐使停止后,他们更是垄断了中国佛教用品进入日本的渠道,贩运佛经、佛像、佛画、佛具,以满足日本各寺院、僧侣及佛教徒的需求。例如,858年六月,日僧圆珍搭乘李延孝的商船归国,运回佛教经论章疏四百四十一部一千卷、道具法物等十六种。[1]874年,张蒙的商船受圆珍的嘱托,运去一切经阙本一百二十余卷。[2]

第二,书籍尤其是唐代大文学家和大诗人的文集和诗集、文房用具等。奈良、平安时期的日本推崇唐文化,对唐文学、诗歌及文房四宝、书法、字画尤为喜爱。遣唐使入唐时,往往购买书籍带回。如以多治比县守为押节使的元正朝遣唐使于718年归国前,"所得锡赉,尽市文籍,泛海而还"[3]。唐文人张鷟"下笔敏述,著述尤多,言颇诙谐",其才名远播,"新罗、日本东夷诸蕃,尤重其文,每遣使入朝,必重出金贝以购其文"[4]。可见当时日本对中国书籍的喜好。由于日本对唐的书籍及文具等的需求,9世纪唐商人赴日贸易时,书籍、文具等是大宗商品。《文德实录》卷三"日本仁寿元年(851)九月乙未"条记载,大宰府的大宰少贰藤原岳守在检查唐商人的货物时,于书籍中发现元稹、白居易的诗集,进呈天皇,

---

① 圆珍著,园城寺编:《智证大师全集》下卷《智证大师请来目录》,园城寺事务所,1919年,第1266页。

② 圆珍著,园城寺编:《智证大师全集》下卷《天台宗延历寺座主圆珍传》,园城寺事务所,1919年,第1372页。

③ 刘昫等撰:《旧唐书》第十六册卷一九九《东夷日本传》,中华书局,1975年,第4024页。

④ 刘昫等撰:《旧唐书》第十二册卷一四九《张荐传》,中华书局,1975年,第4023—4024页。

天皇甚喜,授他为从五位上。[①]

第三,香料、药品等。日本皇族、贵族阶层崇尚豪华,对香料的需求相当大。此外,汉医学和本草学传入日本后,日本对名贵中药材的需求也越来越大。从877年日本朝廷派多治安江等人到唐采购香药一事,可见一斑。顺应日本市场的需求,9世纪唐商人的贸易商品中亦含有大量香料和药品等。《新猿乐记》中记载的唐物中,有相当一部分为香料和药物。其中既有中国出产的,还有来自其他国家的物产。由于唐朝对外实行开放的政策,产自世界各地的贵重香料和药材通过中国南海源源不断地涌入中国,如来自林邑的沉香、来自拂林和安息的苏合香、来自印度尼西亚的鸡舌香(丁香)、来自印度的犀角等。[②]当时的广州是世界最大的香料市场之一,而扬州则仅次于广州。在这样的国际贸易环境下,9世纪的渡日唐商人不仅将产于中国的香料和药材,还将来自世界各国的香料和药材输入日本。

第四,陶瓷器、高级丝织品、手工艺品等贵重奢侈品。9世纪,唐商人携带至日本的,不仅有唐朝的锦、绫、罗等高级丝织品,越州、邢州等地出产的陶瓷器,以及各类唐朝的手工艺品,还有来自印度、西域诸国的工艺品。据《智证大师请来目录》,圆珍于858年乘商船归国时,还带回了856年秋圆觉托商人李英觉和陈太信从广州带给他的天竺贝多树拐杖、广州斑藤拐杖和琉璃瓶子。[③]琉璃原盛行于叙利亚等西亚地区,这里的琉璃瓶子很可能是来自西亚地区的制品。由此亦可见,9世纪唐商人所从事的唐日贸易在一定程度上带有国际性色彩。

第五,白鹅、羊、驴、鹦鹉、孔雀等鸟兽类。如《扶桑略记》卷二三《里书》"日本延喜三年(903)十一月二十日丙辰"条记载,唐商人景球献上羊一头、白鹅五只。[④]

---

① 黑板胜美、国史大系编修会编:《新订增补国史大系》卷三,吉川弘文馆,1966年,第31页。

② 关于唐代由世界各地传入中国的香料和药材,可参照谢弗著,吴玉贵译:《唐代的外来文明》,中国社会科学出版社,1995年。

③ 圆珍著,园城寺编:《智证大师全集》下卷《智证大师请来目录》,园城寺事务所,1919年,第1279—1280页。

④ 黑板胜美、国史大系编修会编:《新订增补国史大系》卷一二,吉川弘文馆,1965年,第185页。

由上可知,9世纪唐商人频繁往来于唐日之间,大量来自唐与异国的珍贵物品涌入日本。其中包括遣唐使时代极难到手的绫、锦等高级丝织品和香药等。随着这些珍贵物品的大量流入,日本政府在保证朝廷先买权的同时,允许商人与民间进行交易。这样,9世纪前日本朝廷对中国物品的独占体制逐渐崩溃,来自唐朝的物品得以流通到日本的各个阶层,唐文化亦随之渗透到整个日本社会,从而为日本的"国风文化"奠定了良好的基础。

9世纪唐商人除将大量物品运至日本进行贸易外,遣唐使派遣停止后,他们还承担起了搭载日本入唐僧侣往返的客运业务。根据史籍记载,现将9世纪唐商船搭载日本僧侣的情况归纳如下:

日本承和八年(841)秋,惠萼乘商船抵达唐楚州。(《入唐求法巡礼行记》)

承和九年(842)春,惠萼乘李邻德的商船回日本。(《入唐求法巡礼行记》)

承和九年(842)八月,惠运乘李处人的商船,从肥前国值嘉岛那留浦出发,经六个日夜,抵达温州乐城县玉留镇。(《安祥寺惠运传》)

承和十年(843),仁好、顺昌乘商船,从楚州出发,抵达长门国。(《入唐求法巡礼行记》《续日本后纪》)

承和十一年(844),惠萼携五台山的供料,乘商船再次入唐。(《入唐求法巡礼行记》

承和十一年(844),仁好携朝廷赐给圆仁、圆载的二百两黄金,乘商船再次入唐。(《续日本后纪》)

承和十三年(846),圆仁的弟子性海乘李邻德的商船入唐,将日本的书信及信物送至圆仁处。(《入唐求法巡礼行记》)

承和十四年(847)六月,惠运、仁好、惠萼乘张友信、元净等的商船,从明州望海镇出发,十二日后,抵达肥前国值嘉岛那留浦。(《安祥寺惠运传》《续日本后纪》)

承和十四年(847)七月,圆仁、惟正、性海、丁雄满乘商船,抵达肥前国鹿岛。(《入唐求法巡礼行记》)

　　仁寿三年(853)八月,圆珍、丰智、闲静、丁雄满乘商人钦良晖等的船,从肥前国值嘉岛鸣浦出发,抵达福州连江县。(《智证大师传》《行历抄》)

　　天安二年(858)六月,圆珍乘李延孝等的商船从明州出发,抵达肥前国松浦县管美旻乐崎。(《智证大师传》)

　　贞观四年(862)九月,真如法亲王、宗睿、贤真、惠萼、忠全、安展、禅念、惠池、善寂、原懿、献继等乘张友信、金文习、任仲元等的商船从肥前国值嘉岛出发,抵达明州。(《头陀亲王入唐略记》)

　　贞观五年(863)四月,贤真、惠萼、忠全等乘张友信的商船,从明州归国。(《头陀亲王入唐略记》)

　　贞观七年(865)七月,宗睿乘李延孝等的商船从明州望海镇出发,抵达肥前国值嘉岛。(《禅林寺僧正传》《三代实录》)

　　入唐日本僧侣在唐滞留期间,与唐朝的僧侣、文人等结下了深厚的友谊,唐商人搭载他们归国后,在他们与唐人之间传物递信,使他们的交流得以继续。例如,圆珍于858年回日本后,曾托唐商人詹景全带书札、礼物(四斤水银)送赠天台山开元寺僧常雅等人。常雅对此热情复函,并酬赠天台南山角子茶一、生黄角子二。[1]863年、865年,圆珍两次托詹景全带书信给长安大兴寺智慧轮不果,882年,又托唐商人李达携书札及沙金五十小两至长安智慧轮处,以求缺经。867年,温州的德圆托詹景全带给圆珍净土变的绣佛等物。883年,天台山国清寺诸僧及越州开元寺座主良谞托唐商人柏志贞给圆珍带去书信。[2]由于有频繁往来于唐日之间的唐商人在其中穿针引线,入唐日僧人虽返日,但音讯犹通。

　　这样,唐商人频繁的贸易活动,使日僧的入唐较前变得容易,同时亦使归国的日僧得以继续与唐朝友人进行交流和沟通。这不仅促进了唐日之间佛教的交流,更促进了两国间文化的交流。

---

　　① 小野胜年:《入唐求法行历的研究:智证大师圆珍篇》,法藏馆,1982年,第492条资料《台州开元寺常雅书状》,第449—450页。
　　② 圆珍著,园城寺编:《智证大师全集》下卷《天台宗延历寺座主圆珍传》,园城寺事务所,1919年,第1372—1376页。

第三章　中国僧俗与来华日僧

第一节　宋元禅僧与来华日僧的诗文交流

佛教自6世纪传入日本之后,经过不断的发展、变化,至平安时期,极具密教特色的天台、真言二宗成为日本佛教的主流宗派。进入11世纪,随着中央集权律令体制的逐渐瓦解,贵族阶级日益没落,日本中央对佛教的控制力不断减弱,一些大寺院开始出现僧兵组织,教团内部派系斗争激烈,僧侣不守戒律的现象日趋严重。在此背景之下,末法思想开始流行。末法思想的主要内容是:释尊入灭后,教法住世历经正法、像法时代,而修行证悟者渐次减少,终至末法时代,这一时代,人虽有秉教,而不能修行证果,佛教进入衰微时期。当时的日本社会流行着永承元年(1052)为末法开始之年,时处末法时代的思想。这一思想反映了人们对现实社会不满、无奈甚至恐慌的心理。末法思想蔓延的同时,追求往生净土的思想开始出现,尤其是五台山文殊崇拜信仰开始流行,于是,陆续有日僧为寻求解脱之道,来华巡礼圣地。

据统计,北宋时期有名字可考的来华日僧共有三十二名①,活动范围主要是天台山至五台山沿线地区,包括北宋首都开封。一般认为,日僧来华的主要目的是巡礼佛教圣地,替自己及资助他们的贵族消除罪孽,以便将来往生极乐净土。最近的研究认为,他们巡礼五台山恐怕与日本朝廷试图通过与五台山的结

---

① 王勇、郭万平等:《南宋临安对外交流》,杭州出版社,2008年,第126页。

缘加强自己的统治有关①,此外,也是代替日本朝廷应对宋朝的要求。

进入南宋之后,出现了为振兴传统佛教来宋求法,以及为兴建寺院、搜寻经典而入华的日本僧人。随着北方相继被金、辽统治,他们活动的范围开始局限于江南地区,而江南地区禅宗文化极为发达,因此,自南宋中后期,日僧来华的主要目的就逐渐转变为学习实践性较强的禅宗,禅林五山十刹是他们参学的主要寺院。据初步统计,南宋时期有名可考的来华日僧约有一百八十人。②

元朝时,忽必烈两次征伐日本,两国关系一度颇为紧张,致使元廷对于日僧在元活动颇为警觉,发生了诸如拘捕日僧雪村友梅、不闻契闻等人的事件,但是,在大部分的时间里,元朝皇帝并不限制日本僧人到来,因此,日僧来华人数并未见少。而且,随着中国的统一,来华日僧活动的范围不再限于原南宋境内,只是江南依然是他们的主要参学地。正如夏应元所言,就参访的日僧人数而言,南宋时期径山寺为第一,元朝第一则为杭州的天目山。③

对于大多数精通汉文却不善口语表达的日本僧人而言,借助文字参禅问道无疑是求学的重要途径,而且,宋元时期正是禅林诗文创作最为活跃的时期,因此,日僧在华期间与中国僧人有颇为频繁的文书往来。这些往来文书的内容一部分被收录在中日禅僧的语录和诗文集中,还有相当一部分的文书原件被归国日僧带回了日本,并被完好地保存了下来,日本学界以"墨迹"称之。

曾任日本文部省国宝鉴定官的田山方南在1955—1977年间,对日本各大博物馆、美术馆、寺院以及个人收藏的墨迹进行了全面的调查,最后将整理好的九百十二件中日两国禅林墨迹逐一拍照,配上题解,汇编成《禅林墨迹》《续禅林墨迹》《禅林墨迹拾遗》三部凡九册陆续出版④。其中,收录了一百三十五名宋元禅僧的墨迹共五百五十六件⑤。通过对这些墨迹的考察,我们可以大致了解宋

---

① 手岛崇裕:《平安时期的对外关系与佛教》,校仓书房,2014年,第165—178页。

② 榎本涉:《僧侣与海商的东海》,讲谈社,2010年,第137页。

③ 夏应元:《古代日本人来华活动路线研究》,《世界历史》,1992年第6期,第13—14页。

④ 田山方南编:《禅林墨迹》,禅林墨迹刊行会,1955年;《续禅林墨迹》,禅林墨迹刊行会,1965年;《禅林墨迹拾遗》,禅林墨迹刊行会,1977年。1981年,《禅林墨迹》《续禅林墨迹》由日本思文阁出版社再次印刷出版,本文所用图版来自该版本。

⑤ 关于这部分墨迹的作者、种类、文献与史料价值等,可参考江静:《日藏宋元禅僧墨迹综考》,《甘肃社会科学》,2010年第5期,第99—102页。

元禅僧与来华日僧诗文往来的形式与内容。

一、赠日僧以法语①

对于前来参禅的日本弟子，宋元高僧赠以法语或偈颂，对禅理、禅意进行宣说。

日僧来华后，首先遇到的就是语言问题。他们虽然能看懂汉文，却未必能听懂，因此，请求高僧赠送法语是他们求学问道的一种重要方式。同时，也会有高僧主动赠送日僧法语。

大约是在日本元应二年（1320）入元的日僧无梦一清（1294—1368）一度在保宁寺古林清茂（1262—1329）会下参禅。元泰定四年（1327），清茂送其法语云：

> 清禅人参禅之志颇有古人之风，而必欲入不思议境界，心愈劳，迹愈疏矣，且佛祖之道岂别有境界谓之不思议？但能一刀两段，直截无疑，则日用现行即不思议境界也。祖师云："一心不生，万法无咎。"如是而参，如是而会，六二时中浑大用。勉之。
>
> 泰定四年至节后三日，凤台休居叟清茂②

在上述法语中，清茂一方面赞扬一清"参禅之志颇有古人之风"，另一方面，对他执着于"必欲入不思议境界"持批评态度，认为"心愈劳，迹愈疏"，告诫他道在平常，需以禅宗三祖僧璨《信心铭》中"一心不生，万法无咎"之思想为指导，在行住坐卧的日常生活中践行禅法。

以亨得谦（生卒年不详），初在赴日元僧明极楚俊（1262—1336）门下出家，后赴元，游历四方，遍参高僧。在元二三十年间，先后参访了行中至仁、仲铭克新、穆庵文康等高僧，最后嗣法见心来复（1318—1391），洪武元年（1368）回国。至正二十四年（1364）四月，得谦在参拜灵隐寺松源崇岳塔之前，访穆庵文康"求

---

① 本书所涉及"法语"皆指佛教用语。

② 田山方南编：《禅林墨迹拾遗·中国篇》，禅林墨迹刊行会，1977年，第80号图版。

语",后者为其书法语如下:

> 开口不在舌头上,当阳推出黄金藏。一句声前构得亲,佛祖望风
> 俱胆丧。塞壑填沟茗蒂椿,何人提起恢宗纲。风吹日炙全体露,彻骨
> 彻髓谁承当。炊巾一展能盖覆,古亦不先今不后。赤手持归日本东,
> 尘尘刹刹师子吼。
>
> 海东谦藏主拟拜鹫峰松源老祖遗塔,求语,为先容说此偈,以纵
> 臾云。
>
> 至正甲辰夏四月佛顶禅者文康①

文康首先以松源崇岳(1132—1202)"开口不在舌头上"之公案入题,提醒得谦破除对语言及语言所表达对象实有化的执着,继而阐述佛性人人具足,不生不灭,无处不在之道理,最后,期待得谦回国之后,能将佛法发扬光大。次月,得谦到访湖州路何山宣化禅寺(在今浙江省湖州市),住持南州文藻(生卒年不详)赠其偈曰:

> 善财岂为求其益,一百十城俱遍历。无端走得脚生疮,楼阁门开
> 见知识。扶桑之日光非光,藏里摩尼色非色。柴斗飏下绝承当,始信
> 从前了无得。谓言弱水隔蓬莱,政是胶柱而调瑟。归家稳坐法王毡,
> 试看挥戈回佛日。
>
> 次韵赠日东以亨得谦藏主
> 至正甲辰夏五月何山　文藻②

文藻首先以善财童子参访五十三位善知识成就佛道的故事,鼓励得谦参访诸位高僧,继而强调发现本身所具备的真如佛性的重要性,最后,通过"胶柱调

---

① 田山方南编:《禅林墨迹 乾》,思文阁,1981年,第102号图版。
② 田山方南编:《禅林墨迹 乾》,思文阁,1981年,第91号图版。

瑟"①、"挥戈回日"②两个典故,鼓励得谦不要拘泥于中日两国的差异,归国后排除困难,努力弘扬佛法。

二、赠日僧以道号、道号偈

对于前来参禅的日本弟子,宋元高僧有时会赠送道号,并作偈说明其含义。更多情况下,是以日僧道号为题,作偈阐释其寓意。元代多位高僧为日僧无梦一清作道号偈便是一个很典型的例子。

一清在元期间先后参谒了保宁寺古林清茂、庐山东林寺龙岩德真、福州雪峰寺樵隐悟逸、江西百丈山大智寺东阳德辉、金陵龙翔集庆寺参笑隐大欣、嘉兴本觉寺了庵清欲、育王寺月江正印、雪窦寺石室祖瑛、径山寺古鼎祖铭等,并获得了多位僧人为他所作的"无梦"道号偈。

天历二年(1329)至元统元年(1333)间,一清访道场寺(在今浙江湖州)住持月江正印(生卒年不详),后者应请为他作《无梦偈》如下:"困亦惺惺觉不迷,清风一枕绝思惟。睡魔倒退三千里,蝶与庄周捴不知。"③意指截断思维,直入无分别的境地。

至顺二年(1331)九月十九日,正在东林寺挂单的一清请寓居该寺的老僧龙岩德真为自己的"无梦"道号题写偈语,后者应请书偈如下:

无梦出纸须语,为证一偈美之

至人想念何曾有,寐语皆从乱想生。空卧夜床多少睡,独听楼鼓数残更。

至顺二年辛未重阳后十日

寓庐山东林乐闲自觉道人龙岩德真书于菊边

---

① "胶柱调瑟"出自《史记·廉颇蔺相如列传》。原文为:"王以名使括,若胶柱而鼓瑟耳。括徒能读其父书传,不知合变也。"比喻拘泥成规,不知灵活变通。

② "挥戈回日"出自西汉刘安《淮南子·览冥训》。原文为:"鲁阳公与韩构难,战酣,日暮,援戈而挥之,日为之反三舍。"比喻奋勇力拼,挽救危机。

③ 田山方南编:《禅林墨迹 乾》,思文阁,1981年,第100号图版。

　　德真此偈亦在表达"无梦"道号所蕴含的性空之理,倡导学佛修行的首要任务是打掉妄想。书有此偈的墨迹现藏于日本根津美术馆。

　　至顺三年(1332)八月十九日,雪峰寺(在今福建省闽侯县)住持樵隐悟逸为一清作道号偈如下:

无梦偈号

　　心若不睡自消亡,妄想缠形昧本光。识破功名了如幻,邯郸一枕冷炊香。

至顺三年壬申八月十九日,南闽雪峰佛智樵隐悟逸书于三球堂
信笔为清侍者作

　　书有此偈的墨迹现藏于日本九州岛国立博物馆。这首偈语揭示了"无梦"道号蕴藏的佛理:世界一切事相皆为幻化境界,唯有断除妄想执着,才能悟道成佛。

　　后至元五年(1339)三月,湖州道场寺住持东阳德辉(生卒年不详)为一清作道号偈曰:

无梦

　　惺惺彻底惺惺也,真不求兮妄不除。一任梅华吹画角,令人长忆太原孚。

至元再己卯春三月初二日,为百丈清藏主作
道场德辉

　　书有此偈的墨迹现藏于东京国立博物馆。在这篇偈语中,东阳德辉借用太原孚上座悟道偈"忆着当年未悟时,一声画角一声悲。如今枕上无闲梦,大小梅花一任吹"[1],称赞一清已是万缘放下,达彻悟之境界。

　　后至元六年(1340),一清再次来到本觉寺(在今浙江省嘉兴市),并将多位

---

　　① 性音重编:《禅宗杂毒海》卷三,《卍新续藏》第六十五册,第66页。

高僧为自己题写的道号偈呈示给住持了庵清欲(1288—1363),后者见此,亦忍不住为一清书道号偈如下:

> 雄峰清藏主号"无梦",诸方名尊宿皆有偈,发扬其旨。持以示余,不觉技痒,书以赠之。
>
> 仲尼不复见周公,回首人间万事空。五十余年胁尊者,寥寥霜夜听疏钟。

至元六年十月八日

本觉 清欲

书有此偈的墨迹现藏于日本东京静嘉堂文库美术馆。与前面所示道号偈相同,皆在说性空之理。

三、赠日僧以饯别偈

日僧在结束学业归国,或是前往他处游历时,其师友常常以饯别偈相赠。

愚中周及(1323—1404),至正元年(1341)来华,先参曹源寺月江正印,两年后在湖州道场寺听从日本密禅人之劝,赴镇江府金山龙游寺参谒住持即休契了,受后者器重,先后任书状侍者、净头、衣钵侍者、藏主等职。至正十年(1350),契了自觉身体不适,催促周及早日归国,并作偈别之,文曰:"日东周及藏主,自侍香典教屋居间,皆得以代昏耄,检阅之劳可嘉也,今其归里,偈以劝进云,紫金老人契了。裴寺相亲阅几秋,左探右索出时流。机轮三转轮元净,定慧双铨慧匪修。睡虎眈眈抛故穴,游龙矫矫奋灵湫。好翻一滴长江水,涨起东方广海州。"[1]其中,有对周及代自己操劳寺务的感激,有对其定慧皆达的赞赏,更有对其在日本弘扬禅法的期待。

四、赠日僧以序跋、画赞

日僧常常携带师僧道友的作品来华,请宋元高僧为之题写序跋。

---

① 田山方南编:《禅林墨迹 乾》,思文阁,1981年,第81号图版。

一山一宁(1247—1317),临济宗曹源派僧,嗣法阿育王寺住持顽极行弥。大德三年(1299),受赐金襕袈裟及"妙慈弘济大师"号,出使日本,历住镰仓建长、圆觉、南禅诸寺,延祐四年(1317)十月去世。至大三年(1310)五月,一宁法嗣无着良缘访问庐山华藏禅寺住持月磵文明,示后者以一宁书帖,文明阅后,书跋语在其后曰:"一山乃顽极会中之杰也,逾海越漠,遂为海外一国之师。信乎?道德在身,无往而不利也。而此帖词翰之嫩,把玩不去手。缘禅人袭之以为尔国之宝。"①至治二年(1322),无着良缘访问灵隐寺住持独孤淳朋,以一宁所书偈颂轴见示,淳朋见此,"恍如对紫芝眉宇",不禁回忆起两人在育王山共度一夏的情景,遂说偈于其后云:"四十三年远离别,此心存想岂忘之。昔书梵偈卒然见,恰似当初对语时。"②表达了对一宁的追忆之情。

至正十四年(1354),日本灵侍者访秦川楚石梵琦,出示"高峰示钳遍参法语",即高峰显日给弟子钳大冶的法语。见此法语,梵琦想起了三十四年前自己住持东湖福臻时,钳大冶正在嘉兴本觉寺灵石如芝会下,"尝一往来,称其师高峰之贤,本国禅席之盛",不久大冶北上,"道未及大振而殁"。睹物思人,梵琦在显日法语之后题下跋语云:"老眼摩挲信笔书,师资诚重更谁知。本来面目分明在,千仞奇峰插太虚。"③

至于元明硕儒高僧为日僧携来之语录、诗文集题写的序跋,"其数量之多、内容之精,在中日典籍交流史上,堪称空前又近乎绝后"④。这些序跋大多与原书一起刊刻流传,也有部分被收录在其他文集中。遗憾的是,现存墨迹中,这类序跋仅有一件,乃中峰明本(1263—1323)应入元日僧无隐元晦(1283—1358)之请,为筑前显孝寺开山阐提正具(?—1329)的语录题写的跋语。

来华日僧有时也会将在华期间得到的法语偈颂制成卷轴,请人题写序跋。

铁牛景印(?—1351),东福寺僧,至治三年(1323)入元,至顺三年(1332)归国。在元期间,他参叩诸方高僧,并请诸僧以自己的道号为题作偈,现存墨迹

---

① 田山方南编:《禅林墨迹拾遗·中国篇》,禅林墨迹刊行会,1977年,第91号图版。
② 田山方南编:《续禅林墨迹 上》,思文阁,1981年,第58号图版。
③ 田山方南编:《续禅林墨迹 上》,思文阁,1981年,第266号图版。
④ 王勇、大庭修主编:《中日文化交流史大系9 典籍卷》,浙江人民出版社,1996年,第259页。

中,尚有泰定二年(1325)建安自如、断江觉恩两人为其撰写的道号颂。天历二年(1329),景印访梦堂昙噩,后者应请为其道号颂轴题序。[①]

日僧有时也会携带祖师、师友的画像来华,请宋元高僧题赞。例如,淳熙十六年(1189)六月,日本忍法师派遣弟子练中胜弁入宋,请拙庵德光为其携带之达摩像题写赞语。[②]再如,月江正印曾应杰山了伟之请为赴日宋僧兰溪道隆的顶相题写赞语。[③]

五、与日僧诗文唱和

元代后期来华的日僧,或是在元学习长达数十年的日僧,他们中有不少人的诗文创作水平达到了相当高的程度,随之出现的则是中日禅僧进行诗文唱和的现象。

天历二年(1329),应日方邀请,元僧明极楚俊(1262—1336)偕弟子懒牛希融、不昧兴志与竺仙梵仙(1292—1348)东渡扶桑。同船赴日的,还有归国日僧物外可什、天岸慧广、别传妙胤等。途中,一行人以"洋中漫成""苦无风""祷风""喜见山""过碧岛""到岸"为题,吟诗唱和,留下诗作三十余首[④]。这些诗,描绘了大洋"万里无山天水横""烟波浩荡碧沉沉"的壮丽景色,以及海舶"截破洪涛万迭横"的恢宏气势;记录了海船出港的时间、路线、航行时间及沿途或是面临无风,或是遭遇险情时"满船诵咒又持经"的情形;表达了作诗者漂泊大洋时的孤独、船舶停滞不前时的焦急、遭遇惊涛骇浪时的惊恐、即将到岸时的欣喜等多种心情;反映了当时中日禅僧以诗文唱酬为风尚的交游方式,以及日本僧人对汉诗创作的自信。

六、与日僧书信往来

除了以上为来华日僧所作的诗文法语,中日禅林间的书信往来也比较频

---

① 序文见田山方南编:《禅林墨迹拾遗·中国篇》,禅林墨迹刊行会,1977年,第95号图版。

② 田山方南编:《禅林墨迹拾遗·中国篇》,禅林墨迹刊行会,1977年,第5号图版。

③ 田山方南编:《禅林墨迹拾遗·中国篇》,禅林墨迹刊行会,1977年,第143号图版。

④ 部分诗文见田山方南编:《续禅林墨迹 下》,思文阁,1981年,第137、138号图版;《禅林墨迹拾遗·日本篇》,禅林墨迹刊行会,1977年,第14、75号图版。

繁。但是,因为书信具有一定的私密性,保存下来的并不多。现存墨迹中,中国僧人寄往日本的书函有九则。收信人有弟子、同门、道友、信众,也有素未谋面之人。这些信函的内容大致包括以下几种。

一是围绕径山寺重建之事。

淳祐二年(1242),径山寺遭遇火灾,现存四封信函与此事有关。第一封是住持无准师范写给日本弟子圆尔的书函,提到了此事。①得此消息,圆尔急忙寻找侨居日本的临安商人谢国明商议,后者慷慨解囊,捐助千张木板以助径山寺重建。对此,师范在给圆尔的第二份书函中表示感谢,并告诉其木板到达情况。②师范弟子、径山监寺德敷在给圆尔的信中也详细报告了千张木板的到达情况。③师范在去世之前,专门致函谢国明,对谢国明资助木板,使得径山寺顺利落成表示感谢。④

二是应请题写额字、牌字、道号颂、画赞等。

圆尔辨圆在博德开创承天寺后,请无准师范书写牌字、额字等,师范在给圆尔的第一封信函中,随信附上了所写的大字墨迹,有十六件保留至今。

一些未能来华的日僧或佛教信徒,也会托来华日僧向宋元高僧索求道号偈。

至顺二年(1331)十二月八日,庐山前圆通寺住持竺田悟心应日本"秋田城别驾兼知赞赞州"藤原高景之请,为其别号"泰山"作偈,"以证其义"。偈曰:"万峰环拱一峰尊,几欲跻攀进步难。今日为云雨天下,方知绝顶最高寒。"⑤

日本贞和五年(1349),天龙寺后堂首座春屋妙葩托人向元朝高僧索要道号颂,育王寺住持雪窗悟光应请为其作偈曰:"东风布暖荣草木,千葩万卉争红绿。等闲扫就青苔篇,坐令举室生和燠。"⑥记载妙葩生平的《宝幢开山知觉普明国师行业实录》"贞和己丑岁(1349)"条称:"大元国育王雪窗光公、本觉了庵欲公,作

---

① 信函内容详见田山方南编:《禅林墨迹　乾》,思文阁,1981年,第12号图版。
② 信函内容详见田山方南编:《禅林墨迹　乾》,思文阁,1981年,第14号图版。
③ 信函内容详见田山方南编:《禅林墨迹拾遗·中国篇》,禅林墨迹刊行会,1977年,第46号图版。
④ 信函内容详见田山方南编:《续禅林墨迹　上》,思文阁,1981年,第19号图版。
⑤ 田山方南编:《续禅林墨迹　上》,思文阁,1981年,第69号图版。
⑥ 田山方南编:《续禅林墨迹　上》,思文阁,1981年,第87号图版。

诗道号颂寄焉。南堂又为芥室歌。琦楚石、金西白之辈,元朝名师咸以诗文相通,甚伙矣。"①可见,为春屋妙葩作道号颂者,另有嘉兴本觉寺住持了庵清欲。此外,清欲还以妙葩别称"介室"为题,作《芥室歌》一首。"元朝名师咸以诗文相通,甚伙矣"之语,道出了当时中日禅林书信往来的频繁。

九州岛武士大友家族非常崇信禅宗。大友贞宗(? —1334)(直庵居士)一方面通过贤禅人送给中峰明本信函和沙金,另一方面托日僧无隐元晦请求中峰明本赠予顶相及自赞。明本在给他的回函中感谢后者赠送沙金,并答应了后者的请求。②

三是请求日僧资助。

圆尔弟子山叟慧云(1231—1301)于宝祐六年(1258)入宋,咸淳四年(1268)回国,其间,与无准师范的三世法孙济川若楫有交往。若楫在给慧云的书函中,提到先师木翁若讷的塔所"香烛不继,徒有四壁","欲置香烛田庶为塔下悠久计",可"法眷中多贫窭",希望慧云能够提供赞助。③

四是悼念去世日僧。

日僧在华期间,与中国僧人结下了深厚的友谊,他们示寂后,也会有旧友写信悼念。

白云慧晓(1223—1297),圆尔的嗣法弟子,至元三年(1266)来华,参两浙诸僧,最后在台州瑞岩寺住持希叟妙昙会下参禅得悟,至元十六年(1279)归国。后住日本东福寺。元贞三年(1297)十二月示寂。得知其去世的消息,曾与其共在希叟妙昙会下参禅的居泾和尚写信给东福寺诸僧,作偈悼念。偈前有文曰:"日本国东福寺白云慧晓禅师在瑞岩先师会中,见彻佛祖根源,相聚既久,知心亦多,闻于丁酉岁腊月年廿六日说偈示寂,不胜悲恋,谨吟二十八字远寄,以见真情。"交代了与慧晓共参先师的经历,表达了得知其去世后的悲痛惋惜之情。二十八字偈曰:"一片白云归海东,普施法雨化鱼龙。毗岚蓦地忽吹散,大地难寻渠影踪。"偈后有小字云:"白云禅师临归国时,布施令刊先师希叟和尚语一册

---

① 《续群书类从》卷第二三八《宝幢开山知觉普明国师行业实录》,续群书类从完成会,1927年,第646页。
② 信函内容详见田山方南编:《续禅林墨迹 上》,思文阁,1981年,第257号图版。
③ 田山方南编:《禅林墨迹 乾》,思文阁,1981年,第52号图版。

相寄,便速不及多印,岂再拜。"①可见,慧晓曾出资刊印希叟妙昙语录。

七、结语

从宋元高僧给日僧的法语和诗偈中,我们可以看出,宋元高僧对于日僧不远万里前来求学之举多持赞许的态度,对于禅宗通过他们东传日本,更是寄予厚望。此外,还有一个值得关注的现象,在宋元禅寺的建设和禅僧语录的刊刻过程中,日本方面给予了一定的资助。前面提到的圆尔帮助径山寺重建、白云慧晓出资刊印师僧希叟妙昙的语录、日本居士大友贞宗施舍中峰明本沙金等行为皆说明了这一点,而济川若楫请求日僧山叟慧云提供资金以维持先师木翁若讷的塔所经营也反映了此种现象的存在。这一方面反映了日本禅宗因为得到了幕府上层武士的支持,发展形势良好;另一方面也反映了中国禅寺在经历了宋末的战乱、元初的打击之后,经济状况多呈下降趋势。

通过对现存墨迹种类、涉及对象、创作时间等的考察,我们发现宋元时期中日禅僧间的诗书交流存在以下三个特点:一是参与人数多,仅名字出现在墨迹中的中日僧人就有七十九位之多;二是交流内容多样化,有法语、偈颂、序跋、赞语、唱和诗、尺牍等多种形式;三是持续时间长,这种持续性,不仅表现在日僧回国后依然与中国僧人保持联系,还表现在这种交流持续数代,从宋代晚期延至元末明初。总之,来华日僧与中国禅僧的交流呈现出颇为活跃的状态,这种交流的活跃推动了日本中世汉文学的进步,为日本室町时期五山文学的繁荣奠定了基础。

第二节　宋僧石溪心月与日本弟子无象静照

石溪心月(? —1256),眉山(今属四川)人,俗姓王,家世业儒,临济宗松源派掩室善开法嗣。出世建康府报恩禅寺,后住建康府能仁禅寺。宋理宗嘉熙二年(1238),住持建康府太平兴国禅寺,后迁平江府云岩禅寺。淳祐六年(1246)

---

①　田山方南编:《禅林墨迹 乾》,思文阁,1981年,第48号图版。

住持临安府灵隐寺。淳祐十年(1250)住持临安府径山寺,其间受赐"佛海禅师"号及理宗所书"传衣石溪"四字。宝祐四年(1256)示寂。有《石溪心月禅师语录》三卷、《石溪心月禅师杂录》一卷存世。

无象静照(1234—1306),镰仓人,俗姓平。自幼出家,师事京都东福寺圆尔。淳祐十二年(1252)来华,先后师从石溪心月、虚堂智愚。咸淳元年(1265)八月归国。回国后,历任博德圣福寺、镰仓净智寺等寺住持,致力于宗风之宣扬。大德十年(1306)五月示寂,世寿七十三,敕谥"法海禅师"。有《兴禅记》《无象和尚语录》两卷行世。其所传法系称为"法海派""佛心寺派",为日本禅宗二十四流派之一。

静照在心月会下习禅四年有余,终得印可,他的经历,是宋代日僧在华活动的一个缩影,对于我们了解宋代两国僧人的交流活动有颇多参考价值。

一、静照与师僧圆尔

日本东福寺僧太极藏主的日记《碧山日录》记载,静照在入元之前,曾在圆尔门下求法,颇受器重。日本建长四年(1252),静照因入宋向圆尔辞行,圆尔"裁数贴,荐之宋国诸耆宿"[①]。

圆尔,骏河国安倍郡(今日本静冈县静冈市)人。南宋端平二年(1235)来华,历参明州天童寺痴绝道冲、临安天竺寺柏庭善月、净慈寺笑翁妙湛、灵隐寺石田法熏,最后嗣法径山寺无准师范。淳祐元年(1241)三月回国。归国后,历住博德崇福寺、福冈承天寺、京都东福寺、镰仓寿福寺、京都建仁寺,深得朝廷与幕府的尊崇。圆尔在华七年,主要跟随无准师范在径山寺参禅。作为一代名僧,师范弟子中多有后来声名享誉禅林的青年才俊,交游者中亦不乏高僧大德,可以想象,圆尔因此对江浙禅林颇为熟悉。在得知静照即将入宋之后,他向"宋国诸耆宿"写了几封推荐信,其中,应该就有时任径山寺住持石溪心月。

之所以如此推测,首先是因为径山寺作为五山之首,在禅林中地位极高,而且,径山寺又是圆尔曾经生活了六年的地方,是他魂牵梦萦之地。其次,心月不

---

① 太极藏主:《碧山日录》,史籍集览研究会编:《改订 史籍集览》第二十五册,Sumiya Shobo,1969年,第174页。

但与无准师范交情不浅,同时也是圆尔的故交。心月与师范皆承临济宗杨岐派虎丘法系,师范因此称心月为"吾侄",称自己为"老叔"①。师范在出任住持之前,"尝请益于掩室②先师"③。嘉定十三年(1220)住持明州清凉寺之前,师范曾"拉月石溪同游至瑞岩"④,即同游台州瑞岩寺。住持清凉寺之后,亦与心月相伴同游明州鄞县(今宁波市鄞州区)大梅山,并有《十梅颂》相唱和⑤,可见两人交情颇深。心月在嘉熙二年(1238)受请住持建康府太平兴国禅寺之前,一度在径山寺挂褡⑥,而此时的圆尔正在师范会下参学,两人因此得以相识。

　　基于上述考虑,圆尔很可能建议静照入华后赴径山寺参学。

二、心月指导静照开悟

　　日本建长四年(1252),静照入宋。或许是受到圆尔的影响,静照入华后,直奔径山,随心月参禅。

　　对于这位来自异国的年轻僧人,心月"俾究赵州放下着话"。《五灯会元》卷四《严阳善信尊者》记载:"(善信)初参赵州,问:'一物不将来时如何?'州曰:'放下着。'师曰:'既是一物不将来,放下个什么?'州曰:'放不下,担取去。'师于言下大悟。"⑦为帮助静照早日参透此公案,心月书有一则法语赠予静照。法语内容收录在《石溪心月禅师语录》卷后所附"新添部"中,题为"示无象"⑧。而此则法语的手稿断简,则保存在日本京都北村文华财团手中,1961年被日本政府指定为"重要文化财产"。兹录法语内容如下:

　　　静照禅者过海访此未久,动容瞬目,吐露不凡,因作颂见示,可敬。

---

①　《无准师范禅师语录》,《卍新纂续藏经》第七十册,国书刊行会,1975年,第239页。
②　掩室,即心月嗣法师掩室善开。
③　《石溪心月禅师语录》,《卍新纂续藏经》第七十一册,国书刊行会,1975年,第59页。
④　《无准和尚奏对语录》,《卍新纂续藏经》第七十册,国书刊行会,1975年,第278页。
⑤　参见《念大休禅师语录》,《大日本佛教全书》,佛书刊行会,1914年,第143页。
⑥　参见《石溪心月禅师语录》卷上:"师于嘉熙二年九月十九日在径山受请。"
⑦　普济著,苏渊雷点校:《五灯会元》,中华书局,1984年,第243页。
⑧　《石溪心月禅师语录》,《卍新纂续藏经》第七十一册,国书刊行会,1975年,第70页。

倘跂步前哲,不患不与之把手同行也。①僧问赵州:"一物不将来时如何?"州云:"放下着。"僧云:"一物不将来,放下个什么?"州云:"放不下,担取去。"僧大悟于言下。且道那里是这僧悟处?试着意看去,切不必理会得与不得,宜以悟为则。所谓不患不与前哲把手同行,当立地以待构取。照宜勉之。

乙卯孟冬,径山老比丘心月

在这则法语中,心月试图通过"赵州放下"这则颇为著名的公案,帮助静照放弃理会"得与不得",远离一切对立执着,进入无分别的最高悟境。静照在参此公案后,自觉有所悟,"一日入室,方呈见解,被溪一掌,当下大悟"②。处在悟道临界点上的静照因心月的一个巴掌而茅塞顿开,实现开悟。顿悟后的静照"冲口呈一偈,石溪印其所证也"③,这冲口而作之偈,被收录在《无象和尚语录》中,即:"元无一物带将来,担不起时眼豁开。海上闲游知己少,一蛇一虎却忘怀。"④静照因此偈得心月印可。

三、心月、静照与北条时赖

静照法孙、京都佛心寺长老敬中称静照为"平氏赖公近族也"⑤,即与北条时赖(1227—1263)有亲缘关系。

北条时赖,日本镰仓幕府第五代掌权者,幕府政权的实际掌握者。时赖笃信佛法,先后随圆尔、赴日宋僧兰溪道隆参禅求法,最后在赴日宋僧兀庵普宁的点化下开悟,日本康元元年(1256)在镰仓最明寺出家,日本弘长三年(1263)卒

---

① 此前内容断简不存,此后内容据田山方南《续禅林墨迹》(思文阁,1981年)上卷第32号图版录文,与《石溪心月禅师语录》中的文字略有不同。

② 卍元师蛮:《本朝高僧传》,《大日本佛教全书》第一〇二册,佛书刊行会,1913年,第305页。

③ 太极藏主:《碧山日录》,史籍集览研究会编:《改订 史籍集览》第二十五册,Sumiya Shobo,1969年,第174页。

④ 《无象和尚语录》,玉村竹二编:《五山文学新集》第六卷,东京大学出版会,1972年,第612页。

⑤ 太极藏主:《碧山日录》,史籍集览研究会编:《改订 史籍集览》第二十五册,Sumiya Shobo,1969年,第174页。

于最明寺,对禅宗扎根日本起到十分重要的作用。

静照来华之后时常会忆起时赖,所谓"每思清容,何日淡①对,以倾寸怀",在得知年长自己仅七岁的时赖突然辞世之后,静照十分悲伤,"忽承讣音,痛心疾首,使人如痴,凝望海东,吞声堕泪,但遗深恨而已"。②

宝祐二年(1254),也就是静照到径山寺后的第三年,一日,他正与师兄大休正念"聚道说家里事","平将军时赖之请简至矣"③。既言"请简",应该是邀约信,也就是邀请径山寺僧人赴日传法之信函。静照在为时赖写的悼词中,提到他"建大精蓝,请宋尊宿"④。所谓"建大精蓝",是指他于日本建长五年(1253)创立建长寺,而"请宋尊宿",大概就是指此次派人来径山寺招请传法僧一事吧。

随请简一起到达心月手中的,还有时赖的问道书。对此,心月和正念的语录皆有记载:"日本僧驰本国丞相问道书至"⑤,"径山石溪先师承故大檀那最明寺殿⑥遣使问道"⑦。接到时赖的问道书后,心月先是上堂说法,曰:"五髻峰头望海东,烟重重又水重重。同人相见论心事,又得西来一信通。且道西来意作么生通?"言毕,"拈拄杖,卓一下"。⑧心月在此次上堂中强调了禅法不可说、不能说的道理。上堂之后,复致书时赖,内容为一则偈颂,曰:"径山收得江西信,藏在山中五百年。转送相模贤太守,不烦点破任天然。"⑨并于"回书中亦画一圆相"⑩。

所谓"径山收得江西信",是指发生在径山寺开山道钦与江西洪州禅祖师马祖道一之间的一则故事。据《景德传灯录》卷四"径山道钦传",道钦在径山期

---

① 淡,当为"谈"。

② 本段引文皆来自《无象和尚语录》,玉村竹二编:《五山文学新集》第六卷,东京大学出版会,1972年,第584页。

③ 西隐善金:《法海禅师行状记》,塙保己一:《续群书类从》第九辑上,续群书类从完成会,1927年,第367页。

④ 《无象和尚语录》,玉村竹二编:《五山文学新集》第六卷,东京大学出版会,1972年,第584页。

⑤ 《石溪心月禅师语录》,《卍新纂续藏经》第七十一册,国书刊行会,第44页。

⑥ 最明寺殿即为北条时赖。

⑦ 《念大休禅师语录》,《大日本佛教全书》,佛书刊行会,1914年,第3页。

⑧ 《石溪心月禅师语录》,《卍新纂续藏经》第七十一册,国书刊行会,第42页。

⑨ 《石溪心月禅师语录》,《卍新纂续藏经》第七十一册,国书刊行会,第64页。

⑩ 《念大休禅师语录》,《大日本佛教全书》,佛书刊行会,1914年,第3页。

间，"马祖令人送书到，书中作一圆相。师发缄，于圆相中作一画，却封回"。南阳国师闻此事后说："钦师犹被马祖惑。"①心月曾举此公案上堂说法："举马祖一日令智藏驰书上径山，山接书，开见一圆相，乃于中下一点封回。国师闻得乃云：'钦师犹被马师惑。'后来雪窦云：'雪窦见处也要诸人共知，祇者马师当时出，早自惑也。'"②圆相是禅师们用画来表示真如、法性、实相，在圆中加上一画，说明道钦禅师心中仍有所执，所以南阳慧忠国师才有此语。而雪窦重显认为，禅法离言绝相，马祖以圆相示道钦，说明其自身已为相所惑。禅家虽然主张离一切相而直指人心，以明心见道，然而，离言绝相毕竟无法令众生了悟真如佛性，以达事至理圆，因此，禅宗有一番方便善巧的教育方法，其中，就包括以圆相来表达禅理，启发和接引学人。心月在说法时，"以拂子打圆相"③"烧香、打圆相"④"以火打圆相"⑤等行为表明他比较喜欢使用这种简单明了的施教方式。也因如此，面对北条时赖的问道，他才会以此方式作答。

静照在拜读了心月给时赖的回信之后，立刻作偈一首上呈心月。心月读后，颇为赏识，遂作跋语于后，以示本国参学之僧。其间经纬，详见下文：

> 马师圆相钦师点，可煞南阳谩度量。佛海转为寄日本，无端雪上更加霜。径山曾以马师圆相有颂转寄日本平将军，静照拜观，敬成一偈上呈径山佛海大禅师。

> 照上人从日本来，未多日，作此颂古，
> 平稳可敬，请吾乡人一观。石溪书⑥

书有此内容的心月手迹现藏于日本大阪藤田美术馆。静照此偈否定了心月以圆相回复时赖的行为，显示其已悟出"马师圆相钦师点"这则公案所蕴含的

---

① 道原：《景德传灯录》，《大正新修大藏经》第五十一册，大藏出版株式会社，1934年，第23页。
② 《石溪心月禅师语录》，《卍新纂续藏经》第七十一册，国书刊行会，第42页。
③ 《石溪心月禅师语录》，《卍新纂续藏经》第七十一册，国书刊行会，第24页。
④ 《石溪心月禅师语录》，《卍新纂续藏经》第七十一册，国书刊行会，第27页。
⑤ 《石溪心月禅师语录》，《卍新纂续藏经》第七十一册，国书刊行会，第70页。
⑥ 田山方南编：《续禅林墨迹 上》，思文阁，1981年，第33号图版。

禅机妙义,明白了禅宗"依义不依语"的根本精神。

四、静照辞别心月

宝祐四年(1256)三月,静照向心月辞行,心月赠其言曰:

单提一字赵州无,三尺吹毛也不如。万别千差都斩断,白云不敢犯清虚。

日本静照禅者参学甚可敬,忽来相别索语,为是书此奉勉,切不可中途懈退。

径山佛海老僧书于凌霄不动轩,宝祐丙辰三月。心月①

心月手书的这份送别偈被静照携归日本,现存于日本兵库县神户市香雪美术馆。在开首的四句偈颂中,心月鼓励静照只要参透赵州"狗子无佛性"公案,斩断分别与对立,就能摆脱俗情妄念,认识事物真相,达到清净廓彻之空寂境界。接着,心月又告诫静照修行需持之以恒,切不可中途懈怠、退却。最后,"以法衣自书年月日而付师"。该法衣后来"留在洛之佛心正宗塔下"②,即京都佛心寺,这是静照晚年任开山住持的寺院。

就在静照离开径山寺后不久,心月溘然长逝。闻此消息,静照十分悲伤,作祭文曰:

掩室命脉,临济正宗。神机奇杰,心传大雄。一言演法,如待扣钟。既得其柔,龙象景从。昔忝参勤,蒙不弃聋。法席屡迁,道震九重。于古有光,誉播海东。顺缘而归,我益悲悚。先师在日,祖道自隆。呜呼哀哉! 明月收影,浮云无踪。山重水远,泪洒遗容。聊荐薄奠,冀师鉴通。尚飨。③

① 田山方南编:《禅林墨迹拾遗(中国编)》,禅林墨迹刊行会,1977年,第10号图版。
② 西隐善金:《法海禅师行状记》,塙保己一:《续群书类从》第九辑上,续群书类从完成会,1927年,第367页。
③ 《无象和尚语录》,玉村竹二编:《五山文学新集》第六卷,东京大学出版会,第599页。

从这篇祭文中,我们可以看到心月德高望重、诲人不倦的高僧形象,更能感受到静照对恩师的深厚情感,以及失去恩师后无比悲痛的心情。

静照另有为心月所作像赞一篇,文曰:

> 天器厚重,有象王回旋之威。灵机峭拔,得师子翻踯之作。抹过鹫岭之三关,提震紫金之一着。踞座处,八极风生;出言时,百川潮落。道充寰宇兮如月涌轮,德芳扶桑兮似春开萼。体妙用迅兮电卷星移,源深流远兮湍飞浪激。若其荷大法将坠之际,解群迷异见之缚。夫谓之传白云祖衣,续杨岐正脉者也。[1]

为缅怀先师,静照"命工刻石溪之像而载于舶归朝,安之于佛心寺"[2]。在《碧山日录》完成的15世纪中叶,该像还完好地保存在佛心寺中。

五、静照归国,弘扬师道

静照辞别心月后,随从虚堂智愚继续参禅,直到咸淳元年(1265)八月才启程回国。回国后,静照在镰仓开创龙华山真际精舍。日本文永九年(1272)九月,受命住持相模(今神奈川县大部)法源寺。不久,入宋僧兰溪道隆遭比睿山天台僧众诽谤,被幕府流放到甲斐(今山梨县),静照亦做伴前往,并作《兴禅记》上奏朝廷。在这篇文章中,静照引经据典,指出天台宗与禅宗一脉相承,并非对立,认为禅宗是"尽善尽美之法要,无比无俦之正宗","诸佛以禅为极",而"今时学者,各私师习,而党其所学,不顾法要之元祖,不审求其大宗正趣,反忽乎宗门单传心印者,谓不如吾宗之胜,是不唯违叛佛意,亦乃自昧其道本,实可悲伤哉"[3]。从这件事中,我们能看到静照牢记心月教诲,始终坚持传播禅法,为禅宗在日本的弘扬不遗余力。

---

[1] 《无象和尚语录》,玉村竹二编:《五山文学新集》第六卷,东京大学出版会,第592页。

[2] 太极藏主:《碧山日录》,史籍集览研究会编:《改订 史籍集览》第二十五册,Sumiya Shobo,1969年,第174页。

[3] 无象静照:《兴禅记》,玉村竹二编:《五山文学新集》第六卷,第626—633页。

三年后,道隆被释,回镰仓住持寿福寺。日本建治三年(1277)十月,静照在寿福寺西堂寮受博德圣福寺之请,赴任住持。在入院仪式上,静照表明嗣法石溪心月。两年后,静照再回镰仓,住持由其师兄大休正念开创的大庆寺。日本正应元年(1288)五月住持净智寺。正应三年(1290),曾与静照同在育王寺参禅的日僧圆海在京都创建了平安山佛心寺,静照应请任开山住持。其间,静照又在京都创建了宝林寺。此外,东京东村山市,有一座以国宝"千体地藏堂"而闻名的禅宗寺院,名曰"正福寺",传说其开山为心月。叶贯磨哉认为,其实际上的开山是静照,而心月则为劝请开山[①]。

静照晚年隐居在镰仓净妙寺真际庵,"为众讲屏岩清规,殊评阇维之章也。盖石溪之会,以屏岩禅师丛规为则也"[②]。《石溪心月禅师杂录》有"小佛事"部,其中有注云"法事次第依屏岩清规"[③]。据《丛林校定清规总要》净慈愚极邦慧作于至元三十年(1293)的题跋,以及《敕修百丈清规》所附"一山禅师书"的记载,所谓的"屏岩清规"是净慈寺首座屏岩新撰的清规,其余情况不详。心月依此清规行法事,管理寺院。静照将此清规带回日本,并向僧众讲解,体现了其努力将宋朝禅林制度移入日本的决心,这对促进日本禅宗由"兼修禅"向"纯粹禅"的转变意义颇大。

日本德治元年(1306)五月十五日,静照示寂,世寿七十三,敕谥"法海禅师"。据佛心寺长老敬中的说法,此谥号"盖袭佛海之谥矣也"[④],即袭自心月"佛海禅师"之谥号。

静照为求法不辞辛苦,甘愿冒鲸波之险;已是名刹住持的心月面对年轻的、言语不通的异国僧人,悉心指导,耐心施教,帮助其实现开悟。正是有他们这般精进修禅、努力弘扬禅法之人,禅宗才得以走出国门,在日本开花结果,直接影响了日本人的精神世界与文化生活,成为日本思想文化的重要组成部分。

---

①　叶贯磨哉:《中世禅林成立史的研究》,吉川弘文馆,1993年,第146页。

②　太极藏主:《碧山日录》,史籍集览研究会编:《改订　史籍集览》第二十五册,Sumiya Shobo,1969年,第174页。

③　《石溪心月禅师杂录》,《卍新纂续藏经》第七十一册,国书刊行会,1975年,第73页。

④　太极藏主:《碧山日录》,史籍集览研究会编:《改订　史籍集览》第二十五册,Sumiya Shobo,1969年,第174页。

第三节　元人冯子振与来华日僧

日本僧人来华后,不仅与僧侣有交往,与文人亦有交流。现存于日本的元代名士冯子振(1257—1348?)的四则手迹便是这一交流的见证,包括写给无隐元晦的《与无隐元晦诗》《与无隐元晦语》,写给入元僧放牛光林(1289—1373)的《与放牛光林语》,以及入元僧月林道皎(1293—1351)从金陵保宁寺住持、嗣法师古林清茂处求得并携归的《保宁寺赋跋》。本节将通过这四则墨迹考察冯子振与日本僧人的关系。

一、冯子振生平概略

冯子振,号海粟,又号瀛州客、怪怪道人。湖南湘乡州(今湖南省湘乡市)人,一说攸州(今湖南省攸县)人。至元二十三年(1286),元世祖忽必烈遣人遍访江南,求贤纳士。翌年夏日,冯子振应召入大都(今北京市),官至集贤待制(散阶为承事郎,正五品)。大约在至大四年(1311)冬,冯子振被免职,旋即流寓江南,长期寓居平江(今江苏省苏州市)、扬州两地,也曾游历南京、杭州等处,行迹颇广。

冯子振博洽经史,"于天下书无所不记"[1]。传说"当其为文也,酒酣耳热,命侍史二三人润笔以俟,子振据案疾书,随纸数多寡,顷刻辄尽"[2],颇有李白"斗酒诗百篇"之遗风。明代大学士宋濂(1310—1381)称誉其曰:"以博学英词名于时。当其酒酣气豪,横厉奋发,一挥万余言,少亦不下数千,真一世之雄哉!遗墨之出,争以重货购之。或刻之乐石,或藏诸名山,往往有之,则为人之宝爱可知矣。"[3]

在元代诗坛,冯子振是较早创作咏梅诗的作者之一,其与中峰明本的唱和诗《梅花百咏》一度轰动诗坛,《四库全书》全文收录。冯子振尤擅散曲,代表作

---

[1]　《元史》卷一九○《陈孚传》,第4340页,中华书局标点本。
[2]　《元史》卷一九○《陈孚传》,第4340页,中华书局标点本。
[3]　宋濂:《宋文宪公全集》卷一三《题冯子振〈居庸赋〉后》,四部备要本。

《鹦鹉曲》,清丽典雅、诙谐潇洒,《居庸赋》首尾五千言,雄浑正大,瑰丽豪放,皆为散曲中之名作。冯子振亦善书法,尤以行草见长,稳健流畅、张弛有度,为世人所珍重。冯子振诗文集现已不存,今人王毅编有《海粟集辑存》[①],辑录冯子振诗词一百四十一首、散曲四十四首、赋两首、文八首,以及散落在各种书籍中的相关史料数十种,对后人研究冯子振颇有裨益。之后,孙国斌又补充介绍了冯子振藏在日本的六幅作品及上海博物馆藏的《虹月楼诗》真迹。[②]

冯子振后半生潜心修禅,常向元代著名禅师中峰明本参禅问道,与古林清茂亦为方外之交,他与日本僧人的交往也与这两位高僧有关。

明本,临济宗杨岐派僧,号中峰,又号佛慈圆照广慧禅师、智觉禅师、普应国师等,俗姓孙,钱塘县(今浙江省杭州市)人。至元二十三年(1286),登天目山参谒高峰原妙(1238—1295)。至元二十六年(1289),得原妙付法。他在各地构建"幻住庵",修行传法,以深厚的佛法修证、高尚的道德情操赢得众人尊崇,传说其所到之处,僧俗争相瞻礼之,世称"江南古佛"。明本深自韬晦,遁隐江湖,拒绝住持禅宗名刹,唯一住持过的寺院就是位于杭州天目山师子岩之左、由先师原妙开创的师子正宗禅院。元仁宗曾招请其入朝,明本固辞不受,仅受金襕袈裟及"佛慈圆照广慧禅师"之号。元英宗亦归依之。在其辞世后,元文宗赐以"智觉禅师"谥号,元顺宗追敕"普应国师"谥号,并敕赐《中峰和尚广录》收入《大藏经》。[③]明本声名远播东瀛,来元日僧多至天目山随明本参学,有名可稽者至少二十三人,其中,嗣法者八人。[④]这些人回国后,为日本禅宗的发展做出了巨大的贡献。明本与冯子振的结识源于赵孟頫的介绍。据说,某日赵孟頫带明本去拜访子振,而"子振方以文章名一世,意颇轻之(按:明本)"。子振以其所作《梅花诗》百首示之,明本阅毕,随即和诗百首,首首"雕镂尽致,足以壁垒相当",然子振"犹未为然"。明本又拿出自己的《九字梅花歌》求和,子振阅后,"竦然久

① 王毅编:《海粟集辑存》,岳麓书社,1990年。

② 孙国斌:《冯子振的书法艺术及其他》,《文物》,1990年第7期,第59—65页;孙国斌:《再论冯子振——读王毅先生〈海粟集辑存〉后》,《中国文学研究》,1993年第2期,第40—45页。

③ 纪华传:《江南古佛:中峰明本与元代禅宗》,中国社会科学出版社,2006年,第35—75页。

④ 玉村竹二:《日本禅僧渡海参学关系宗派图》,《日本禅宗史论集》(下之二),思文阁,2003年,第151—171页。

之,致礼而定交焉"①。从此,赵孟頫、冯子振、明本三人遂成文朋诗友。在苏州
一带还流传着这么一段有关三人的佳话:明本欲在苏州雁荡村之西两里处修建
草堂,设殿堂三间。建庵时,"冯海粟炼泥,赵松雪搬运,中峰涂壁"②,其乐融融,
其情切切!

清茂,临济宗杨岐派僧,字古林,号金刚幢、休居叟,俗姓林,温州乐清人。
嗣法温州能仁寺横川如珙。后应请住持平江府(今江苏省苏州市)天平山白云
寺、开元寺。皇庆二年(1313),蒙赐"扶宗普觉佛性禅师"之号。延祐二年
(1315)移居饶州永福寺(在今江西省鄱阳县),声名日盛,后主建康凤台山保宁
寺(在今江苏省南京市)八年。晚年奉朝廷之命,列席金山大会,备受王臣大夫
尊崇,士庶求法语者不下数千人。天历二年(1329)示寂,世寿六十八。③清茂声
名亦远播海内外,在其住持保宁寺期间,前来参学的日僧络绎不绝,有名可查者
至少三十二人,其中,嗣法者三人④。清茂法嗣竺仙梵仙,于天历二年(1329)东
渡日本,开创了日本禅宗二十四流派中之竺仙派,影响颇为深远。

二、冯子振与无隐元晦

元晦,号无隐,丰前国田河郡(在今日本福冈县)人。十六岁在博德圣福寺
(在今日本福冈市博德区,是日本最早的禅寺)剃发受戒。在遍参日本禅林后,
于日本延庆三年(1310)入元,随中峰明本参禅。其后,一度离开明本,云游各
地,最后回到明本门下,成为其嗣法弟子。明本赐其"无隐"道号,并以自赞顶相
(今藏日本福冈市圣福寺)赠之。明本去世三年后的泰定三年(1326),与赴日元
僧清拙正澄(1274—1339)同船归国。日本正庆二年(1333),正澄住持京都建
仁寺,元晦应邀任前堂首座。日本建武二年(1335),因先后受九州岛武将大友
贞宗及其子大友氏泰(1321—1362)的招请,入住筑前显孝寺(在今福冈市博德
区)。不久,成为筑前圣福寺住持。日本贞和四年(1348),入住京都建仁寺。次

---

① 《钦定四库全书总目》卷一八八《梅花百咏》一卷,影印文渊阁《四库全书》本。
② 王士祯:《池北偶谈》卷六《徐东痴》,影印文渊阁《四库全书》本第八百七十册,第81页。
③ 参见《佛光大辞典》第4663页"清茂"条,书目文献出版社,1989年。
④ 玉村竹二:《日本禅僧渡海参学关系宗派图》,《日本禅宗史论集》(下之二),思文阁,
2003年。

年,任京都南禅寺住持。曾开创壹岐海印寺、筑前宝觉寺等。日本延文三年
(1358)十月示寂。其塔头称南禅寺幻住庵。日本康正二年(1456),后花园天
皇追赠其"法云普济禅师"谥号。

　　或许就是在冯子振拜访明本的某一天,他遇见了随侍明本左右的元晦。这
时的冯子振已撤职为民,年华垂暮,少了几分傲气,多了些许失意。对于年轻的
元晦,冯子振显然颇为欣赏,"一见知其为法器",并挥毫作诗,慷慨相赠。这便
是现藏于东京国立博物馆的《与无隐元晦诗》。

　　据东京国立博物馆网站的介绍,该作品为纸本墨书,挂轴装,裱装后的尺寸
为宽32.7厘米,长102.4厘米。捐赠者为松平直亮。笔者虽不谙书法,却也折服
于作品稳健流畅、张弛有度的气韵和神采。三首诗及题跋内容如下:

> 万丈榑桑旭海东,起来绚枕拂枝红。
> 谁知筏到姑苏岸,依旧禅林识祖风。
>
> 晦是韬光不露机,木犀香里衲僧衣。
> 若言此地真无隐,樵径迷踪底处归。
>
> 过得东瀛便挂包,如何白日浪滔滔。
> 曹溪一滴无多子,南海烦师转竹篙。
>
> 　　　　　日本晦上人无隐,一见知其为法器,书三解奉赠。海粟[1]

　　第一首第一句,"榑桑",同"扶桑",原意是神话中的一种树名。传说日出于
扶桑之下,拂其树梢而升,扶桑因而又代指太阳。扶桑自古又是日本国的代称。
此句描写太阳冉冉升起时,日出之国光芒万丈、霞光辉映的壮丽景象,此时的日
本,便多了几分人间仙境的意象。

　　第一首第二句,是指无隐元晦不忘禅宗源流,来中国寻师拜祖。南宋时,日
僧荣西(1141—1215)入宋求法,回国后,开始在关东传播临济禅宗。元晦来华

---

① 田山方南编:《禅林墨迹　乾》,思文阁,1981年,第74号图版。

之前,东传日本的禅宗流派大多出自虎丘绍隆法脉,因此,虎丘派在日本有很大的影响力。这或许是元晦"筏到姑苏岸"的缘由吧。

第二首诗巧妙地通过以下典故,将无隐元晦的名字融入诗中。据《释氏稽古录》卷四,宋代名士黄庭坚(1045—1105)曾跟从晦堂祖心(1025—1100)参禅。一日,祖心以孔子曾问弟子的一句话"以我为隐乎?吾无隐乎尔!"叫黄参话头。黄庭坚诠释再三,祖心皆"不然其说"。时当暑退凉生,秋香满院。祖心问:"闻木犀香乎?"黄庭坚答:"闻到了。"祖心说:"吾无隐乎尔。"黄庭坚欣然领解,终于开悟。冯子振通过这一典故,既道出了元晦"无隐"道号的由来,又点明了佛性无相无隐之理,或许还有对中峰明本隐者作风的赞美,也有对无隐元晦继承师风的嘱托。

第三首诗中,"曹溪"当指禅宗六祖慧能(638—713)。慧能长期在曹溪宝林寺(在今广东省韶关市南华禅寺)弘扬顿悟法门,别称曹溪六祖。"曹溪一滴无多子"或许可以理解为禅宗一视同仁,一脉相承,无论是在日本,还是在中国,皆为传承六祖慧能正法之道。"南海",此处指东海,"烦师转竹篙"道出了作者希望元晦回国后,能够将禅宗发扬光大的愿望。

除了这三首诗,冯子振还应元晦之请,为其师阐提正具的语录题跋。

阐提正具,临济宗黄龙派僧,生年、俗姓不详。初住京都法观寺,后受大友贞宗的皈依,入住丰后蒋山万寿寺(在今日本大分县),日本元德元年(1329)被请为丰后显孝寺开山,同年示寂。似有入元经历,但情况不详。正具道行高远,有隐者风范,许多入元求法僧都曾在其会下参学,元晦在京都游学期间,也曾从正具参禅。[①]或许因这层关系,元晦才会请冯子振为正具的语录题跋。

跋语全文如下:

> 日本居大瀛之东,环以毛人万岛。其间朝暾晨霞之所辉焕,晴澜暖涨之所荡潏,钟其空霏喷薄之气。往往英角奇猎,儒门澹泊,束缚不住,遂删锄须发,寄其意气于禅衲之林。予过吴门,海东晦上人无隐,

① 玉村竹二:《五山禅僧传记集成》,思文阁,2003年,第384页;广渡正利:《无隐元晦和尚传》,文献出版,2001年,第25—26页。

出具阐提语录,因为过目。——鲛珠滑润,姿态横生。如令溯大洋之波,直抵浙上,见吾狮子峰头老幻住,扬眉竖拂酬答青山,即别峰德云拍手。如是他日筏还彼土,独擅缁藤,禅道已东,何人求剑。老道人曾是狮峰客,故因无隐之请,喜而为之书。

前集贤客、海粟道人冯子振

跋语中,冯子振描绘了日本红日喷薄而出,光芒万丈、水天一色的壮丽景致,道出了中世日本英才寄身禅林的事实,盛赞正具语录字字珠玑、姿态横生。冯子振或许还从语录中看出了正具与明本相似的隐者风范,假设正具若渡海前来,参扣明本,必能悟禅真谛,入佛境界,将禅宗在日本发扬光大。

此则跋语写作者在过吴门即苏州之时,可能是在苏州虎丘寺,遇到了前来虎丘派祖庭参拜的明本弟子元晦,作为明本的座上客,冯子振爽快地答应了元晦的请求,写下了此则跋语。

该作品现藏于日本五岛博物馆,纸本墨书,裱装后的尺寸为宽33.65厘米,长99.85厘米,于1953年被认定为重要文物。

三、冯子振与放牛光林

放牛光林,日本临济宗黄龙派僧,阐提正具法嗣。延祐五年(1318)入元,遍访诸师,曾在古林清茂会下参禅,泰定元年(1324)归国。泰定三年(1326)、天历二年(1329),元僧清拙正澄、明极楚俊先后赴日,放牛光林相继参访之。历任筑前显孝寺、蒋山万寿寺、京都建仁寺、天龙寺、南禅寺等五山十刹住持,以学艺名闻天下,被誉为"五山文学双璧"的义堂周信、绝海中津也曾在其门下参学。[1]

日本某人手中藏有一份冯子振写给放牛光林的墨迹,内容如下:

日本僧自号林放牛,冲泊静闲,意趣不苟。方当梅子熟于吴苑,瞻卜香于苏台,绿野微茫,青山嫩散。放牛此际以古钵为芳草,以坏衲为眠蓑。他日露地蓦牵蔗园,依旧还寻舶绘,不驾鞍骑,钝铁吹毛,偿他

---

① 玉村竹二:《五山禅僧传记集成》,思文阁,2003年,第595页。

舐犊。至是时,卧取明月,吸他清风,三界外别有町疃在。

海粟老人

全文首句是对放牛光林的赞赏,所谓"冲泊静闲,意趣不苟"。第二句中的
"吴苑",是指春秋时期吴王夫差的宫苑,"苏台"即"姑苏台",是夫差与西施游乐
的地方,两地皆在苏州。"瞻卜"又称"瞻葡",乃栀子花的别称。此句有两层含
义,一是指放牛光林来到苏州正是"梅子熟时栀子香"的五六月份,二是喻指苏
州虎丘寺虎丘绍隆开创的虎丘派法道隆盛,禅风远扬。接下来,由光林道号"放
牛"喻指其前来中土求禅问道。最后,期待他学有所成,报答师恩,传道东瀛。

四、冯子振与月林道皎

日本东京国立博物馆藏有一则墨迹,是冯子振与古林清茂在《保宁寺赋》后
所题跋语。惜赋文已佚。

冯子振跋文如下:

> 保宁古刹,即吴赤乌之建初寺也。晋升平年,凤凰来,始有台。代
> 祚迭更,名氏不一,且千载矣。予方脚色茅山,假道建邺,茂公古林老
> 师借以半榻,越信宿,征予赋之。已而丈室出,聊复岁月之刻,踪迹略
> 露,亦恨仆去计忙迫,不暇搜访,粗搴揽掇拾如是。然登是台者,从吾
> 赋而物色之,思过半矣。
>
> 泰定乙丑冬孟,并书于金陵。
>
> 且作稿样,别寻大样纸写过,恰上雕锼可也。

此篇跋文作于泰定乙丑(1325)初冬,叙述了保宁寺的来历及作者创作《保
宁寺赋》的缘由。保宁寺,位于今南京城凤凰台内,系吴国赤乌四年(241)西天
竺僧康僧会所创,宋太平兴国年间(976—984)赐额保宁。据传凤凰台得名于
晋升平年间(357—361)有凤凰集于此地,因李白《登金陵凤凰台》诗而闻名,为
文人热衷题咏的六朝古迹之一。从跋语内容可知,冯子振在赴今江苏省句容市
茅山途中经过此地,遂造访保宁寺住持清茂,宿两夜而归,后应清茂之请,作赋

文一篇。从内容及款识可知,保宁寺有将此赋文雕刻于凤凰台石碑上,以供游人观睹之打算。

冯子振跋语之后是清茂的跋语,交代了这篇墨迹由月林道皎携归日本的因缘。

月林道皎,日本南北朝时期临济宗僧,别号"独步叟""圆明叟",山城国(今日本京都府一带)人。初学天台宗,后随镰仓建长寺高峰显日、京都大德寺宗峰妙超学禅。至治二年(1322)入元,遍参高僧,最后得清茂印可。泰定四年(1327)三月十五日,清茂为他书"月林"道号及道号偈,这份手迹现仍保存在京都长福寺。在元访学期间,从元文宗处获赐"佛慧知鉴大师"号。至顺元年(1330)回国,后住持京都长福寺,并将长福寺由天台宗寺院改为禅宗寺院。日本观应二年(1351)圆寂,谥号"普光大幢国师",有《月林道皎禅师语录》两卷存世。

清茂在泰定四年(1327)九月初一写给道皎的赞语中写道:"自至治二年至泰定四年,凡三入吾室,所得有大过前者。与其语,终夕不倦。"可见,道皎曾长年在清茂门下参禅,并三度入室小参,精进修行,成效显著。清茂手迹现藏于日本德川美术馆。就在同一日,清茂将冯子振所作赋跋送给了道皎,并题跋如下:

> 海粟学士亲书此赋,识与不识而欲得之,终不可与。月林皎藏主一
> 见且曰:"吾乡虽海外之邦,文物之盛,无甚今日。倘不吝布施,赍归本国,
> 足可以终身之荣也。"由是不惜,仍嘱之曰:"汝当宝之,虽千金不易。"
>
> 泰定四年九月一日
> 休居叟清茂书

可见,清茂得到冯子振所作《保宁寺赋》后,颇为珍惜,无论谁向其索要,皆不肯割爱。道皎见此赋文亦十分喜欢,恳请清茂相赠,后者显然对这位弟子非常器重,答应了他的请求,并叮嘱他要视若珍宝,"千金不易"。清茂墨迹现藏于东京国立博物馆,于1954年被认定为重要文物。

五、结语

据笔者不完全统计,见载于文献的与日僧有过诗文相赠的元代文人(不包括僧侣)至少有二十一位,较南宋多。他们普遍具有以下特点:活跃在江南地区,与禅僧有较多交往,以能诗善文或精通书法彪炳文坛。冯子振是其中具有代表性的一位。他在被削职为民后,长期流寓江南,与明本、清茂等往来频繁,在元代文坛享有盛名。这意味着因为元代士大夫知识分子与禅宗的互动已经深入较高的层面,来华日僧交往元人的数量和层次皆较前代有所提高。

日僧与元代士人交游的形式和内容与前代没有太大的改变,多为诗文酬赠,切磋书画技艺。然而,如同无隐元晦请求冯子振为其师阐提正具的语录题跋,出现了日僧主动请求元人为其携带来华的诗文语录题写序跋的情况,这表明入元僧较前代对本国文化有了更多的自信。而从月林道皎所说若得冯子振《保宁寺赋》,"足可以终身之荣"的话语中,我们既可看出日僧对元代名士诗文之赠的渴求,也能感到获赠元人诗文对抬高日僧身价的作用。这就反映了元代日僧来华两个很重要的目的:锤炼汉文学修养,向元人乞求诗文。在这种目的的驱动下,日僧在参禅之余,常常积极地与元代士人交游,学习赋诗作文,诗文创作技艺日渐成熟,而这直接带来了日本五山文学的繁荣。

再说元人对日本的认识。张哲俊曾将元代的日本形象分为两类:一是倭寇的非类形象,二是以日僧为代表的理想化的人类形象。[1]笔者也曾就冯子振《与无隐元晦诗》探讨过元代知识阶层的第二类日本认识[2],这里不再展开论述,概而言之:首先,冯子振所谓"万丈榑桑旭海东,起来绚枕拂枝红""其间朝暾晨霞之所辉焕,晴澜暖涨之所荡潏,钟其空霏喷薄之气",皆说明日本的日出之国、人间仙境的形象已深入人心。其次,从冯子振对无隐元晦"晦是韬光不露机",阐提正具语录"——鲛珠滑润,姿态横生"、放牛光林"冲泊静闲、意趣不苟"的赞誉中,我们能感受到来华日僧博学多识、潜心修禅、优雅飘逸的形象已颇得元人赏识。

---

① 张哲俊:《中国古代文学中的日本形象研究》,北京大学出版社,2004年,第164—214页。

② 江静:《元代文人与来华日僧交往初探——以元人冯子振"与无隐元晦诗"为例》,《文献》,2006年第3期,第139—144页。

元人的以上两点认识是对前代日本观的继承,并无太多新意。值得引起关注的,倒是《与无隐元晦语》中的一句话:"往往英角奇猎,儒门澹泊,束缚不住,遂删锄须发,寄其意气于禅衲之林。""儒门澹泊,束缚不住"出自元丰三年(1080)王安石与张方平的如下一段对话:

> 荆公王安石问文定张方平曰:"孔子去世百年,生孟子,后绝无人,或有之,而非醇儒。"方平曰:"岂为无人? 亦有过孟子者。"安石曰:"何人?"方平曰:"马祖、汾阳、雪峰、岩头、丹霞、云门。"安石意未解。方平曰:"儒门淡薄,收拾不住,皆归释氏。"安石欣然叹服。后以语张商英,抚几赏之曰:"至哉,此论也!"①

这段话亦见于陈善《扪虱新话》上集卷三"儒释迭为盛衰"条,文字稍有不同,真实性到底如何已难断定。不过"儒门淡薄,收拾不住,皆归释氏"一语道出了北宋中期士大夫禅悦之风迅速发展的情形。冯子振以这句话来描述当时的日本,在一定程度上反映了其对日本的认识已进入思想政治领域。冯子振所处的时代,日本正值武士当权的幕府时期,武士在政治、经济领域占据绝对的统治地位。在幕府的大力支持与积极推动下,禅宗作为新兴佛教的主流"成为镰仓时期'政治佛教'的中心"②,文化的主宰者由平安时期的贵族知识分子变为禅林僧侣。在此之前掌握政权的天皇贵族阶层在丧失了政治权力的同时,也丢失了文化上的主导权。以经籍训诂为主要内容的传统儒学日渐式微,而当时流行于中国的宋学虽然已传到日本,并受到五山僧侣的欢迎,但它始终处于禅宗的附属地位,离独立成长为德川幕府时期的"官学"尚有漫长的三百年时间。从此意义上说,当时的儒门不可谓不"澹泊",冯子振的认识颇具准确性。这种认识反映了冯子振对"儒门"与"禅林"关系的关注。

---

① 《佛祖统纪》卷四五《法运通塞志》。
② 刘毅:《镰仓时代禅宗传入与武士兴禅》,《日本研究》,1996年第1期,第43页。

第四节　明人张楷与日本宝德三年的遣明使

　　明代的中日关系,不只是我们所熟知的朝贡贸易和倭寇肆虐,至少在明代前期,两国的民间交流也极为活跃,宁波人张楷与遣明使的交往就是一个典型的例子。通过对其活动的考察,我们将对明代中日文化交流的样态有更具体、生动且深入的认识。

　　张楷,一个在今天并不十分受重视的人物,在明代却颇有名声,其家族在宁波也曾显赫。笔者更感兴趣的是,张楷一家在中日文化交流史上谱写的一段段佳话。对此,日本学界曾有人撰文予以介绍①,中国学者也曾提及张楷子嗣与日本文人的往来②。然而,上述研究皆非专以张楷为考察对象,因此对相关史料的介绍和分析皆不够充分和透彻。鉴于此,笔者将在前人研究的基础上,探讨张楷与日本宝德三年(1451)的遣明使的关系,至于其家族与日本的关系,因篇幅所限,拟日后再做讨论。

一、张楷其人

　　张楷,浙江慈溪人,字式之,号守黑子。虽《明史》不载其传,然包括《明实录》在内的明清史料中有不少关于他的记载,其中,比较详细地记录了张楷生平的史料主要有以下四则:杨守陈(1425—1489)《南京右金都御史张公行状》(以下简称《行状》)③、吕原(1418—1462)《南京都察院右金都御史张公墓志铭》(以

---

　　① 海老根聪郎:《15世纪的宁波文人与日本人》,《东京国立博物馆纪要》,1976年第11期,第217—260页。

　　② 陈小法:《瑞溪周凤与其汉文日记〈卧云日件录拔尤〉》,《日本思想文化研究》,2006年第7期,第71—83页;《〈蔗轩日录〉与明代中日书籍交流》,《中国典籍与文化》,2004年第4期,第47—54页。

　　③ 杨守陈:《杨文懿公文集》卷七《东观稿·南京右金都御史张公行状》,《四明丛书》第七集(民国四明张氏约园刊本),1940年。

下简称《墓志铭》）①、李贤（1408—1466）《中宪大夫南京都察院右佥都御史张公神道碑铭》（以下简称《神道碑铭》）②、《宁波府志》卷二八《张楷传》③。其中，吕原的《墓志铭》和李贤的《神道碑铭》皆以杨守陈的《行状》为参考，三者内容颇多重复，且成文时间也甚是接近，均在张楷去世后不久。《宁波府志·张楷传》与《行状》措辞有相似之处，然内容更为丰富。《行状》作者杨守陈，宁波人，与张楷为世交，自称"知公为详"④，其《行状》虽难免有溢美之词，却有较高的可信度。根据上述史料，可知张楷生平如下：

张楷，生于洪武三十一年（1398）三月。天资聪颖，善读书。年十二，能作文。年十四，受地方官举荐，为慈溪县（今浙江省慈溪市）学生员，即通常所说的秀才。年十七，中乡试，成举人。永乐二十二年（1424），中进士，年仅二十六。宣德二年（1427），试政于兵部，以公务诣陕西，有能名，回来后擢任江西道监察御史（秩正七品）。宣德五年（1430），刑部狱中吏受贿放走强盗，张楷因弹劾刑部尚书赵羾等十余人而名闻朝野。宣德六年（1431），因献《圣德颂》留俟鸿胪寺，正统元年（1436）乃还。正统五年（1440），升陕西按察司佥事，理屯田，督租赋，治水利，俱有成绩。不久，迁按察司副使。正统十二年（1447），再升都察院右佥都御史。自正统十年（1445）起，叶宗留、邓茂七相继领兵起义，张楷奉命监军镇压。为使起义军信服，张楷矫作"征南将军印"，张榜招降叶宗留部，起义军因此一蹶不振。景泰元年（1450），张楷班师回京，尚书金濂、给事中叶盛、都御史余仕悦等以其矫作将军印、"耽诗玩寇"弹劾之，张楷遂获罪削职，回归故里。天顺元年（1457），明英宗复位，下诏张楷复以佥都御史出仕。翌年，张楷赴京谢恩，恰逢陕西用兵，张楷奉命佐师，事完转南京都察院莅任。天顺四年（1460）十一月，张楷"致庆礼于京师，居公邸数日，一疾而逝"，享年六十二岁。对于张楷

① 吕原：《吕文懿公全集》卷一〇《南京都察院右佥都御史张公墓志铭》，影印文渊阁《四库全书》本，台湾商务印书馆，1983年。

② 李贤：《中宪大夫南京都察院右佥都御史张公神道碑铭》，周骏富辑：《明代传记丛刊·名人类14》，明文书局，1991年。

③ 张时彻等编：《宁波府志》，《中国方志丛书·华中地方·第四九五号》，成文出版社，影印明嘉靖三十九年刊本，1983年。

④ 杨守陈：《杨文懿公文集》卷一三《东观稿·送张伯远贰令怀安序》，《四明丛书》第七集（民国四明张氏约园刊本），1940年。

的猝然而逝,据说明英宗"闻讣惊悼良久,特遣官谕祭,复令有司为营葬事"①。

张楷一生著述颇丰,《千顷堂书目》所录有:《四经糠秕》、《监国历略》一卷、《平南县志》、《大明律解》十二卷、《律条撮要》(又作《律条疏议》)、《理易》、《稽古正要》、《增广事物纪原》、《武经小学》、《陕西纪行集》、《轻侯集》、《介庵集》、《归田录》、《南台稿》、《百琴操》、《效颦稿》、《和选诗》、《和李谪仙乐府古诗杜少陵七言律》十二卷②、《和唐诗正音》二十卷③、《和许浑丁卯集》、《和高季迪缶鸣集》、《和中峰和尚梅花百咏》。④此外,《光绪慈溪县志》卷四七《艺文志二》尚录有张楷以下著述:《春秋糠秕》、《四书糠秕》、《孔子圣迹图赞》三十四卷、《四遗集》、《和草堂诗余》、《蒲东珠玉诗》一卷。⑤

对张楷的评价,持完全肯定意见的以《行状》为代表,《神道碑铭》、《墓志铭》、雷礼(1505—1581)所纂辑的《国朝列卿纪》及地方志等皆仿之。《行状》称:"公早孤,事母毛氏至孝,为人坦夷阔达,见有寸长片善者,辄播宣而奖引之,视人患难,隐若在己,赴拯之,惟恐后,家贤裁给,而喜宾客,乐施与,沛若富甚。其学自经史诸子至天文、医卜、小说、释老之书,无不涉猎,文章浩瀚无涯涘。能行草篆隶,尤耽于诗,平生凡百一于诗焉,发之而幼眚穷通,夷险缓急,未尝一日或废,常口占走笔,顷刻数首或数百言,群莫能逐,而壮豪赡丽,新意溢出,亦非拘挛琐碎而锻炼者所可及。"又称:"海内之士皆耳熟其名而口腴其诗,朝鲜、日本之使俱市其《和唐音》以归。"⑥

亦有对张楷做人、作诗负面评价较多的言论。成化三年(1467)八月修成的《明英宗实录》则称:"楷为人坦夷,颓老力学犹不倦。性喜吟诗,日不绝口。其征闽浙,亦坐是玩寇,故遭罢斥。李杜诗唐音,悉赓和之。然居官纵弛不检,所

① 李贤:《中宪大夫南京都察院右佥都御史张公神道碑铭》,周骏富辑:《明代传记丛刊·名人类14》,明文书局,1991年,第181页。
② 《明史·艺文志》作《和李杜诗》十二卷"。
③ 《明史·艺文志》作《和唐音》二十八卷",《墓志铭》亦作《和唐音》"。
④ 根据黄虞稷撰、瞿凤起、潘景郑整理《千顷堂书目》(附索引)(上海古籍出版社,2001年)第295页《千顷堂书目索引》提供的张楷著作信息整理。
⑤ 《光绪慈溪县志》卷四七《艺文志二》,《中国地方志集成 浙江府县志辑36》,上海书店,1993年,第180页。
⑥ 杨守陈:《杨文懿公文集》卷七《东观稿·南京右佥都御史张公行状》,《四明丛书》第七集(民国四明张氏约园刊本),1940年,第17—18页。

至无廉能赞。其复见用，又因贿近幸而得，士论薄之。"①汤斌（1627—1687）所撰《拟明史稿列传》的说法亦多从之，称："楷喜吟诗，其征闽也，言官谕其耽诗玩寇，又居官颇纵弛，无廉介誉。其再起也，或言因赂曹吉祥得之，故人竞振暴其短，或至过实云。"②对深受朝鲜、日本之使喜爱的和诗，钱谦益（1582—1664）《列朝诗集小传·张金都楷》则称："尘容俗状，填塞简牍，捧心学步，祇供哕呕。"③陈田（1849—1921）的《明诗纪事》称："式之诗于永宣时不落下品，惟和唐音、和李杜不自量力，遂贻捧心之诮。"④

二、张楷与日本宝德三年的遣明使

日本明德三年（1392），足利义满（1358—1408）统一了日本，并以幕府将军的身份主持朝政。出于政治和经济利益的考虑，他接受了明朝的册封，积极开展与明朝的朝贡贸易。"义满死后，世子义持认为这种关系给日本外交留下了污点，而以公武两方的批判性舆论为背景，采取坚决拒绝同中国建立邦交的行动。日中关系因此一时中断（1411—1432）。但其弟义教（1394—1441）当上将军后，认为从幕府财政上考虑，对中国贸易的获利不容忽视，因而只能是遵循其父义满的先例恢复邦交。"⑤因此，自日本永享四年（1432）至天文十六年（1547），日本共派遣了十次遣明使。

日本宝德三年（明景泰二年，1451），足利义政（1436—1490）派遣以东洋允澎（？—1454）为正使的遣明船九艘、共计千余人入明。至于遣明使的人员构成，一般是正使、副使各一人，居座、土官、通事各数人，这些人每人还带有从僧、从仆数人。此外，还有驾驶船只的船头、副船头、水手及就便搭乘的随从商人

① 《明英宗实录》卷三二一，台湾"中央研究院"历史语言研究所影印本，1962年，第6669页。

② 汤斌：《拟明史稿列传》，周骏富辑：《明代传记丛刊·综录类59》，明文书局，1991年。

③ 钱谦益：《列朝诗集小传》，周骏富辑：《明代传记丛刊·学林类9》，明文书局，1991年，第127—128页。

④ 陈田：《明诗纪事》，周骏富辑：《明代传记丛刊·学林类11》，明文书局，1991年，第199页。

⑤ 王晓秋、大庭修主编：《中日文化交流史大系1 历史卷》，浙江人民出版社，1996年，第173页。

等。正使、副使由掌管幕府外交贸易事务的京都醍醐寺三宝院和相国寺荫凉轩主推荐，从天龙、相国、建仁、东福等京都五山僧侣中选拔。居座、土官亦大都从京都五山僧侣中通晓外交事务的人员中选任。①

　　据《允澎入唐记》②，一行人于日本宝德三年（1451）十月二十六日辞京，次年正月五日至筑前博德，八月起航赴明，因未等到顺风又返回博德；日本享德二年（1453）三月，一行人再次出发赴明，五月七日，一号船抵宁波沈家门，二十日达宁波府安远驿，不久，其余八艘船也陆续抵达宁波。八月六日，贡使三百人出发赴京，次年五月三十日返回宁波。关于此次遣明使，《明史·日本传》亦有记载，称其"至临清，掠居民货。有指挥往诘，殴几死。所司请执治，帝恐失远人心，不许"。对其所贡之物，明廷应礼部奏请，减半赋值，对此，"使臣不悦，请如旧制。诏增钱万，犹以为少，求增赐物。诏增布帛千五百，终怏怏去"③。

　　虽然遣明使此次入华有颇多不愉快的事情发生，他们与当地士人的文化交流活动却并未因此而中断。其中，诸如笑云瑞欣（生卒年不详）、九渊龙睴（？—1474）、斯立光幢（？—1474）、兰隐馨（生卒年不详）、后藤居士（生卒年不详）等人与当时正谪居在家的张楷的交往就颇为频繁，对此，日本史料如《允澎入唐记》、《卧云日件录拔尤》④、《碧山日录》⑤、《竹居清事》⑥、《邻交征书》⑦等皆有记载。现分别介绍如下。

――――――――――――

①　木宫泰彦著，胡锡年译：《日中文化交流史》，商务印书馆，1980年，第552—554页。

②　日本宝德三年（1451）遣明使从僧笑云瑞欣著，一卷，记述了宝德三年（1451）十月以东洋允澎为正使的遣明使出京，享德二年（1453）渡海赴明，享德三年（1454）回国的全部经过，又称《笑云入明记》《入唐记》。

③　张廷玉等：《明史》卷三二二《日本传》，中华书局，1976年，第8347页。

④　《卧云日件录》，京都相国寺禅僧瑞溪周凤（1391—1473）的日记，上起日本文安三年（1446）三月，下迄文明五年（1473），总七十四册。《卧云日件录拔尤》是《卧云日件录》的抄录本，为相国寺僧惟高妙安（1480—1567）永禄五年（1562）的抄本，摘抄内容局限于五山文笔僧的逸事、名尊追忆，以及当时禅林的文艺活动等。

⑤　《碧山日录》，室町时期（1392—1573）中期东福寺僧太极藏主的日记，始于日本长禄三年（1459）正月，终于应仁二年（1468）十二月，中间有几年记事不全，是研究日本应仁之乱前后社会形势的珍贵史料。

⑥　《竹居清事》，临济宗圣一派翱之惠凤（？1362—1464）禅师的诗文集。

⑦　《邻交征书》，江户时期日本儒学者伊藤松编纂的史料集，内容为从魏至清中国人诗文中有关日本的记载。日本天保十一年（1840）出版，共六册，是研究中日关系史的重要史料。

（一）笑云瑞欣

笑云瑞欣，日本临济宗梦窗派僧。生卒年、俗姓皆不详。嗣法季章周宪。日本宝德三年（1451）随侍东洋允澎入明。回国后，历任京都等持寺、相国寺、南禅寺住持，著有《允澎入唐记》。

关于遣明使与张楷接触的最早且最为明确的记载是《允澎入唐记》"日本享德二年（1453）六月廿一日"条："廿一日，陈大人就勤政堂享张楷、按察使、布政司、御史、知府五大人，壁上挂杭西湖图，其绘广五丈许。"①陈大人即《允澎入唐记》中多次出现的"陈内官"，当为主持市舶司工作的市舶太监。其宴请的官员中，布政司周大人和按察使冯大人分别在五月八日和十日从杭州到宁波②，布政使和按察使均为地方高级行政长官，前者掌民政，后者掌刑狱，两人入甬，显然也是为遣明使入贡之事。在陈大人宴请的五人中，唯张楷是与接待来使工作无关的解职在家之人，这是一个值得注意的现象。这场宴会应当也有笑云瑞欣在场，否则，《允澎入唐记》不会对出席者、现场装饰等细节有比较详细的描述。

景泰四年（1453）九月，遣明使一行抵京。十一月二十五日，应举在京的张楷次子张应麟（字伯厚），亦特意赴笑云瑞欣处"作诗"③。

景泰五年（1454）六月四日，即将归国的遣明使部分成员游完宁波镜清寺后至张楷家拜访，张楷为笑云瑞欣作饯行诗送行。④

（二）九渊龙晖

九渊龙晖，临济宗黄龙派僧，嗣法天祥一麟。京都欢喜寺住持。日本宝德三年（1451），受命作为遣明正使东洋允澎的随员赴明。回国后，历任建仁寺、南禅寺住持。日本文明六年（1474）三月十一日示寂。著有诗文集《葵斋集》，惜已不存。

九渊龙晖来华之前，东福寺宝渚庵庵主云章一庆（1386—1463）曾作偈为之送行，偈曰："龙翁两国大宗匠，龙子龙孙皆作家。今以扶桑霖雨手，三千里外

① 笑云瑞欣：《允澎入唐记》，《续史籍集览》第一册，Sumiya Shobo，1970年，第520页。
② 笑云瑞欣：《允澎入唐记》，《续史籍集览》第一册，Sumiya Shobo，1970年，第517页。
③ 笑云瑞欣：《允澎入唐记》，《续史籍集览》第一册，Sumiya Shobo，1970年，第532页。
④ 笑云瑞欣：《允澎入唐记》，《续史籍集览》第一册，Sumiya Shobo，1970年，第548页。

摘杨花。摘杨花,早归去,莫周遮。"九渊龙睬来明后,以此偈示张楷,"张楷睹之,抃踏三唱之",颇为欣赏。九渊龙睬并将云章一庆的语录《宝渚和尚语录》请明人题词,"僧录南浦为之序,御史张楷作跋语,西蜀碧峰和尚号休牧翁,赋禅诗五章以称之,其法券名周玄者,作长歌为证也"。《碧山日录》的作者太极藏主在日本长禄三年(1459)八月二十四日拜访云章一庆时,后者以《宝渚和尚语录》示之,太极藏主不禁发出"咸如先所闻也"①的感叹。

日本文正元年(1466)十二月七日,九渊龙睬拜访京都相国寺僧瑞溪周凤(1391—1473),谈起入明之事时说:"张楷作诗曰:'四千客路皆由海,数十陪臣半是僧。'自揭之座上曰:'史官当以吾诗为据记日本事也。'"②可见,张楷对遣明使成员的身份多为僧侣之事颇为在意。

日本长禄三年(1459)八月十九日,瑞溪周凤拜见九渊龙睬,后者"开座上花鸟双屏示之,皆大明诸贤赞也。就中有莺,非此方所谓莺,其形稍大而羽毛全黄也;又有雀,赞之者以为鸐鶒;又有纥干故事,然则雀与鶒一物欤?赞中伯仁、伯远各二首。九渊曰:'二人皆张楷之子也'"③。由此可知,张楷长子张应麒(字伯仁)、三子张应鹏(字伯远)曾与其他明人在花鸟双屏上题赞,并将此双屏送给了九渊龙睬。

(三)斯立光幢

斯立光幢,临济宗圣一派僧,嗣法理中光则。日本宝德三年(1451)随遣明使入明。晚年一度住持东福寺,在寺内创宝胜院退居,日本文明六年(1474)二月七日示寂。

据说,张楷与斯立光幢"对遇甚渥",并"图师之肖像及题赞语赠焉"④,时为

① 本段引文皆来自太极藏主:《碧山日录》,史籍集览研究会编:《改订 史籍集览》第二十五册,Sumiya Shobo,1969年,第173—174页。
② 瑞溪周凤著,惟高妙安抄:《卧云日件录拔尤》,东京大学史料编纂所编《大日本古记录》,岩波书店,1992年,第171页。
③ 瑞溪周凤著,惟高妙安抄:《卧云日件录拔尤》,东京大学史料编纂所编《大日本古记录》,岩波书店,1992年,第117页。
④ 佚名:《东福寺诸塔头并十刹诸山略伝》,东京大学史料编纂所藏日本宽正三年(1791)八月誊写本。

景泰五年(1454)六月初一。《邻交征书》称张楷的手迹藏在宝胜院,内容如下:

> 学探正理,教演真诠。玉质温和,冰怀湛然。承五师弓冶之托,典
> 列刹铜镉之权。通文为儒,得道以禅。知之者以为继远东林之遐派,
> 不知者以为出本中峰□传。噫! 皆不然。达摩九年无一字,曹溪一宿
> 便能言,正吾立之之谓焉。噫! 谁讵不然。大明景泰甲戌夏六月吉
> 日,赐甲辰进士、前金都御使张楷赞。[①]

上述赞语中的"承五师弓冶之托,典列刹铜镉之权",是指自东福寺开山、圣
一派派祖圆尔至理中光则,五代相传,斯立光幢作为第六代弟子,继承祖业,执
掌东福。赞语中的"远东林"是指净土宗初祖东林慧远(334—416),"本中峰"
则指被誉为"江南古佛"的临济宗禅僧中峰明本,两人皆为一代名僧。全文对斯
立光幢的学问与人品极尽赞美之词。

不仅如此,张楷还为斯立光幢所居之斋题额字曰"哦松",并"作二诗,又别
幅书'哦松'二篆字以授焉"。据韩愈的《蓝田县丞厅壁记》,唐博陵人崔斯立(字
立之)学问包容宏深,境界广阔,却颇不得志。其为蓝田县丞时,官署内庭中植
有松、竹、老槐,崔斯立常在二松间吟哦诗文。张楷依此典故赠"哦松"额名与斯
立光幢,一来因两人姓名中皆有"斯立"两字,二来是对后者擅长诗文的鼓励和
肯定。斯立对此额名显然颇为中意,"归国之后,随处以此为斋扁"[②]。

(四)兰隐馨

兰隐馨,生平不详。翱之惠凤评价其曰:"嗜学善诗,与人话也,未尝以谤虏
之事置之齿牙。"[③]日本宝德三年(1451)被选中随遣明使入华,时为掌管寺院经
藏的藏主。

兰隐馨入华后,请张楷为其所携翱之惠凤著《竹居清事》题词。翱之惠凤

---

① 伊藤松:《邻交征书》,国书刊行会,1975年,第408页。
② 瑞溪周凤:《卧云稿》,东京大学史料编纂所藏日本大正三年(1914)誊写本。
③ 翱之惠凤:《竹居清事》,上村观光编:《五山文学全集》第三卷,思文阁,1973年,第
2808页。

（？ 1362—1464），美浓人，六岁入东福寺岐阳方秀（1361—1424）门下，后嗣其法，博通宋明理学，以文名世。日本永享四年（1432）随遣明使入华，历游江南禅刹而归。有《竹居清事》《西游集》存世。

张楷在阅览了《竹居清事》后，称其"立论弘博、文采则丽，读之不能释手"，欣然为其题诗一首，诗跋全文如下：

馨公偶带竹居集，添得楼船万丈光。示我犹同剑出匣，看君真是凤鸣冈。

如开宝藏难枚举，似对珍馐必品尝。他日禅林修语录，百年文誉动扶桑。

日本兰隐馨上人携禅师惠凤语录，号《竹居清事》至中华，求予印正。余喜其立论弘博、文采则丽，读之不能释手。赋近体五十六字，以题其后，庶表识鉴之不苟云。守黑子书。[①]

后又觉得仅此"不足以发禅师之蕴"，再次为其题跋曰：

慧凤禅师语录一帙，其友兰隐上人携至中华，求予印正者。如予既赞以一诗，不足以发禅师之蕴，故后言曰："睹师之文，盖僧而达于治者也。使其早从吾道，得入官使之列，其弘词奥论，岂不有裨于化理哉。惜乎具大辨才而悉畈于空谛，有大智慧而卒付之觉乘，实斯文之不幸也。然其望之理、即抱之气，则不以地位而有问焉。凤也能以其穷文之心，穷究其师之道。不矜己，不傲物，不以智自满，不以学自高。优柔以求之，讽咏以得之，则祖祖相承之业，灯灯相续之焰，将不在师而在谁也？文章云乎哉。遂识如右。守黑子又书。"[②]

---

① 翱之惠凤：《竹居清事》，上村观光编：《五山文学全集》第三卷，思文阁，1973年，第2847页。

② 翱之惠凤：《竹居清事》，上村观光编：《五山文学全集》第三卷，思文阁，1973年，第2847—2848页。

张楷跋文中称翱之惠凤"使其早从吾道,得入官使之列,其弘词奥论,岂不有裨于化理哉"绝非虚言。翱之惠凤精通儒学,其书稿中处处可见儒家思想的影响,特别是其中作于日本嘉吉元年(1441)的《德政论》,劝谏幕府将军足利义政当以"仁义"治国,颇有儒者风范。

(五)后滕居士

后滕居士,又号晚樵子,生平不详。他入明后,因"未知所以'寄奴'之为草名"而请教张楷。张楷告之曰:"刘向校书时,老人所吹之物也。"后滕居士"乃知是藜矣,杖有扶人之作,如寄身于奴,故呼藜为寄奴也"。后滕居士回国之前,张楷为之作饯行诗曰:"扶桑东畔是君家,奉使来乘博望槎。长啸一声归去也,苍波烟树渺天涯。"①

三、遣明使与张楷交游的原因

由上可知,与张楷一家交往的遣明使成员的身份主要是从僧,交往的形式和内容为诗文唱酬、书画题赞、著述赠跋等。如前所述,遣明使成员皆来自京都五山,而日本五山僧侣又多为博洽经史、擅长诗文的"儒僧",他们来华的目的,除了完成政治使命,也渴望与当地文人进行诗文交流。那么,他们为何会对被削职的张楷如此感兴趣呢?

首先,张楷有在鸿胪寺任职多年的经历。自宣德六年(1431)"因献《圣德颂》留俟鸿胪寺"到"正统初乃还"②,张楷曾供职于鸿胪寺五年有余。明代鸿胪寺"掌朝会、宾客、吉凶仪礼之事。……外吏朝觐,诸蕃入贡,与夫百官使臣之复命、谢恩,若见若辞者,并鸿胪引奏"③。可见,在对外交往中,鸿胪寺主要负责引导朝贡使臣入朝之事,并"辨其等而教其跪拜仪节"④。以日本贡使为例,永乐二

---

① 本段引文皆来自太极藏主:《碧山日录》,史籍集览研究会编:《改订 史籍集览》第二十五册,Sumiya Shobo,1969年,第295页。

② 李贤:《中宪大夫南京都察院右佥都御史张公神道碑铭》,周骏富辑:《明代传记丛刊·名人类14》,明文书局,1991年,第181页。

③ 张廷玉等:《明史》卷七四《职官三》,中华书局,1976年,第1802页。

④ 张廷玉等:《明史》卷七四《职官三》,中华书局,1976年,第1802页。

年(1404)日使来贡,"帝益嘉之,遣鸿胪寺少卿潘赐偕中官王进赐其王九章冕服及钱钞、锦绮加等"①。日本宝德三年(1451),遣明使抵达北京后,也曾"入鸿胪寺习礼亭习朝参礼"②。因此,张楷在鸿胪寺任职期间,当有与宣德七年(1432)的遣明使接触的机会。而在当年的来使中,就有我们前面提及的翱之惠凤,据说他与张楷有过交往。③我们有理由推测,兰隐馨请张楷为《竹居清事》题跋,很可能是受了翱之惠凤的委托。事实上,翱之惠凤与多名遣明使素有交往,在他们入华之前,还为其中多人写过序,如《奉赠九渊禅师游大明国序》《送兰隐藏司之大明国序》《饯天与老人入大明国序》《送文明曦上人游大明国序》《送通事赵公文端三入大明国序》④,因此,遣明使在入华之前,很可能已从翱之惠凤处知道了张楷。前述陈内官在招待官员和遣明使的宴会上均邀请了张楷,可能也是因事先了解到了这一情况。

其次,张楷当时虽被解职,可声望仍在,在当地也算威名远扬。《行状》作者、宁波人张守陈对张楷的评价在一定程度上说明了这一点。更能说明问题的是,后藤居士在回国十二年后对张楷的评论:"御史张楷前为抗(杭)州察使,于时贼兵大发而攻抗(杭),楷知其泛滥不可御,而给举黄麻曰:'惟讨贼纶也。'是以士民尽属麾下,力死战,大克振旅。后坐于矫作诏书,而谪宁波府。不啻文学冠乎天下,雄略亦如此矣。有子曰伯、曰仁,共有父风。"⑤在后藤居士的眼中,张楷获罪的原因反而是其有谋略的表现,这种认识只能来自当地人。可见,张楷被削职并未影响乡人对他的推崇,他们更愿意相信,张楷获罪是有人"忌楷功"⑥。

再次,张楷善诗。虽然其人其诗后来遭到部分人的非议,在当时,却颇受海内外士人的喜爱,所谓"海内之士皆耳熟其名而口腴其诗。朝鲜、日本之使俱市

①　张廷玉等:《明史》卷三二二《日本传》,中华书局,1976年,第8345页。

②　笑云瑞欣:《允澎入唐记》,《续史籍集览》第一册,Sumiya Shobo,1970年,第529页。

③　玉村竹二:《日本禅僧渡海参学关系宗派图》,《日本禅宗史论集》(下之二),思文阁,2003年,第237页。

④　以上诸文见上村观光编:《五山文学全集》第三卷《竹居清事·序》,思文阁,1973年,第2806—2811页。

⑤　太极藏主:《碧山日录》,史籍集览研究会编:《改订 史籍集览》第二十五册,Sumiya Shobo,1969年,第295页。

⑥　嘉靖:《宁波府志》卷二八《张楷传》,第2240页。

其《和唐音》以归"[1]。日本临济宗圣一派僧季弘大叔(1421—1487)在其日记《蔗轩日录》"文明十八年(1486)七月八日"条中也提到"见子西所投之张式之《飯田稿》,慰病怀者为多"。虽《和唐音》现已不存,可其余著述至少还有三十四件藏在日本各地,其在日本的影响力不可小视。因此,遣明使争相请张楷题跋写赞,应当是源于张楷在文坛上的盛名。

最后,张楷"为人潇洒,心地坦夷","尤喜宾客,笃于友道"[2]。即使是被削职还乡,依然乐观豁达,与年轻的杨守陈"酣觞论文,继日以烛"[3]。这样的性格对身在异乡、渴望求师拜友的遣明使无疑是有吸引力的。

四、结语

通过对张楷与遣明使交游的考察,可以得出以下三点认识。

第一,遣明使除了完成政治上和经济上的使命,还担负着汲取中国文化的重要任务。他们是僧人,同时也是有着精深汉学修养的文化贵族,在汉诗文创作蔚然成风却鲜有赴日明僧的五山寺院,他们可能一直渴望有与中国名士直接交流的机会。这就注定了他们在入明后交往的对象不会仅限于僧侣,而且包括文人墨客,同时,在这种交往中,他们会显得更为积极主动。这种交流活动对直接受中国文化影响,并以汉诗文创作为核心的日本五山文学的繁荣无疑会起到促进作用。

第二,遣明使常携带师友著述入华,并请中国的高僧硕儒为其撰写序跋。这一方面体现了日本五山僧人对本国汉文学的自信;另一方面也说明我国文人志士的评价对抬高著述的地位有着不可低估的作用。以张楷为翱之惠凤题写的跋语为例,翱之惠凤在其《竹居清事》自序中说:"繇睹夫都台张先生楷公,以风流儒雅羽仪中朝,而尚见借绪余极至,颇有意于整齐,所谓女为喜己者容。

---

① 杨守陈:《杨文懿公文集》卷七《东观稿·南京右金都御史张公行状》,《四明丛书》第七集(民国四明张氏约园刊本),第18页。

② 李贤:《中宪大夫南京都察院右金都御史张公神道碑铭》,周骏富辑:《明代传记丛刊·名人类14》,明文书局,1991年,第184页。

③ 杨守陈:《杨文懿公文集》卷七《东观稿·祭张金都文》,《四明丛书》第七集(民国四明张氏约园刊本),第18—19页。

吁,斯人斯言,吾其赖焉,吾其足矣。有百华衮,吾奚言乎?"①张楷的溢美之词也影响了他人对翱之惠凤的评价,《翰林葫芦集》的作者、日本高僧景徐周麟(1440—1518)在《书〈西游集〉后》中说道:"大明前监察御史张式之题其后曰:'余喜其立论弘博、文采则丽,读之不能释手。'盛哉此言! 由是天下人信知倭国有此笔,千岁一人而已矣。"②再如,从前文提到的太极藏主"咸如先所闻也"的感叹中我们也不难发现,明人为《宝渚和尚语录》题词一事在五山禅林中流传甚广。

第三,明代前期,随着沿海边境倭患迭起,日本人在明人眼中的形象每况愈下。而因为日本来使皆为知识渊博的五山僧人,他们与中国文人的交游对中国人对日本的认识、对中日两国民间文化交流的展开,能起到正面的、积极的作用。

①　翱之惠凤:《竹居清事》,上村观光编:《五山文学全集》第三卷,思文阁,1973年,第2791页。

②　翱之惠凤:《竹居清事》,上村观光编:《五山文学全集》第三卷,思文阁,1973年,第2848页。

第四章 日本江户时期的儒学者及其经典诠释

第一节 日本江户时期的儒学

儒学是中华传统文化的核心内容,它以孔孟为源,诞生于先秦,兴盛于两汉,鼎新于宋明,演变于清朝,又在近现代得到了发展与转型。儒学经过两千多年的衍化,融汇成一种反映中华民族思想特质与传统风貌的民族文化。中国与日本受地缘因素的影响,自古以来在政治、经济、文化等方面交流频繁。儒学作为中国思想文化的重要组成部分,在5世纪时便已传入日本,但直到江户时期才进入鼎盛。从明清时期的中日文化交流史来看,作为当时社会的主流思想的朱子学与阳明学东渐日本,对日本的思想文化、历史发展产生了巨大的影响,其中,朱子学还成为德川幕府封建统治的重要理论基础。

探明江户时期儒家学派代表人物的思想特征,以及儒学对日本道德伦理、教育制度、民间习俗、幕府统治等方面的影响,一方面有助于加深我们对日本儒学的整体认知,另一方面也有助于我们从"他者"视角反观中国儒学,进而使儒学成为当今中日间文化交流的有效载体。

一、江户时期儒学的兴盛与学派的代表人物

学派的产生是儒学兴盛的重要表现。日本明治时期哲学家井上哲次郎(1856—1944)在其三部著作《日本阳明学派之哲学》《日本古学派之哲学》《日本朱子学派之哲学》中,将江户时期的儒学者划分为阳明学派、古学派、朱子学派,这些儒学者在学界影响甚广。日本的儒家学派在继承中国儒家思想的同时

也具有其自身的特点。从宏观上来看,可以说中国儒学注重的是道之"体",与此相对,日本儒学则重视道之"用";也可以说中国儒学使现实合乎先验之"理",而日本儒学则使"理"更靠近现实。①若从具体的人物思想来看,则即使被划分为同一学派,不同人物之间的思想特征也不尽相同。

(一)朱子学派

朱子学是南宋朱熹(1130—1200)及其门人后学的学术思想。朱熹,字元晦,号晦庵,生于南剑州尤溪(今福建省尤溪县),是宋代理学的集大成者,其思想核心是"理气一元论"与"性即理"。在朱熹哲学中,"理"是最高范畴,他认为"理"与"气"不相离,"理"先于"气"而存在,是物质世界的基础和根源,"气"是产生天地万物的原始物质存在。"性即理"是朱子学人性论的重要命题。朱熹发展了"二程"(即程颢、程颐)的理学思想,认为"理"是纯粹至善的道德标准,"性"源于"理",所以"性"为善,其具体内容就是仁、义、礼、智、信等道德标准。这就把封建道德伦理提高到天理的高度。

藤原惺窝(1561—1619)是日本近世儒学的创始者,其最大的贡献在于使儒学摆脱禅宗的束缚而独立发展。他从儒家立场批判佛学的修养论:"我儒如明镜,物来即应;释氏如暗镜,却弃绝物。镜中本来固有之明,而欲暗之,是害理也。"②在对"理"的解释上,藤原惺窝赞同朱熹的观点,主张"天道者理也。此理在天未赋于物曰天道,此理具于人心未应于事曰性,性亦理也。盖仁义礼智之性与夫元亨利贞之天道,异名而其实一也"③,并且同朱熹一样主张"理一分殊"。藤原惺窝生于江户儒学的草创期,为了使儒学从禅宗脱离,他并不排斥阳明学与陆九渊之学,也没有忽视汉唐旧儒学的作用,这就为儒学在日本的独立发展和广泛传播打下了坚实的基础。

林罗山,江户初期儒者,师从藤原惺窝,二十三岁时在藤原惺窝的推荐下入

---

① 日野龙夫:《江户的儒学》,Perikansha,2005年,第8页。

② 京都史迹会编:《罗山林先生文集》卷三二《惺窝答问》,平安考古学会,1918年,第347页。

③ 藤原惺窝著,林罗山、菅原玄同编:《惺窝文集·续编·五事之难》,岩濑文库藏书,1654年,第1页。

幕府为官。作为德川幕府的御用文人,林罗山开拓了广博的学问领域,以朱子学的合理主义,发挥了与时代相适应的进步作用,他也因此被称为"日本最初的朱子学者"。他独尊朱子学,其诗云:"朱子家风慕二程,千年道统有谁争?"[①]林罗山排斥阳明学:"王阳明之良知,则虽似顿悟,虽有高明,然不平易欤!"[②]此外,他还提倡神儒合一:"或问神道与儒道如何别之?曰:自我观之,理一而已矣。"[③]继林罗山之后,林家代代都在幕府担任儒官,林家朱子学也被奉为官学,对日本的政治、文化、外交等产生了重要影响。

江户中期儒者贝原益轩(1630—1714)早年钻研医学,且好陆王心学,持朱陆并取的立场。三十六岁时因读陈建《学蔀通辨》而弃陆从朱,以程朱之学为正统。他称朱熹为"真儒""振古豪杰",认为"古今天下之学者,无不以朱子为阶梯"[④]。然而到晚年时,他对朱子学产生了怀疑,而有《大疑录》两卷之作,表现出矫正朱学流弊之倾向。此外,益轩在实学方面也成果卓著,著有《大和本草》《养生训》《和俗童子训》等草本学、保健学、教育学著作。他博学洽闻,是江户时期屈指可数的大儒。

(二)阳明学派

王阳明(1472—1529),名守仁,号阳明,浙江余姚人,明代心学之集大成者。"心即理""知行合一""致良知"是王阳明思想的核心精髓。所谓"心即理",是将"理"看成"心"所具有的道德体现。"心"具有主宰义,支配着人的所有视听言动。人与天地万物为一体,故"心"也是天地万物之主,由此将外部之"理"内化为人心之中。"知行合一"强调的是"知"与"行"不可分割、相互包含的关系,它一方面要求人们通过践行来达到内在的明觉,另一方面也要求人们将内在之"知"通过行动推行于外。"致良知"是王阳明心学的主旨。"良知"是最高的本体,也是人与生俱来的是非之心,是每个人先验的道德准则。"致良知"就是充实、拓

---

①　京都史迹会编:《罗山林先生文集》卷六七《朱子》,平安考古学会,1918年,第262页。
②　京都史迹会编:《罗山林先生文集》卷六八《随笔四》,平安考古学会,1918年,第408页。
③　京都史迹会编:《罗山林先生文集》卷六六《随笔二》,平安考古学会,1918年,第360页。
④　益轩会编:《益轩全集》第三册《自娱集》第三卷,益轩全集刊行部,1911年,第256—257页。

展内心的良知于万事万物上,并要求人们依照良知去行动、实践。因此,"致良知"与"知行合一"具有内在的统一性。

江户时期最早接受阳明学的是中江藤树(1608—1648)。藤树原本研习朱子学,但在三十七岁时读了《王阳明全书》,便转而信奉阳明学。藤树虽然以阳明学为宗,但是在本体论与思想的逻辑结构方面有独到的见解。他将"孝"作为最高本体,认为"大虚本体之神灵在方寸者为孝"①,强调实践的重要性,主张根据时间、处所、地位进行变通。

藤树的弟子熊泽蕃山(1619—1691)对其师的思想进行了继承和发展,他说:"万物为人而生,我心则太虚也,天地四海亦在我心中。"②表现出明显的心学倾向。尽管如此,他对朱、王采取折中态度,主张两人各有所长、各有所短。他认为朱熹"可称大儒,又贤也。所作经传之注,古今一人之名人也",而王阳明"可称文武之士,名大将也,又贤也。阐述孟子良知良能之奥旨,立自反慎独之功,使后生学者之心向内,有助吾人之德不浅"。他认为朱熹之弊在于"过于寻文""着于文句之理而多失心",王阳明之弊则是"过于仁,过于约,有似异学悟道之流"③。因此蕃山说他自己"不取朱子,亦不取阳明,只取古之圣人也"④。蕃山不仅是一位儒者,还是一位政治实践家。他出仕冈山藩(今日本冈山县),参与藩政改革,提出了许多有价值的改革方策,影响深远。

江户中后期阳明学者佐藤一斋(1772—1859)曾在昌平坂学问所跟随林罗山的后代、当时的大学头林述斋(1768—1841)钻研朱子学。之后,一斋被任命为昌平坂学问所的儒官。他表面标榜朱子学,其实私下一直倾心阳明学,因而被世人称作"阳朱阴王"。从一斋的代表作《言志四录》中可以看出他的思想倾向。《言志四录》即《言志录》《言志后录》《言志晚录》《言志耋录》,是一斋后半生

---

① 中江藤树:《杂著》第五卷,藤树书院编:《藤树先生全集》第一册,岩波书店,1940年,第219页。

② 正宗敦夫编:《蕃山全集》第一册《集义和书》第一卷,蕃山全集刊行会,1941年,第10页。

③ 正宗敦夫编:《蕃山全集》第二册《集义外书》第六卷,蕃山全集刊行会,1941年,第106—107页。

④ 正宗敦夫编:《蕃山全集》第二册《集义外书》第八卷,蕃山全集刊行会,1941年,第143页。

的语录,即使在现代日本社会也很有影响力。一斋接受王阳明"心即理"思想,认为"心则天也……心之来处,乃太虚是已(矣)"①。一斋门下弟子众多,培养出了如佐久间象山、安积艮斋、渡边华山、横井小楠等活跃于幕末政治舞台的儒者。

大盐中斋(1793—1837,通称平八郎)是活跃于幕末的阳明学派代表儒者。曾担任大阪东町奉行所"与力"(类似管理治安的警察)的中斋,卸任后潜心研究阳明学。他特别注重阳明思想中最具有实践意义的"知行合一"思想。他虽与一斋从未谋面,但通过书信往来多次与一斋探讨阳明学,还在自家宅邸开设私塾——洗心洞讲学。在洗心洞学习的弟子中,除了武士、医生,还有农民。日本在天保四年(1833)至天保七年(1836)出现了大饥荒,关东地区天灾不断,农业歉收,商人囤积居奇,米价大幅上涨,下层百姓苦不堪言。中斋变卖藏书救济农民,并在天保八年(1837)二月十九日联合门人、贫民发动了起义,但因被告密,在起义当天便被镇压,中斋在逃亡一个多月后自杀。这次起义被称为"大盐平八郎之乱"。可以说,中斋的起义就是阳明学"知行合一"的一次践行,他的英勇事迹鼓舞了幕末维新志士。

(三)古学派

江户中期,日本儒学在发展过程中产生了新的动向,即古学思想的兴起。古学派虽然是当时日本思想界的新生力量,呈现出的却是复古的面貌。他们提倡摆脱后人的注疏,纯粹从孔子的思想中探求儒学的真谛。

古学派的三位代表人物是山鹿素行(1622—1685)、伊藤仁斋(1627—1705)、荻生徂徕(1666—1728)。他们认为中国的汉、唐、宋代的四书注释都违背了孔子的本意,倡导直接诵读古代中国的儒家经典。古学派力图从古典中找出对当时的现实生活有所助益的道理,他们的思想充分反映了日本文化和日本民族的心理特点,因此是日本儒学中最具特色的部分。

山鹿素行是日本古学派的先驱,同时他也作为兵学家开创山鹿流兵法,提

---

① 相良亨、沟口雄三、福永光司校注:《佐藤一斋　大盐中斋》,岩波书店,1980年,第224页。

倡武士道。他是日本历史上最早利用儒家思想来阐述武士道的人,并对武士的职能进行了详细的划分。素行反对朱熹"存天理,灭人欲"的观点,主张尊重人的真实情感,降低了"理"在思想价值体系中的地位。日本民族自古较为重视人的思想情感,素行的思想恰好迎合了日本民族的心理特征。素行著有《山鹿语录》《圣教要录》等,系统性地阐述了他的古学思想。素行虽然提倡返古,但是依旧使用朱熹对"四书"的注解,在古典文献学的研究方面并没有大的突破,因此,从严格意义上来讲,素行并不能被称为真正的古学家,只能说他是古学派的先驱。

伊藤仁斋是古学派之一的古义学派(亦称"崛川学派")的创始者。他的古学思想是将"天道"和"人道"相区别。朱子学认为"天人合一",是说天与人是统一的、相通的且不可分割的,而仁斋则切断了自然法则和人类生活的关联性。他主张"人伦日用之道",就是要人们将儒家的伦理道德彻底贯彻到现实生活的各个方面,更加重视人与人之间的关系,也对人的情欲持宽容的态度。仁斋对《论语》一书有一句非常有名的评价:"愚断以《论语》为最上至极宇宙第一书。"(《论语古义·纲领六》),由此可窥其思想之一隅。《童子问》《语孟字义》《论语古义》《孟子古义》等都是仁斋的名作。

荻生徂徕创立了古文辞学派(亦称"萱园学派")。他在《论语徵》中批判朱子学,又与仁斋的古义学思想对抗。在《弁道》中。徂徕阐述了中国古代圣人为了实现治国平天下的理想而采取的经世济民的方法,即"孔子之道"。在《弁名》中,徂徕为了阐明圣人之道,提出正物之名才是根本。因此,他对道、德、仁、智、圣、礼、义、天命、鬼神、理气、人欲、君子、小人等有关学问和政治的术语进行了研究。徂徕批判了宋儒关于"道"与天地共存的传统概念,对自然界与人类社会的不同规律加以区分,在当时的日本社会具有重大的现实意义。此外,徂徕也是幕府五代将军德川纲吉的重臣柳泽吉保的政治顾问。徂徕在他的著作《政谈》中深刻地揭露了八代将军德川吉宗统治下的幕藩体制的矛盾,并提出解决之策。因此,该书被认为是日本思想史中推进政治与宗教道德相分离的划时代之作。可以说这一时期是日本儒学发展的高峰期。

二、儒学对日本文化的影响

(一)对道德伦理的影响

儒学作为中国传统文化的主流思想在传入日本之后也逐渐渗透到当时日本人的思想和道德伦理中,这一点明显表现为儒学对日本武士道形成的重要影响。说起武士道,首先想到的也许是"二战"时期促使日本走向法西斯道路、给中国人民带来深重苦难的军国主义意识支配下的武士道,而此处所要论述的是传统的武士道精神,侧重于武士道在思想文化方面的意义。

武士产生于平安中期(10世纪),当时一些地方领主为了维护自身的利益而建立了私人武装。随着社会的发展,这种武装逐渐成熟,演变成专业的军事集团。源平争霸时,源赖朝消灭平氏,并于日本建久三年(1192)任征夷大将军,创立了日本历史上第一个武士政权——镰仓幕府。镰仓幕府的创立标志着武家政治的开始。从此,武士阶层开始在日本的政治舞台上活跃起来。在不断征战的乱世中,拥有特权的武士阶层变得粗犷、野蛮。为了规范武士的行为,必须有相应的道德标准对其进行约束,武士道便应运而生了。

到了江户时期,儒家思想的盛行加速了武士道的理论化。"严格地说来,在道德方面的约束上,孔孟之道才是武士道精神最丰富的源泉。"[1]孔子所主张的"君君,臣臣,父父,子子"(《论语·颜渊》)的伦理道德被武士道所吸收,儒家"仁"的思想在武士道精神中也得到了重视,而阳明学所提倡的"知行合一"亦成为武士学习的一个重要知识。儒学成为从理念全面制约武士言行的思想。[2]武士道作为一种道德规范,扎根于武士阶层的心中,无形地影响着每一个武士的思想和行动。

(二)对教育制度的影响

在日本历史上,江户时期是日本教育显著发展的时期,而儒学在日本教育

---

①　张万新:《日本武士道》,南方出版社,1998年,第9—10页。
②　相良亨:《日本的儒教I》,Perikansha,1996年,第19页。

的发展过程中起到了不可忽视的作用。在德川幕府的统治下,从中央到地方,从官学到私学,儒学皆是重要的学习内容。这一时期教育的一个明显特征是从过去的只重视武士阶层的教育转向重视平民阶层的启蒙。除了幕府和诸藩的教育机关,寺子屋和私塾等民间教育机关也开始兴起。

在中央,幕府设置了直辖的教育机构昌平坂学问所,主要教授朱子学。在地方,教育内容则较为多样化。诸藩开设了藩学,授课的内容以昌平坂学问所的课程为参照,对藩士和其子弟进行儒学教育。藩校的兴盛振兴了地方文化,也培养了一大批儒者与政治家。江户时期民间私塾也大量出现,其中教授儒学的代表性私塾有藤树创办的藤树书院、伊藤仁斋创办的古义堂,还有中井甃庵、中井竹山等创办的怀德堂,大盐中斋创办的洗心洞,以及广濑淡窗创办的咸宜园,等等。此外,寺子屋也是重要的教育机构。它起源于日本中世的寺院教育,江户时期以后,开始面向平民阶层,教授一些实际生活中必要的知识和技能。"四书五经"、《六谕衍义》等儒家经典作为教科书而被广泛使用。

(三)对民间习俗的影响

日本人也尊信孔子,在日本许多地方都有孔子庙,其中大部分是作为儒学学校的一部分而修建的。《续日本纪》记载,日本人早在701年就将孔子奉为学问道德之神,并在每年进行盛大的祭祀活动。日本元禄时期(1688—1703),幕府五代将军德川纲吉在江户城内修建了汤岛圣堂,以纪念孔子,鼓励儒学。现在里面还供奉着孔子像及四贤像——孟子、颜子、曾子、子思。在汤岛圣堂,每年4月都会举办祭祀孔子的传统仪式,即孔子祭。孔子祭已经成为日本的传统习俗之一。汤岛圣堂也被誉为"日本学校教育发祥地",每年的考试季,都有许多考生来这里祭拜"学问之神"孔子,以求考试合格。

另外,儒家提倡的土葬也对日本的葬仪习俗产生了影响。土葬是儒家所肯定的埋葬方式,而火葬是佛教所提倡的。根据儒家思想中有关阴阳的说法,人死之后魂与魄一分为二,魂属阳而升天,魄属阴而下地。因此设立牌位祭魂,而将死者的遗体埋于土中。受佛教葬仪影响,近世以前日本大多采用火葬,而到了江户时期,因儒家思想的普及,一些藩主、家老禁止藩内人民实行火葬,提倡土葬,如会津藩藩主保科正之,水户藩藩主德川光圀、德川齐昭,以及土佐藩家老野中兼山,等等。①虽然在现代日本社会中,出于包括土地资源、卫生防疫等方面的考虑,火葬率已大大高于土葬率,但1948年政府颁布的《关于墓地、埋葬等的法律》规定,火葬与土葬平等地受到法律保护。

(四)对幕府统治的影响

德川幕府以朱子学作为巩固政权的思想依据,但是德川家康最初是在武士纷争的最后阶段夺取政权的,采用的是儒家所批判的"霸道"手段。因此,借由朱子学而使幕府政权正统化的理论本身是充满矛盾的。到了江户后期,"佩里来航"打破了日本两百多年来闭关锁国的状态。德川幕府被迫宣布开国,与西方列强签订了不平等条约。在这样内忧外患的情况下,旨在推翻幕府统治的倒幕运动开始了。在倒幕运动中,武士尽忠的对象由原本的幕府将军、藩主转变为天皇,"尊王攘夷"的思想被广泛传播。

提出"尊王攘夷"口号的是后期水户学派。水户学的创始人是藤田幽谷(1774—1826)。幽谷将朱熹《通鉴纲目》中的大义名分论与《古事记》《日本书纪》的"神国观念"国体论相结合,撰写了《正名论》一文,强调"尊王"的重要性。之后,会泽正志斋(1782—1863)在《新论》中以国体论为纽带将"尊王"与"攘夷"相结合,将水户学派的"尊王攘夷"思想体系化。正志斋认为"尊王"是中心,"攘夷"是"尊王"的根本方法。他主张振奋民心,强化国防,克服内忧外患,实现国家的富强。在日本开国前,后期水户学派的"尊王攘夷"思想有一定的进步意义,他们反对外来侵略,唤醒了民族的危机感。因此,可以说水户学是明治维新的思想推动力,是近代天皇意识形态的作用力。②

但是他们所主张的"尊王"基本等同于"佐幕",并且"攘夷"也是以锁国为前提的,因此依旧带有一定的落后性。真正将"尊王攘夷"理论改造并用于实践的是开国以后的尊攘派武士,他们除了受到后期水户学派思想的影响,还接受了阳明学"知行合一""致良知"等心学思想。以吉田松阴(1830—1859)、西乡隆盛(1828—1877)等为代表的志士反对幕府将军的封建特权,主张恢复天皇的

---

① 西野光一:《关于明治六年火葬禁止令中的火葬观》,《佛教文化学会纪要》,1999年第8期,第92—115页。

② 吉田俊纯:《水户学和明治维新》,吉川弘文馆,2003年,第4页。

最高权威,为了变革而与民众结合,建立天皇制的统一国家。在"攘夷"方面,他们主张实行富国强兵等政策来挽救民族危机。

在明治维新的思想驱动要素中,既有西方思想又有日本国学思想,而儒学也是其中不可忽视的一部分。儒学在某一时期的繁荣与衰退,与政治需要密切相关。江户初期儒学的兴起是幕府维护封建统治的需要,而到了幕末,一般被视为阻碍国家近代化的儒学,在这种特定的历史环境中又转变为挽救民族危机的重要角色,同时加速了日本近代化进程。儒学虽产生于先秦,但只要将它与时俱进,依旧可以成为推动社会进步的行动指南。儒学是超越国界的,具有渗透性。当今,无论是在中国还是在日本,儒学渗透于人们日常生活的各个方面,潜移默化地影响着人们的思想与行为。

第二节　林罗山及其《大学谚解》

林罗山,名信胜,字子信,通称道春、又三郎,江户初期儒者,师从藤原惺窝。主要著述有《罗山林先生集》《三德抄》《春鉴抄》《本朝通鉴》《本朝神社考》等。作为德川幕府草创时期的思想家,林罗山开拓了广博的学问领域,以朱子学的合理主义,发挥了与时代相适应的进步作用。[1]他也因此被称为"日本最初的朱子学者",其功绩之一是使朱子学从禅宗中独立并得以发展。[2]林罗山对近世日本儒学的发展有着巨大的贡献。

《大学谚解》(又名《大学章句解》)是林罗山注解朱熹《大学章句》的著作。其写本现藏于日本国立公文书馆内阁文库,有上、中、下三册。据下卷末尾跋文"宽永七年庚午孟夏十四日　法印道春记"可知,该书完成于1630年林罗山四十八岁时。关于成书过程,林罗山有如下记述:

> 予长子叔胜幼读书,粗晓字义,且搜事迹。况又慕圣贤之道乎。

---

① 堀勇雄:《林罗山》,吉川弘文馆,1964年,第440页。

② 石田一良、金谷治校注:《前期幕藩体制的意识形态和朱子学派思想》,《日本思想大系28 藤原惺窝·林罗山》,岩波书店,1975年,第411页。

去夏俄物故。吁天丧我者欤。哀恸不止,才未至于丧明而已。若使叔胜在,则无由作《大学解》,叔胜既会得了也。今作之者,它日为授幼子也。此《谚解》本《章句》并《或问》,尊程朱也。考以郑注、孔疏、陆音,寻旧也。辅翼以《大全》《通考》《通义》《大成》《蒙引》,释《章句》也。参之以《知新日录》,林子《四书标摘》,管志道《释文》,杨、李《四书眼评》,备异说也。其间加己意而述其义,非敢拟议之。庶乎自此而上至于《章句》,推以及于圣经圣传之旨,则千岁之下,孔曾思孟之心在纸上而尽出者,岂它求哉? 于是可以得之矣。[①]

以上是《大学谚解》文末跋文,与《罗山林先生文集》所载《大学解跋》[②]内容相同。林罗山共有四子,长子叔胜与次子夭折,第三子春胜(林鹅峰,林罗山的后继者)与第四子守胜(读耕斋)分别生于1618年与1624年。林罗山在文中哀叹长子的早逝,并表明撰写此书的目的是教育幼子。由此可以看出他对《大学》的重视,以及对此书撰写所投入的精力。据林罗山所述,《大学谚解》是以朱熹《大学章句》与《大学或问》为基础,考证郑玄注、孔颖达疏、陆德明音义等汉唐旧注,参考明代胡广等纂修的《四书大全》[③]、元代王元善的《四书通考》[④]、元代程复心的《四书辑释章图通义大成》[⑤]、元代倪士毅的《重订四书辑释通义大成》、明代

---

①　林罗山:《大学谚解》下册。本文所用《大学谚解》版本为日本国立公文书馆所藏写本,原文无页码标注。

②　京都史迹会编:《罗山林先生文集》卷二,平安考古学会,1918年,第208—209页。

③　日本国立公文书馆所藏《鳌头评注四书大全》是胡广等纂修《四书大全》[徐九一太史订正,金阊五云居藏版,永乐十三年(1415)刊行]的和刻本(藤原惺窝辑,鹅饲石斋训点,刊行年不详),内容与其他版本有异同。林罗山使用此版本的可能性较大。本文后文论述相关内容,均以此版本为底本。

④　关于《通考》,在《大学谚解》中册"右经一章"一条可以看到"大全通考"的说法。《四库全书总目提要》中关于《四书大全》记载是:"其书因元倪士毅《四书辑释》稍加点窜。"并且能够从《四书大全》内容中确认其对《通考》的引用。另据顾永新:《从〈四书辑释〉的编刻看〈四书〉学学术史》,《北京大学学报》(哲学社会科学版),2006年第2期,第104—113页,明初已出现了包含王元善《通考》的《四书辑释》版本。由此推测林罗山所说的《通考》指的是王元善所著的《四书通考》。

⑤　关于《大成》,在《大学谚解》上册"三代之隆"一条中有"四书章图大成"一词;"大学之道"一条载:"此说章图大成二见ヘタリ。"另有多处出现"程复心"之名。由此推测《大成》指的是程复心的《四书辑释章图通义大成》。

蔡清的《四书蒙引》等著作,并添加林罗山自己观点的注解书。书中还以郑维岳的《四书知新日录》①,林兆恩的《四书标摘正义》,管志道的《大学释文》,杨起元、李贽的《四书眼评》②等明代著作为异说记载之。③在林罗山所处的江户初期,大量明代儒者的著作传入日本。林罗山作为德川幕府的重要文人,对从中国舶来的新学问怀有强烈的渴望。除了朱子学者的著述,他也广泛阅读了兴盛于明代中后期的阳明学与三教合一思想的著作。

《大学谚解》是研究林罗山思想的重要著作。本节以《大学谚解》为中心,重点分析林罗山对朱熹提出的三纲领与八条目中的"格物致知",以及"敬"的解释,试考察林罗山对朱子学的接受情况,以及其中所反映出的思想特点。

一、林罗山对三纲领的解释

《大学》的第一句:"大学之道,在明明德,在亲民,在止于至善。"朱熹据此将"明明德""亲民""止于至善"称为"大学之纲领"。以下逐一对比分析朱熹与林罗山对三纲领的解释。

(一)"明明德"

在《大学章句》中,朱熹解释"明明德"说:"明,明之也。明德者,人之所得乎天,而虚灵不昧,以具众理而应万事者也。"④朱熹的解释虽然简短,却赋予"明德"十分复杂的概念。

---

① 据锅岛亚朱华所考,在日本,林罗山的《大学谚解》是最早引用《四书知新日录》的著作。参见锅岛亚朱华:《明末〈四书〉注释本日本传来后的收容与影响——以〈四书知新日录〉为中心》,《日本汉文学研究在世界据点的构建》,2016年第11期,第1—25页。

② 《四书眼评》是《四书眼》与《四书评》的合纂本,且二者分别是伪作者假托杨起元和李贽之名所作。关于《四书眼评》的成书及作者问题,参见佐野公治:《四书学史的研究》,创文社,1988年,第267—275页。另外,大岛晃认为,林罗山对该书的成立与杨起元、李贽的思想并无特别关心,仅是抄写其说而已。参见大岛晃:《林罗山的朱子学——〈大学谚解〉的叙述的方法和态度》,《日本汉学研究试论——林罗山的儒学》,汲古书院,2017年,第153—154页。

③ 关于林罗山在《大学谚解》中使用的著作,参见大岛晃:《林罗山的朱子学——〈大学谚解〉的叙述的方法和态度》,汲古书院,2017年,第128—131页。

④ 朱熹:《四书章句集注》,中华书局,1983年,第3页。

　　"人之所得乎天"实际是从"性(理)"的角度来说的,"虚灵不昧""具众理""应万事"则又属于"心"的特性。朱熹本人有时肯定"明德"是"性",有弟子问:"明德便是仁义礼智之性否?"朱熹回答:"便是。"①但是有时他又否认。门人问:"'人心之灵,莫不有知;而天下之物,莫不有理。'恐明明德便是性。"朱熹回答:"不是如此。心与性自有分别。灵底是心,实底是性。灵便是那知觉底。"②

　　朱熹在解释"明德"时与"心"的概念又有所重复。他说:"心者,人之神明,所以具众理而应万事者也。"③"虚灵自是心之本体。"④如此看来,"明德"似乎又等同于"心"。

　　朱熹继承了孟子的思想,认为"心"与"性"是不相离的。他说:"此两个说着一个,则一个随到,元不可相离,亦自难与分别。舍心则无以见性,舍性又无以见心。故孟子言心性,每每相随说。"⑤所以"明德"的含义自然要从"心"与"性"两个方面来把握。但是,就其侧重点而言,朱熹还是偏向将"明德"放在"心"上谈。弟子问朱熹:"所谓仁义礼智是性,明德是主于心而言?"朱熹回答:"这个道理在心里光明照彻,无一毫不明。"⑥在论及"明德"时,一定不能离开"心"。

　　朱熹赞同邵康节的"心者,性之郭郭"⑦之说,将"心"作为"性(理)"的安放之处。"明德"就是去除人欲之私,纯善无恶,"理"在"心"中光明照彻的一种状态。

　　对于朱熹的解释,林罗山说:

　　　　明德者,心之名也。人生而所得乎天也。德者,得也,此理得于心而明也。云此心无色无形者为虚,云虚但有活动之征者为虚灵,云其明者为不昧也。人胸之方寸之中五常、四端、七情皆备,云所未发者为具众理,云其发而善通于诸事者为应万事也。⑧

---

①　黎靖德编:《朱子语类》第一册,中华书局,1994年,第260页。
②　黎靖德编:《朱子语类》第二册,中华书局,1994年,第323页。
③　朱熹:《四书章句集注》,中华书局,1983年,第349页。
④　黎靖德编:《朱子语类》第一册,中华书局,1994年,第87页。
⑤　黎靖德编:《朱子语类》第一册,中华书局,1994年,第88页。
⑥　黎靖德编:《朱子语类》第一册,中华书局,1994年,第260页。
⑦　黎靖德编:《朱子语类》第一册,中华书局,1994年,第64页。
⑧　林罗山:《大学谚解》上册,日本国立公文书馆所藏写本。

　　林罗山同样认为"明德"是人生来从天获得的。"德"即"得"，心得此理，光明
而不晦暗。"虚灵"则指的是无形无色的"心"的灵妙运动。他也将"心"视为包含
五常、四端、七情的容器，又发挥朱熹之说，以"心"之静而未发的状态为"具众
理"，以已发而合乎道理为"应万事"。但是林罗山直接将"心"的概念赋予"明
德"，认为"明德"是"心"之名，以"明德"指代"心"。这一点与朱熹是不同的。

　　在《四书跋·大学》中林罗山说："理乃心性也。心与性元一也。拘于形气，
敝于私欲，不能一之。是以圣人著《大学》书，教人欲使其心与理不二。"①他认
为，"心""性""理"原本是统一的。这是从本体论上来说的。然而"心"因为受到
混浊之气和私欲的影响而不能与"性""理"统一，《大学》的目的就是教人使"心"
与"理"合一。这是从功夫论意义上来说的。林罗山在继承和发挥朱熹思想的
同时，格外重视"心"在道德修养中的作用，强调从"心"上下功夫。

　　林罗山还将"虚灵"一词一分为二，以"虚"为心之本体，以"灵"为心之作用。
他说：

　　　　虚灵不昧者，兼云心之体用。具众理者，体也；应万事者，用也。
　　譬如镜也。鉴空者，虚也；其映万物形状者，灵也。镜晦暗时不映色与
　　形，明时能映也。此不昧也。人之心亦如此。辨善恶、知是非、分邪正
　　者，心本明之故也。具仁义忠孝之理，当为仁时则为仁，当为义时则为
　　义，对君忠，对父母孝。②

　　人心如同镜子，明辨是非善恶如镜之本明，乃是心之本体；能够依据仁义忠
孝之理来行动，则是心之灵妙的作用。他将儒家所说的"虚"与佛教、道教严格
区分，批判佛教、老庄提倡的虚无思想："佛氏、老氏虽也用虚，但虚而无也，虚而
不灵也。儒者之虚，虚而应，虚而灵活也。此其不同也。"③强调儒者所谓的"心"

①　京都史迹会编：《罗山林先生文集》卷五三《四书跋》，平安考古学会，1918年，第
172页。
②　林罗山：《大学谚解》上册，日本国立公文书馆所藏写本。
③　林罗山：《大学谚解》上册，日本国立公文书馆所藏写本。

可以应对万事。

朱熹在《大学章句》中注解:"明明德于天下者,使天下之人皆有以明其明德也。"①对此,林罗山解释说:

> 自明明德而推及于人,使其本来所具之德明也。非己独有,各所有之明德也。使其明之,故《章句》用"使"之字。此"使"之字,应附意而见。含有己与天下之人皆明之之意,又含治(修)、教之义。天下之人者,公、侯、卿大夫、元士等也。此皆明德,则天下平也。②

他没有把"使"字解释为使动用法,而是认为它是有具体意义的词。"天下之人"指的是公、侯、卿大夫、元士等有官职官位之人,只要这些人明其德,就可以达到"天下平"的目标。林罗山强调为政者的修养功夫,而非一般庶民的道德修养。他认为只要处于社会上层的统治阶级明自身之德,就可以实现社会安宁、天下太平。

(二)"亲民"

关于"亲民",朱熹依照程子之说,将"亲民"改为"新民",解释为:"新者,革其旧之谓也。言既自明其明德,又当推以及人,使之亦有以去其旧染之污也。"③"革其旧",指的是改掉因私欲而沾染的恶习,革新他人的道德意识。在朱熹看来,"新民"不仅可以唤醒他人的道德意识,使其恢复到本来纯粹至善的状态,更是他所提倡的治理人民的手段。他说:"致知至修身五件,是明明德事。齐家至平天下三件,是新民事。"④以"明明德"为修己之道,以"新民"为治人之法,用三纲领统摄全篇,从而构成他的"大学"思想体系。如果以"亲民"来解释,那么这样的整体结构将不能成立。林罗山遵循朱熹的解释,这样说道:

---

① 朱熹:《四书章句集注》,中华书局,1983年,第3页。
② 林罗山:《大学谚解》中册,日本国立公文书馆所藏写本。
③ 朱熹:《四书章句集注》,中华书局,1983年,第3页。
④ 黎靖德编:《朱子语类》第一册,中华书局,1994年,第308页。

云亲当作新者,程子之意也,非朱子始云矣。故引程子云也。以示非妄自改之也。"亲""新"古文相似,故有误写之例。《说文》亲_{古文亲}、新_{古文新}。按《尚书·金縢》作"新逆",陆氏《音义》作"马融本'新逆作亲逆'"。郑玄亦曰"亲逆"①。然《金縢》为"亲"误作"新"。《大学》为"新"误作"亲"也。以下之传文引《盘铭》之"日新",《康诰》之"新民",《诗》之"维新"而见之,作"新民"。确有道理也。②

林罗山支持程子、朱熹的解释,以"亲民"为"新民"。他以古文"亲""新"二字字形相似,《尚书·金縢》中有误写之例为证,推断《大学》中"亲民"亦为误写。他还认为《大学》的传文中也有"新"字出现,可以佐证之。此外,林罗山还说:"凡明朝诸儒,四书之注甚多,充栋汗牛,不胜枚举。故阳明、林兆恩、管氏之说大有不同故也。载于此,略广多闻。然无优于程朱。"③以程朱之说为正统,无人超越,而视王阳明、林兆恩、管志道等人的解释为异说。

(三)"止于至善"

关于《大学》三纲领之"止于至善",朱熹的《大学章句》解释说:"止者,必至于是而不迁之意。至善,则事理当然之极也。言明明德、新民,皆当至于至善之地而不迁。盖必其有以尽夫天理之极,而无一毫人欲之私也。"④"明明德"和"新民"是"止于至善"的两个阶段,"止于至善"是"明明德"和"新民"的最终目标和最高境界。

林罗山以朱熹的解释为基础,说:

止者,至于此而不迁之意也。至善者,事物之理自所当然之至极

---

① 《尚书·周书·金縢》:"今天动威以彰周公之德,惟朕小子其新逆,我国家礼亦宜之。"孔安国曰:"周公以成王未寤,故留东未还。改过自新,遣使者逆之,亦国家礼有德之宜也。"陆德明《经典释文·卷第四·尚书音义》:"新逆,马本作'亲迎'。"郑玄在《诗·东山》笺中说:"成王既得金縢之书,亲迎周公。"林罗山在此处误写作"亲逆"。

② 林罗山:《大学谚解》上册,日本国立公文书馆所藏写本。

③ 林罗山:《明德亲民异说》,《大学谚解》上册,日本国立公文书馆所藏写本。

④ 朱熹:《四书章句集注》,中华书局,1983年,第3页。

也。一切之理，善也，无丝毫之恶。故名理而为至善。善之至即理之极所也。明己之明德、新民，皆止于至善之极所而不可迁矣。云明德尽其理，新民亦尽其理者，为止于至善也。至于此，自无过不及之违。如此则必尽天理之至极，而无一毫人欲之私。此至善者，即中庸之"中"也。①

上述内容是林罗山对朱熹解释的铺陈和敷衍。"至善"就是理之极处，要实现"明明德"和"新民"，必须止于理的最高境界。他还将"至善"等同于"中庸"的"中"。

但是林罗山又补充说：

此处《大学章句》所云事理当然之极、天理之极者，此理备于事事物物者，事理也；得于天而存在于心者，天理也。本来一也。天理之字，出于《礼记》。又明德之外，非有至善。②

林罗山承认"理"不仅存在于人的心中，也存在于客观的事物中。人心中的"理"是"天理"，事物中的"理"是"事理"，但究其本源来讲，又只是同一个"理"，将伦理道德准则与事物的客观规律相统一。但是林罗山"事理当然之极"的"至善"只存在于"明德"之中的见解，显然不符合朱熹所说的"事事皆有至善处""至善，随处皆有"③的观点。他认为"明德（心）之外无至善"，这一解释与王阳明提倡的"心外无理（心即理）"有相同的旨趣。

王阳明曾批判后世之人不知"至善"在自己的心中："后之人惟其不知至善之在吾心，而用其私智以揣摸测度于其外，以为事事物物各有定理也。是以昧其是非之则，支离决裂，人欲肆而天理亡。明德亲民之学遂大乱于天下。"④他主张"至善"并不存在于事物之中，只存在于吾心之内。如果认为只在事事物物上

①　林罗山：《大学谚解》上册，日本国立公文书馆所藏写本。
②　林罗山：《大学谚解》上册，日本国立公文书馆所藏写本。
③　黎靖德编：《朱子语类》第一册，中华书局，1994年，第270页。
④　王守仁著，施邦曜辑评，王晓昕、赵平略点校：《大学问》，《阳明先生集要》（上），中华书局，2008年，第147页。

求"理",那么将招致是非颠倒,人欲横行,天理不存。

林罗山既继承朱熹之说,认为"明德"和"新民"中都有"至善",又与王阳明一样将"心"作为"至善"的落脚点,认为"至善"不在心外,只在心中。由此可以窥见林罗山思想中折中朱、王的倾向。

二、林罗山对"格物致知"的解释

众所周知,朱熹将"格物""致知""诚意""正心""修身""齐家""治国""平天下"作为《大学》的八条目。林罗山则将"平天下"换为"明德天下",说:"此八者,大学之条目也,明德天下、治国、齐家、修身、正心、诚意、致知、格物,合为八也。此为八条目。"[①]

朱熹对八条目中"格物""致知"的解释,是其功夫论的重要命题。下面笔者以这两个重要条目为中心,探讨林罗山对其解释的特点。

(一)"格物"

关于"格物",朱熹解释说:"格,至也。物,犹事也。穷至事物之理,欲其极处无不到也。"[②]林罗山对此句的解释如下:

> "格,至也"者,曾训为"イタル",此处训为"イタス"。"物,犹事也"者,有物即有事。天地者,物也;其功用者,事也。日月者,物也;光明者,事也。水火者,物也;炎润者,事也。于人而言,则君臣父子者,物也;忠孝者,事也。耳目者,物也;见闻者,事也。口舌手足者,物也;言动者,事也。于器物而言,则舟车者,物也;运行者,事也。故物者,事也。但事无形,物有形。无形则恐陷于空虚无用,用"物"之字使实之,使其理可知也。天地之间,有一物则有一事,必有一理。故云物理、云事理。穷究事事物物之理,至其至极之处者,云格物也。[③]

---

① 林罗山:《大学谚解》中册,日本国立公文书馆所藏写本。
② 朱熹:《四书章句集注》,中华书局,1983年,第4页。
③ 林罗山:《大学谚解》中册,日本国立公文书馆所藏写本。

从日文汉文训读来说,动词"至"一般训读为"いたる",但林罗山在此处训读为"いたす",意思是"穷究"。朱熹以"事"解释"物",而林罗山认为有"物"必有"事","物"有形而"事"无形。他将"物"解释为物质的、形而下的,如天地、日月、水火、君臣、父子、耳目、口舌、手足、舟车等。"事"则是抽象的、形而上的,是与"物"相对的,如功用、光明、炎润、忠孝、见闻、言动、运行等。此外,强调若无形质,则易流于虚空,将实质性的、具体的"物"置于优先的位置,"事"是"物"中之"事","理"是"气"中之"理",二者是统一的。在朱熹的哲学思想中,"理"是万物的本源,是人和物存在的根据,先有"理",然后才有"气"。林罗山则不同于朱熹理气二元论的思想,以"理"与"气"统一不可分,更强调物质性的"气"的重要性。这是林罗山理气一元论思想的体现。

尽管林罗山一直标榜朱子学一尊主义,但是也受到了明代理气一元论思想的影响。如明儒罗钦顺在《困知记》中认为:"气聚而生,形而为有,有此物即有此理。气散而死,终归于无,无此物即无此理。"①"理只是气之理"②即主张"理"是"气"中之理,"理"不能离开"气"而存在的理气论。在林罗山的"既见书目"中有罗钦顺所著《困知记》一书③,从日本国立公文书馆中也可以看到林罗山手抄版《困知记》。

(二)"致知"

关于"致知",朱熹解释说:"致,推极也。知,犹识也。推极吾之知识,欲其所知无不尽也。"④朱熹将"致"解释为"推极",将"知"解释为"知识"。王阳明批判朱熹将"知"解释为"知识",他说:"致知云者,非若后儒所谓充广其知识之谓也,致吾心之良知焉耳。良知者,孟子所谓是非之心,人皆有之者也。"⑤其提出

---

① 罗钦顺:《困知记》,中华书局,1990年,第30页。

② 罗钦顺:《困知记》,中华书局,1990年,第68页。

③ 关于罗钦顺思想的研究,参见佐藤炼太郎:《明代"气学"的先驱——罗钦顺》,桥下高胜编:《中国思想的发展》(下),晃洋书房,2006年,第15—21页。关于《困知记》对林罗山思想的影响,参见阿部吉雄:《日本朱子学和朝鲜》,东京大学出版会,1965年,第179—180页。

④ 朱熹:《四书章句集注》,中华书局,1983年,第4页。

⑤ 王守仁著,施邦曜辑评,王晓昕、赵平略点校:《大学问》,《阳明先生集要》(上),中华书局,2008年,第150页。

"致良知"说,即实现、发挥人本来所具有的明辨善恶的道德判断力。"致良知"是阳明思想的核心概念。

林罗山认为良知说并非王阳明始创,在阳明之前已有学者提出此说:

> 阳明曰:"致知者,在格物。"以"知"为"良知",致吾心之良知。人皆以为良知之说始于阳明,不然。《大全》附纂引吴氏季子之说,云致良知。又《蒙引》亦云致良知。《蒙引》者,蔡清作于弘治甲子之岁,有自序①。阳明嘉靖八年己丑病死。自弘治甲子,二十六年后也。然良知之说非始于阳明。阳明只专谈良知,故其门人立良知之学。②

林罗山并不反对把"致知"解释为"致良知",只是否定王阳明是良知说的首创者。他指出,《四书大全》中的吴氏季子和蔡清《四书蒙引》中都提出了"致良知"的解释。《四书大全》成书于永乐十三年(1415),是明成祖朱棣命翰林院学士胡广等耗时一年编纂而成的。它几乎涵盖了宋元理学家对四书解说的所有内容,在明代作为庠序之教的范本,儒生修业出仕的标准被格外重视。蔡清(1453—1508),字介夫,号虚斋,明代著名的思想家,继承和发展了程朱理学。其著作《四书蒙引》被视为本于朱熹的《四书章句集注》,为科举考试而作之书。林罗山认为,依照蔡清自序所说,《四书蒙引》撰写于弘治甲子(1504),而王阳明卒于嘉靖八年(1529),因此良知说并非始于王阳明。人们之所以认为良知说是由王阳明最早提出的,是因为王阳明专谈良知,其门人又以此立学。虽然林罗山如此立论明显缺乏说服力,但根据钱德洪所编《王文成公年谱》的记载,王阳

---

① 《四书蒙引》(日本国立公文书馆所藏本)中《虚斋先生旧续蒙引初稿序》文末载:"弘治甲子岁七月朔,晋江蔡清书。"关于《四书蒙引》(共十五卷),《四库提要》中记载:"此书先有稿本失去,乃更加缀录,久而复得原稿。参会所录,重复过半。又有前后异见者,欲删正而未暇,乃题为蒙引初稿,以明其非定说。有所自作序,见虚斋集中。嘉靖间武进庄煦参校二稿,刊削冗复,十去三四,辑成一书。而梓行之书末又别附一册,则煦与学录王升商榷订定之语也。"现在日本国立公文书馆所藏《四书蒙引》(旧藏者:林罗山,且《大学章句序》末尾有"道春涂朱"字样)为蔡清著,敖鲲重订刊本,内容与《四库全书》所收版本有异,且卷首载"虚斋蔡先生四书蒙引初稿序",《重刊四书蒙引叙》一文末尾有:"嘉靖丁亥(1527)中秋日,次崖林希元撰。"《四库全书》所收版本中未见此内容。本文以日本国立公文书馆所藏写本为底本。

② 林罗山:《明德亲民异说》,《大学谚解》中册,日本国立公文书馆所藏写本。

明是在正德十六年（1521）始揭"致良知"之教，的确在《四书蒙引》之后。

林罗山还依据《四书大全》与《四书蒙引》解释"致知"的含义，他说：

> 致知时，知善恶、分邪正者，如见黑白。故欲诚意，则先致其知而穷极也。知者，心之神明，即心之灵也。[1]《大全》载吴氏季子之说，引《孟子》之"良知"，人虽生而知良知，却不能推而广之。致而推极之，致之而穷极，则良知自现也。《蒙引》亦曰"吾之知识是元有底。所谓人心之灵，莫不有知，乃良知也"云云。[2]

林罗山以《四书蒙引》与《四书大全》的解释为基础，解释"知"为"心之神明""心之灵"，是人与生俱来能够辨别是非善恶的"良知"，所以"致知"的意思就是推广至良知自然显现。他所引用的吴氏季子之说原文如下：

> 曰格物、曰致知，虽两节而实一事也。外格乎物，所以内致其知。物理无一之不明，则良知无一之不尽矣。孟子曰："人之所不虑而知者，其良知也。"良知之天，与生俱生，人皆有之。……"凡物之皆备于我"者，旦旦而格之，不研其精不已也。夫如是，则随其所触皆足以发吾之良知矣。[3]

"格物"与"致知"虽是两个条目，但实际是一件事。通过明外物之理，以发现并穷尽自身天生具有的良知。这一解释源自《孟子·尽心上》的"良知良能说"及"万物皆备于我"的思想，并未采纳朱熹以"知"为"知识"之解。

再来看林罗山在上文提到的蔡清《四书蒙引》的原文。

---

① 出自蔡清：《四书蒙引·大学·卷之一》，第77页："知者，心之神明，即心之灵也。朱子曰：神是恁地精彩，明是恁地光明。"四库本未见此内容。

② 林罗山：《大学谚解》中册，日本国立公文书馆所藏写本。

③ 藤原惺窝辑，鹈饲石斋训点：《鳌头评注四书大全·大学章句》，第23—24页。另，吴氏季子的情况未详。

致知者，"推极吾之知识，欲其所知无不尽也"。吾之知识是元有底。所谓人心之灵，莫不有知，乃良知也。然良知只是赤子之心，未能扩而充之，以至于无所不知。故必推而极之，使其表里洞然，无所不尽。然后为能尽乎此心之量也。①

　　蔡清摘录了朱熹对"致知"的解释，但他将"知识"解释为人心中原本具有的良知。良知就是"赤子之心"，有待扩充以达到无所不知，所以"致知"就是推广、究极良知，最终实现尽心。

　　由上述情况可知，林罗山已经出现向重视人的主体性的阳明学倾斜的思想，但他还是主张朱子学者提倡"致良知"说先于王阳明，以显示出朱子学相对于王学的优越性。这是林罗山对阳明学持有门户之见的体现。

　　此外，对于"知"与"行"，即"良知"与"实践"的关系，林罗山说："定、静、安、虑、得之字与格、至、诚、正、修、齐、治、平之字相应，知行合一、内外不二也。"②其中的"定、静、安、虑、得"出自《大学》"知止而后有定，定而后能静，静而后能安，安而后能虑，虑而后能得"一句。林罗山将这五个字与八条目相对应，认为在八条目的修养功夫中，内在的"良知"与外在的"实践"是密不可分的，要把知与行统一起来。"知行合一"是阳明学认识论和实践论的重要命题，是针对朱熹"知先行后"所提出的。林罗山还说："物有本末，此即以明德为本，新民为末；以知为始，以行为终，知行不相背，合内外之道也。"③折中了朱子学与阳明学的解释。

三、林罗山对"敬"的解释

　　"敬"是朱子学中重要的修养方法。朱熹继承程颐的思想，认为"敬"就是"主一无适"④，是"一心之主宰，而万事之本根也"⑤。他把"敬"当作"圣门第一

---

① 蔡清：《四书蒙引·大学·卷之一》，第77页。
② 林罗山：《大学谚解》中册，日本国立公文书馆所藏写本。
③ 林罗山：《大学谚解》中册，日本国立公文书馆所藏写本。
④ 朱熹：《四书章句集注》，中华书局，1983年，第49页。
⑤ 朱熹：《大学或问》，《朱子全书》第六册，上海古籍出版社、安徽教育出版社，2002年，第506页。

义",是"真圣门之纲领,存养之要法"①,强调"格物"要从"敬"开始,"大学须自格物入,格物从敬入最好。只敬便能格物"②。

林罗山也非常重视"敬"的修养功夫。他在《敬止斋记》中说:"《大学》之明德、新民、至善,何也? 敬止是已。"③在《敬义说》中说:"格物、致知、诚意、正心,悉是敬也。"④将《大学》三纲领和八条目中的四项都归一为"敬"的功夫。他在《大学谚解》中说道:

> 有敬则有心,无敬则无心,无心则无事无物。《大学》所谓"心不在焉,视而不见,听而不闻",《中庸》所谓"不诚无物"者是也。一身之动,一息之呼吸,无不用心。故称"心"为"真君"、为"天君"。……天下之所有事,何者不出于心?⑤

他以"敬"为"心"得以存在的前提,而万事万物又皆出自"心"。"心"如果不存在,那么事物、理也将不复存在。这是他重视"敬"的理由。在朱子学中"理"被作为万物存在根据,是最高范畴,而林罗山则是将"心"视为万物的本源。林罗山一方面将"心"作为人的思维器官,另一方面又将其视为"真君""天君",把"心"看作一种超自然的存在。

对于"心"与"理"的关系,林罗山说:"理之体者,心之体也。理之用者,心之用也。理与心不二,故穷尽物理则知至,故心之体用明而不晦。此云物格,云知至也。"⑥以"理"与"心"相统一,"理"之体用即"心"之体用。林罗山这一思想与王阳明提出的"心外无理,心外无事"⑦思想意旨相同。

---

① 黎靖德编:《朱子语类》第一册,中华书局,1994年,第210页。
② 黎靖德编:《朱子语类》第一册,中华书局,1994年,第269页。
③ 京都史迹会编:《罗山林先生文集》卷一七《敬止斋记》,平安考古学会,1918年,第189页。
④ 京都史迹会编:《罗山林先生文集》卷二七《敬义说》,平安考古学会,1918年,第311页。
⑤ 林罗山:《大学谚解》中册,日本国立公文书馆所藏写本。
⑥ 林罗山:《大学谚解》中册,日本国立公文书馆所藏写本。
⑦ 王守仁著,王晓昕、赵平略点校:《传习录》,《王文成公全书》第一册,中华书局,2015年,第19页。

四、结语

尽管林罗山的《大学谚解》是对朱熹《大学章句》的逐句解释,但通过对其内容的分析可以知道,林罗山虽然崇尚程朱之学,但他的思想中也显露出了一定的心学色彩,以及折中朱、王的倾向。以往的研究认为,林罗山在其师藤原惺窝去世后的1621—1622年间从王阳明的理气论中脱离出来,定着于朱熹的理气二元论。[①]然而在这部成书于日本宽永七年(1630)的《大学谚解》中,林罗山虽然表面批判王阳明之说,但是他的思想无疑受到了阳明学及明代理气论的影响。

林罗山对朱子学的接受和改造具有明显的时代特征。他为贯彻朱子学一尊主义而不断努力,对程朱之学不加任何批判之辞。在江户初期,对于封建统治者来说,提倡朱子学有利于政权巩固和社会安定。而且,当时的李氏朝鲜也将朱子学奉为官学。在丰臣秀吉出兵朝鲜(1592—1598)之后,日本企图挑战自古以来以中国为中心的东亚秩序,除了强化军事实力,也有必要在学问与思想上与中国和朝鲜对抗。然而与已经成为明朝科举标准的朱子学相比,重视"心"及主体实践性的明代心学(阳明学),虽然具有时代进步性和较强的思想影响力,却不符合为政者维持统治体制的需要。林罗山在继承和修正朱子学思想的同时,顺应时代的变化也接受了一部分心学思想,表现出了折中朱、王思想的特点,这也成为日本近世儒学的重要特色。

第三节　林鹅峰及其《论语集注私考》

林鹅峰,江户前期的儒学家,林罗山的第三子,名春胜,后改名恕,取自《论语·里仁》的"忠恕之道"一句,字子和、之道,号春斋、鹅峰、向阳轩等。首先,笔者根据日本国立公文书馆所藏《鹅峰先生林学士集》(共二百四十卷)附录所载

---

① 关于此点的详细论述,参见石田一良:《前期幕藩体制的意识形态和朱子学派思想》,石田一良、金谷治校注:《日本思想大系28 藤原惺窝·林罗山》,岩波书店,1975年,第423页。

《自叙谱略》,略述他的生平。

日本元和四年(1618),林鹅峰生于京都新町宅。在他三岁和十二岁时,次兄长吉、长兄敬吉先后夭折。十三岁时通习五经,林罗山为他讲解《尚书》《左传》等。十四岁时读《史记》《汉书》《十八史略》等史书。十五岁时读《大学谚解》(林罗山著,别名《大学章句解》,现有日本国立公文书馆所藏写本三册),以及《论语》《孟子》《中庸》《四书大全》等"四书"著述。十六岁听那波活所(字道圆,藤原惺窝弟子)讲《孟子》及《春秋胡氏传》。十八岁时于汤岛圣堂讲《论语》首章。二十三岁至四十五岁,讲解《诗经集传》《书经蔡传》《春秋胡氏传》《礼记》《易学启蒙》《周易本义》等著述。四十四岁时,与其父林罗山一样,被授予僧侣法印称号。在两年后的日本宽文三年(1663)十二月二十六日,幕府仿照唐朝官署"弘文馆",改林家家塾为"弘文院",赐林鹅峰弘文院学士号。至此,林鹅峰从形式上摆脱了僧侣之名号,其儒者身份被幕府真正认同。四十七岁至五十三岁的七年间,林鹅峰将心血用于编纂汉文编年体史书《本朝通鉴》(共三百一十卷)。之后,林鹅峰重开阅读讲书、编著工作,先后著《诗经私考》《朱子感兴诗私考》《本朝言行录》《论语谚解》《孟子谚解》,以及《毛诗序私考》《尚书序私考》《左传序私考》《西铭私考》等。日本延宝八年(1680),因病逝世,享年六十三岁。林鹅峰一生博览群书,涉猎广泛,除上述著述以外,还编纂了《罗山林先生集》(共一百五十卷,附录五卷)、《凤冈林先生全集》(共一百二十卷)等。

日本国立公文书馆所藏《论语集注私考》是林鹅峰诠释《论语》的著作。全书用汉文撰写,分为上、中、下三册。上册是对朱熹《论语序说》的解释;中册是对《学而》篇(第一章至第四章)和《为政》篇(第一章至第三章、第九章至第十五章)的解释;下册是对《八佾》篇(第一章至第四章、第十四章至第十九章)和《里仁》篇(第一章至第五章)的解释。本书并未对朱熹的《论语集注》全文进行解释,除了对《论语序说》做了全文解释之外,其余则是从《论语》前四篇中摘出部分章节加以解说。

从目前的研究来看,关于林鹅峰对《论语》的解释的研究尚处于空白。本节以《论语集注私考》为中心,考察林鹅峰对明代著作的引用情况,并对照朱熹的《论语集注》,分析林鹅峰诠释《论语》的特征。

一、明代著作的引用

翻阅《论语集注私考》可以发现其中有大量内容引用了明代著作或学者之说。以下通过《论语》的含义、《论语》的编纂者,以及有关孔子的身世这三个部分的解释,分析林鹅峰对明代著作抱持的看法和态度。

(一)《论语》的含义

关于《论语》一词的解释,最早见于班固《汉书·艺文志》:"《论语》者,孔子应答弟子、时人,及弟子相与言而接闻于夫子之语也。当时弟子各有所记,夫子既卒,门人相与辑而论纂,故谓之《论语》。"①解释"论"字为编辑、论纂。林鹅峰解释说:"《汉书·艺文志》曰:论,撰也,次也。圣门弟子撰次孔子问答之语。故名焉。"②这一解释并非《艺文志》的原文引用,而是以《鳌头评注四书大全》中吴程(生卒年不详)之说"吴氏程曰:'论,撰也,次也。撰次孔子及弟子语也'"③为根据的。林鹅峰在他的另一部著作《论语序说考解》中也有论及:"今按吴程之说,本于《汉书》。'论语'二字之义,是为正说。"④同样以吴程之说为正确合理的解释。用"撰""次"来解释"论"之意,并非始于吴程。《论语注疏解经序序解》所引郑玄注中已经使用了这两个字:"论者,纶也、轮也、理也、次也、撰也。"⑤但是林鹅峰认为二者并不完全相同:"今按吴程'撰次'说,'撰'郑玄五说而取之也。然'次'字之义不同。"⑥吴程所用"撰"字虽然取自郑玄之说,但"次"的意思与之不同。但究竟有何不同,未有论及。

《四书大全》成书于永乐十三年(1415),是明成祖朱棣命翰林院学士胡广等

---

① 班固撰,颜师古注:《汉书》第六册,中华书局,1962年,第1717页。

② 林鹅峰:《论语集注私考》上册,日本国立公文书馆所藏写本,第1页。

③ 《鳌头评注四书大全·论语大全》第一卷《论语集注大全·卷之一》,日本国立公文书馆所藏本,第1页。该书是明代胡广等编的《四书大全》(徐九一太史订正,金阊五云居藏版,永乐十三年刊行)的和刻本(藤原惺窝辑、鹈饲石斋训点、刊行年未详),内容与其他版本有所不同,林鹅峰参考的应是此和刻本。本文以下所引《大全》均指《鳌头评注四书大全》。

④ 林鹅峰:《论语序说考解》上册,日本国立公文书馆所藏写本,本文所用版本为日本国立公文书馆所藏写本,原文无页码标注。

⑤ 李学勤主编:《十三经注疏 整理本23 论语注疏》,北京大学出版社,2000年,第2页。

⑥ 林鹅峰:《论语序说考解》上册,日本国立公文书馆所藏写本。

耗时一年编纂而成的。它几乎涵盖了宋元理学家对"四书"解说的所有内容,在明代作为庠序之教的范本,儒生修业出仕的标准被格外重视。《四书大全》虽是奉敕而作,但颇受中国后世学者的非议。与林鹅峰同时代的明末清初思想家顾炎武(1613—1682)与王夫之(1619—1692)都对其严厉指摘。在《日知录》中,顾炎武批评其是经学之废的开端:"此书(《四书五经大全》)……仅取已成之书,抄誊一过。上欺朝廷,下诳士子。……经学之废,实自此始。"①王夫之所著《读四书大全说》,亦批判其损害《论语集注》之精神。②《四书大全》收录于《四库全书》,四库馆臣则评价其丧失了先儒之本意:"盖自高头讲章一行,非惟孔、曾、思、孟之本旨亡,并朱子之《四书》亦亡矣!"③

但是林罗山把此书视为本于朱熹《论语集注》之作,给予了极高的关注:

> (罗山先生)又曰:朱子作《论语集注》并《或问》,加《学》《庸》《孟子》以为四书,今所行《集注》是也。历代先儒之注释多多,然无超于《集注》。故明太宗命名儒四十余人,本于《集注》,分附诸家说为《四书大全》。④

林鹅峰也给予《四书大全》很高的评价:"夫《四书五经大全》者,永乐天子之所辑,专以程朱之说为主,当时名儒之公论也。"⑤林罗山父子认为《四书大全》是永乐帝敕命之作,所载皆为宋元名儒公正之论。综观整部《论语集注私考》,林鹅峰对《四书大全》的引用有一百余处,可见他对这部著作的重视。因此,对"论

---

① 顾炎武:《日知录》(四库全书·子部十·杂家类二)第十八卷《四书五经大全》,第14—15页。

② 参见佐藤炼太郎:《王夫之〈读四书大全说〉——〈集注〉支持和〈集注大全〉批判》,松川健二编:《论语的思想史》,汲古书院,1994年,第346—367页(中文版:林庆彰等合译:《论语思想史》,万卷楼图书公司,2006年)。

③ 永瑢、纪昀等:《四库全书总目》卷三六·经部·四书类二《附案语》,中华书局,1965年,第307页。

④ 林鹅峰:《论语集注私考》上册,日本国立公文书馆所藏写本,第3页。另,引文中的《集注》指的是《论语集注》,下同。

⑤ 林鹅峰:《鹅峰林学士文集》,《近世儒家文集集成》第十二卷上,Perikansha,1997年,第499页。

语"之意的解释,以此书所载吴程之说为正。那么为何要将吴程的解释与郑玄注区别看待呢? 林鹅峰在《论语序说考解》中有如下记述:

> 本朝古来讲《论语》者,用何晏、邢昺注疏。朱子《四书章句集注》传来之后,藤兼良公并清家之徒虽《学》《庸》用朱子之注,《论》《孟》犹用古注。先考(罗山)十八岁时,于京都四条町宅始讲《论语集注》。[1]

据林鹅峰所言,在林罗山之前,藤原兼良及专攻明经道的清原家虽然也用朱熹新注讲解"四书",但是采用新注与古注折中的方式,以朱注讲《大学》《中庸》,以古注讲《论语》《孟子》。林罗山首开先河,讲朱熹《论语集注》。然而,朱熹在《论语集注》中没有解释"论语"二字之意。林罗山父子为了与清原家等的学问相区别,采用了《四书大全》中吴程之说来解释。

日本室町时期以后,在大学寮讲授经书的工作由清原家担任。他们对朱熹的《大学章句》《中庸章句》加以训点,著有《大学抄》《中庸抄》等抄物。而对于《论语》《孟子》,则不依照朱熹的《论语集注》《孟子集注》,继续沿用汉唐古注。但是在清原家的《论语抄》中,大约有三成的讲解内容使用了朱注。[2]

(二)《论语》的编纂者

有关《论语》成于何人之手,一直以来众说纷纭。[3]除了上述《汉书·艺文志》有所论及,还有以下几种说法。《论语注疏解经序》引郑玄云:"仲弓、子游、子夏等撰定。"[4]中唐时期柳宗元说:"盖乐正子春、子思之徒与为之尔。"[5]南宋陆九渊

① 林鹅峰:《论语序说考解》上册,日本国立公文书馆所藏写本。
② 关于清原家经学的详情,参见水上雅晴:《清原家的〈论语〉解释——以清原宣贤为中心》,《北海道大学文学研究科纪要》,2008年第125期,第65—118页,以及《清原宣贤的经学——古阐释的护持和新阐释的接受》,《琉球大学教育学部纪要》,2010年第76期,第51—65页。
③ 参见武内义雄:《论语之研究》,岩波书店,1939年;伊东伦厚:《〈论语〉的成立和传承》,松川健二编:《论语的思想史》,汲古书院,1994年,第3—20页(中文版:林庆彰等合译:《论语思想史》,万卷楼图书公司,2006年)。
④ 李学勤主编:《十三经注疏 整理本23 论语注疏》,北京大学出版社,2000年,第2页。
⑤ 柳宗元:《柳河东集·卷四·论语辩》,上海人民出版社,1974年,第68页。

说："王肃、郑康成谓《论语》乃子贡、子游所编,亦有可考者。"①朱熹《论语集注》引程伊川之说,认为:"《论语》之书,成于有子、曾子之门人,故其书独二子以子称。"②

关于《论语》编纂者,林鹅峰说:

> 魏何晏《集解序》曰:"鲁《论语》二十篇,皆孔子弟子诸善言也。"一说曰:"子贡、子游之辈③著此书。"宋陆九渊取此说,然不有正证。或曰:"仲弓之辈作之。"柳宗元曰:"曾子门人乐正子春、子思等集之。"④

林鹅峰在此处仅否定了陆九渊的说法,认为其没有确凿的证据,但是对于其他说法,并没有给予评价。他还引明代张燧(生卒年不详)《千百年眼》之说:

> 《千百年眼》云:《论语》所记孔子与人问答,比及门弟子,皆斥其名,未称字者,虽颜、冉高弟,亦曰回、雍,至闵子独云子骞,终此书无指名。然则《论语》出于曾子、有子之门人,又安知不出于闵氏之门人耶?⑤

该段文字引自《千百年眼》(共十二卷)卷二《〈论语〉出闵子门人手》一文。张燧认为孔子高弟颜渊、冉有在《论语》中只称其名而不称其字,唯有闵子骞被称字,因此《论语》是闵子骞弟子所作的。他的这一说法主要反对的是朱熹与程伊川的观点。《千百年眼》在清代被视为禁书,列在"四库全书全毁书目"中,被认为是反对程朱之学的心学性质的书。此书于明末清初时传入日本,在日本影响很大。⑥

---

① 陆九渊著,钟哲点校:《陆九渊集》卷三五《语录下》,中华书局,1980年,第476页。
② 朱熹:《四书章句集注》,中华书局,1983年,第43页。
③ 原文作"等",笔者据文意改为"辈"。
④ 林鹅峰:《论语集注私考》上册,日本国立公文书馆所藏写本,第1页。
⑤ 林鹅峰:《论语集注私考》上册,日本国立公文书馆所藏写本,第2页。
⑥ 朱志先:《张燧〈千百年眼〉在日本的传播与接受》,《史志学刊》,2015年第4期,第80—84页。

林鹅峰对此著作究竟持怎样的观点？在《鹅峰林学士文集》（以下简称《文集》）第五十六卷《论语》一文中，林鹅峰以对文回答林罗山说："此书（《论语》）撰者诸说皆非也。程子曰'成于有子、曾子之门人'，以是为正而可也。"[①]显然林鹅峰是赞同程伊川之说的。在《文集》第四十八卷《论千百年眼》一文中，他还批判作者张燧说："阳尊朱子，或称先生，或称夫子，而不信其学术，却推举象山、阳明，且以老庄、释氏为非异端。其眼何明乎？……故今一览之后，缄封之藏于箧底，不使儿辈见之。"[②]因此，林鹅峰虽然在《论语集注私考》中引用了《千百年眼》，但实际并不赞同此说。他对心学一系的著作还是加以严格区别和排斥的。

（三）关于孔子

朱熹在《论语序说》中引《史记·孔子世家》曰："孔子名丘，字仲尼。其先宋人。父叔梁纥，母颜氏。以鲁襄公二十二年，庚戌之岁，十一月庚子，生孔子于鲁昌平乡陬邑。"[③]关于"子"字，何晏在《论语注疏·学而篇》中引马融之说，解释为"男子之通称"[④]。这是对孔子称谓的一般看法。林罗山也说："凡指先儒称'子'者，崇之也。颜、曾、思、孟皆称'子'。且后世董子、韩子之类，周、程、张、朱皆称'子'者，皆是师尊之词也。"[⑤]而林鹅峰引《孔圣全书》说：

> 孔氏出自子姓。自契至汤，自汤至微子启，自启至正考父，凡三十七世，皆从子姓。考父之子孔父嘉[⑥]别为公族，其子孙遂以孔为氏。故孔子尝自谓曰丘，殷人也。[⑦]

---

① 林鹅峰：《鹅峰林学士文集》，《近世儒家文集集成》第十二卷上，Perikansha，1997年，第592页。

② 林鹅峰：《鹅峰林学士文集》，《近世儒家文集集成》第十二卷上，Perikansha，1997年，第499页。

③ 朱熹：《四书章句集注》，中华书局，1983年，第41页。

④ 李学勤主编：《十三经注疏 整理本23 论语注疏》第一卷，北京大学出版社，2000年，第1页。

⑤ 林鹅峰：《论语集注私考》上册，日本国立公文书馆所藏写本，第6页。

⑥ 蔡复赏：《孔圣全书》第一卷，日本国立公文书馆所藏明万历十二年（1584）刊本，第20页。原文作"孔嘉父"，林鹅峰改为"孔父嘉"。

⑦ 林鹅峰：《论语集注私考》上册，日本国立公文书馆所藏写本，第6页。

《孔圣全书》由明代蔡复赏(生卒年不详)撰。他认为"子"为孔子之姓,而非敬称。关于《孔圣全书》,《四库全书总目提要》批判说:"其间鄙俚荒唐,庞杂割裂。鬼神怪诞之语,优伶亵诨之词,无不载入,谓之侮圣人可也。"①

另外,对于《史记》所说"纥与颜氏女野合而生孔子"一句,司马贞《史记索隐》认为"野合"是不合礼仪的婚姻。林鹅峰在《论语集注私考》中说:"按《孔子通纪》曰:野合盖指年不相当耳。"②《孔子通纪》也是明代著作,作者是潘府(1453—1525)。书中批判《史记》记载之谬:"《史记》所传'叔梁纥与颜氏野合而生孔子',其说谬甚,益可见矣。或云'野合盖指年不相当耳',未知是否。"③林鹅峰依从此说。

综观整部《论语集注私考》,除了以上谈到的几部著作,林鹅峰还引用了陈镐的《阙里志》、蔡清的《四书蒙引》、张居正的《四书直解》等诸多明代著作。其中既有被中国后世学者所推崇的,又有被严厉批判甚至列为禁书的作品。林鹅峰引用这些明代著作,对其中的观点并非都持肯定态度。正如他在《论语谚解跋》中所说的:"若夫粗低书、新奇之说,广其多闻耳。"④他引用诸多说法只是为了增长见识。虽然林鹅峰对于那些从中国传来的新学问表现出极大的兴趣,但其也对那些反朱子学的著作做了一定的甄别。此外,他引用明代著作的一个不可忽视的理由是使自己的学问不同于那些折中新注、古注来讲经的清原家,这是值得注意的一点。

二、林鹅峰诠释《论语》的特征

崇尚朱子学的林鹅峰在解释《论语》时,是否完全按照朱熹之意来解释呢?是否有他自己的特点? 以下以"学而时习之"章、"其为人也孝弟"章、"吾与回言

---

① 永瑢等撰,王云五主持:《合印四库全书总目提要及四库未收书目禁毁书目》第二册,台湾商务印书馆,1971年,第1300页。
② 林鹅峰:《论语集注私考》上册,日本国立公文书馆所藏写本,第7页。
③ 潘府:《孔子通纪》第二卷,日本筑波大学图书馆所藏写本,第2页。
④ 林鹅峰:《鹅峰林学士文集》,《近世儒家文集集成》第十二卷下,Perikansha,1997年,第403页。

终日"章,以及"子入大庙"章为例,通过对比朱熹之说,试分析林鹅峰的解释。

(一)"学而时习之"章的解释

《学而》篇第一章是孔子所说:"学而时习之,不亦说乎？有朋自远方来,不亦乐乎？人不知而不愠,不亦君子乎？"关于此章,历代都有不同的诠释。[①]朱熹解释"学"说:"学之为言效也。人性皆善,而觉有先后,后觉者必效先觉之所为,乃可以明善而复其初也。"[②]"学"就是"效",是后觉者向先觉者效仿,从而实现自身明善复初的一种行为。朱熹将人之"性"分为本然之性和气质之性。本然之性是人生来就具有的,是纯粹至善的。但因人后天的气禀所拘、物欲所蔽,本然之性不能显现,这便是气质之性。为恢复人性之初的本然之善,就要通过"学"来实现。朱熹对"学"的解释具有重要的功夫实践内涵。朱熹明确指出"学"不应该限定大学、小学:"学而习,习而说,凡学皆然。不以大小而有间也。且洒扫应对之事,正门人小子所宜先也。圣人岂略之哉。"[③]从"学"到"习"再到"说",是一切学之共通,并且小学应在大学之先。他还重视学的实践性:"'学'字本是无定底字,若止云仁,则渐入无形体去了。所谓'学'者,每事皆当学,便实。"[④]反对只重视学仁的空虚无形,强调学要落实在具体的每件事上。

再来看林罗山父子对"学"字的解释。林鹅峰引林罗山之说:

> 罗山先生曰:"夫学者,非唯读书知文字。人性本善,虽圣贤无异。然为气禀所拘,人欲所蔽,故不知性善。古圣贤学而觉,其觉先于己,己亦明性善而知有仁义,则复其初也,是学也。"[⑤]

对比朱熹对"学"的解释,可以看到,林罗山强调"学"是明善、知仁,而不应

---

① 参见佐藤炼太郎:《〈论语〉学而篇"学而时习之"章的解释》,《斯文》,2013年第123期,第1—15页;松川健二:《宋明的论语》,汲古书院,2000年,第281—298页。
② 朱熹:《四书章句集注》,中华书局,1983年,第47页。
③ 朱熹:《四书或问》,《朱子全书》第六册,上海古籍出版社、安徽教育出版社,2002年,第608页。
④ 黎靖德编,王星贤点校:《朱子语类》第二册,中华书局,1999年,第457—458页。
⑤ 林鹅峰:《论语集注私考》中册,日本国立公文书馆所藏写本,第3—4页。

该仅停留在读书识字的阶段。林罗山的解释更加重视较高的道德层面的"学",与朱熹的"每事皆当学"的观点有所不同。林鹅峰依照林罗山解释说:"'学'字出于《说命》。今按学有大人、小人之学,此学则大人之学。"①《尚书·商书·说命下》中有傅说向商王武丁关于"学"的进言,林鹅峰认为这是"学"字的出处。他解释"学"为相对于"小人之学"的"大人之学",即如武丁和傅说那样的圣君贤臣之学,而非只教之以洒扫、应对、进退、礼乐、射御、书数等事的小学。只有教之以穷理正心、修己治人之道的大学才可称为"学"。

对此章第三句"人不知而不愠"的"愠"字,何晏注"愠,怒也",朱熹《论语集注》解释为"含怒意"②,将"愠"字含义弱化,说:"不愠,不是大故怒,但心里略有些不平的意思,便是愠了。"③又说:"愠,非勃然而怒之谓,只有些小不快活处便是。"④若他人不知,君子连一点小小不快也没有,以显示君子修养之高。对于朱熹在《论语集注》中的解释,林鹅峰说:"今按'愠'字示怒之不发于外,故朱熹以'含'字注,且加'意',则怒之不发可观也。"⑤他以朱熹注加"含""意"二字,以已发未发论解释"愠"字之意为怒而不发于外。朱熹认为"性"是未发,皆善;"情"则是已发,有善有恶。"性"为"体",是"静";而"情"为"用",是"动"。"怒"作为"情"之一,是与"性"相对的,是发于外的。可以说,林鹅峰的解释是对朱熹注解的一种阐发。

(二)"其为人也孝弟"章的解释

《学而》篇第二章载:"有子曰:其为人也孝弟,而好犯上者,鲜矣;不好犯上,而好作乱者,未之有也。君子务本,本立而道生。孝弟也者,其为仁之本与。"有子这段话主要论述"孝弟"和"仁"之间的关系。对于此句,历来有诸多不同的解释⑥。"孝弟"是"仁"之本还是"为仁"之本?抑或是将"仁"等同于"人",解释为

① 林鹅峰:《论语集注私考》中册,日本国立公文书馆所藏写本,第2页。
② 朱熹:《四书章句集注》,中华书局,1983年,第47页。
③ 黎靖德编,王星贤点校:《朱子语类》第二册,中华书局,1999年,第454页。
④ 黎靖德编,王星贤点校:《朱子语类》第二册,中华书局,1999年,第454页。
⑤ 林鹅峰:《论语集注私考》中册,日本国立公文书馆所藏写本,第8页。
⑥ 黄怀信主撰:《论语汇校集释》上册,上海古籍出版社,2008年,第30—34页。

"孝弟"是"人之本"或"为人之本"？从汉代至六朝，"孝弟"一直被当作根本，"仁"则是作为"孝弟"的结果在其后产生的。然而到了宋代，与较为具体性的德目"孝弟"相比，"仁"被赋予了形而上与形而下的两面性且置于"孝弟"之上，从而各学派据此展开其自家之说。①

朱熹解释说："仁者，爱之理，心之德也。为仁，犹曰行仁。……言君子凡事专用力于根本，根本既立，则其道自生。若上文所谓孝弟，乃是为仁之本，学者务此，则仁道自此而生也。"②又引程子之说："孝弟，顺德也，故不好犯上，岂复有逆理乱常之事。德有本，本立则其道充大。孝弟行于家，而后仁爱及于物，所谓亲亲而仁民也。故为仁以孝弟为本。论性，则以仁为孝弟之本。"③又说："或问：'孝弟为仁之本，此是由孝弟可以至仁否？'曰：'非也。谓行仁自孝弟始，孝弟是仁之一事。谓之行仁之本则可，谓是仁之本则不可。盖仁是性也，孝弟是用也，性中只有个仁、义、礼、智四者而已，曷尝有孝弟来。然仁主于爱，爱莫大于爱亲，故曰孝弟也者，其为仁之本与。'"④朱熹继承程子之说，从体用层面来解释"孝弟"是实践"仁"的根本，而不是"仁"的根本。若从"性（理）"的角度来说，则"仁"才是"孝弟"的根本。朱熹认为，"仁"是本体，包含"孝弟"；"孝弟"只是作用，是"仁"的表现。

对此一句，林鹅峰有如下解释：

> 本朝古注本无"为"字，是书写脱落之误也。按《汉书》曰："传曰'其为仁之本与'。"师古注曰："传，谓《论语》。"由是见之，脱"为"字可知。况于程子曰："非谓孝弟即是仁之本，盖谓为仁之本乎。"⑤

林鹅峰引证《汉书》和程子之说，认为日本古注本中没有"为"字是书写时有

---

① 关于"孝弟"与"仁"的解释变迁，参见松川健二：《宋明的论语》，汲古书院，2000年，第131—146页。

② 朱熹：《四书章句集注》，中华书局，1983年，第48页。

③ 朱熹：《四书章句集注》，中华书局，1983年，第48页。

④ 朱熹：《四书章句集注》，中华书局，1983年，第48页。

⑤ 林鹅峰：《论语集注私考》中册，日本国立公文书馆所藏写本，第14页。

脱字。他所说的古注本应该指的是足利本《论语》。如果没有"为"字,那么"孝弟"即"仁之本",置"仁"于次要位置,这显然不符合朱熹对"仁"的诠释。而且,林鹅峰还否定此句中"仁"通"人"之说:

> 按焦弱侯《笔乘》曰:"'为仁'作'为人'"。罗山先生曰:"疑夫汉儒书写之误也。"然《雍也》篇曰:"井有仁。仁,人也。若从之,则以孝弟为人之本也。虽不是,备多闻。"①

他举明代焦竑(字弱侯)在《焦氏笔乘》中以"为仁"作"为人"的例子②,又引用林罗山的说法,认为是"汉儒书写之误"。《雍也》篇有"井有仁焉"一句。何晏《论语集解》引孔安国之说解释为"仁人堕井",意思是有仁德之人落入井中。朱熹说:"刘聘君曰:'有仁之仁,当作人',今从之。"③但在此处,林罗山父子认为"孝弟"并非"为人之本",故不能作"为人"。

(三)"吾与回言终日"章的解释

《为政》篇第九章孔子曰:"吾与回言终日,不违如愚。退而省其私,亦足以发。回也不愚。"颜回是孔子最得意的门生,被列为孔门七十二贤之首。在《论语》中,孔子对颜回的称赞有很多,如"有颜回者好学,不迁怒,不贰过""回也,其心三月不违仁""贤哉回也!一箪食,一瓢饮,在陋巷。人不堪其忧,回也不改其乐"(《雍也》篇);"语之而不惰者,其回也与"(《子罕》篇);"用之则行,舍之则藏"(《述而》篇);等等。孔子弟子子夏称颜回能"闻一以知十"(《公冶长》篇)。这一章也是孔子对颜回的评价。

朱熹对此章解释说:"不违者,意不相背,有听受而无问难也。私,谓燕居独处,非进见请问之时。发,谓发明所言之理。"④以"私"字为颜回独自一人,非拜

---

① 林鹅峰:《论语集注私考》中册,日本国立公文书馆所藏写本,第13—14页。
② 焦竑:《焦氏笔乘续集》卷三《人字》,上海古籍出版社,1986年,第267页。原文:"孝弟即仁也。谓孝弟为仁本,终属未通。若如丰说,则以孝弟为立人之道,于义为长。"
③ 朱熹:《四书章句集注》,中华书局,1983年,第91页。
④ 朱熹:《四书章句集注》,中华书局,1983年,第56页。

见孔子请教问题之时。而句中"退而省"是指孔子省察颜回,还是颜回自省,在《论语集注》中未有明确解释。但是在《或问》中,朱熹说:"程子于'退省'二字,意亦不同。前说以为孔子省之,而后说以为颜子之自省,恐当以前说为正。"[①]在《语类》中,朱熹也明确说道:"'亦足以发',是听得夫子说话,便能发明于日用躬行之间,此夫子退而省察颜子之私如此。"[②]可见,朱熹的解释与古注不同,认为此"退省"二字都是指孔子而言的,意思是孔子退室省察颜回独自一人时的言行举止。

而在《论语集注私考》中,关于林罗山的解释,林鹅峰有如下记述:

> 惺斋(藤原惺窝)谓罗山先生曰:"退省,孔子之所省乎? 抑颜子所省乎?"先生曰:"据《大全》则两说存。然熟读朱注,则以颜子见之而可也。"惺斋曰:"朱子以'燕居独处'注之,然非无疑也。"[③]

对于藤原惺窝的提问,林罗山认为是颜子自省,而非孔子省察。但是藤原惺窝认为虽然朱熹以"燕居独处"注解,但是也有疑问。那么,林鹅峰对于"退省"是怎样解释的呢? 在《论语集注私考》中引用了以下三种说法:

> ①《大全》曰:"私者,他人所不知而回自知者,夫子能察之。"又曰:"此夫子退而省察颜子之私也。"
> ②致堂胡氏曰:"夫子久已知颜子之不愚,必曰退省其私者,以见非无证之空言。且以明进德之功,必由内外相符,隐显一致,欲学者之谨其独也。"
> ③《蒙引》曰:"退,即孔子退也。承'吾'字来谓颜子退,则下有'私'字在。"[④]

---

① 朱熹:《四书或问》,《朱子全书》第六册,上海古籍出版社、安徽教育出版社,2002年,第646页。
② 黎靖德编,王星贤点校:《朱子语类》第二册,中华书局,1994年,第567页。
③ 林鹅峰:《论语集注私考》中册,日本国立公文书馆所藏写本,第44页。
④ 林鹅峰:《论语集注私考》中册,日本国立公文书馆所藏写本,第43—44页。

在以上三处引用中,①②是《鳌头四书大全》中的原句,其中:①是朱熹之说,但林鹅峰并未标明;②是《大全》引胡寅(号致堂)之说;③引用自蔡清《四书蒙引》。此三处解释都与《或问》和《语类》中朱熹的观点相吻合。这样看来,林鹅峰虽然没有直接解释"退省"二字的意思,但从其在文中引用的解说,以及藤原惺窝与林罗山的问答来看,他的观点与林罗山不同,支持孔子"退省"颜回这一说法。

另外,在此章中亦可见到林罗山将儒家与佛、道两家严格区别的论述:

> 　　或人问罗山先生曰:"老子弃智(《道德经》)也。《史记》老子告孔子曰:'君子盛德,容貌若愚'(《老子·韩非列传》),庄子以颜子坐忘为黜聪明(《庄子·大宗师》),与此章'如愚',同异如何?"先生曰:"孟子曰:'所恶于智者,为其凿也。如智者若禹之行水也,则无恶于智矣。禹之行水也,行其所无事也。如智者亦行其所无事,则智亦大矣。'(《离娄下》)颜子以深潜纯粹,自有睿智,与圣人不违,故如愚。他人若见子贡,则其智却是为优孔颜。然孔颜之智深远广大,他人不测知之。若夫老庄弃智、佛氏立私,以一默无言(《维摩经》)论之者,岂与孔子无言(《阳货》)、颜子不违如愚并论之哉?"①

林罗山认为,他人只能看到子贡之智似乎高于孔颜,而实际上孔子、颜子的智慧之深,是一般人不能了解的。老庄弃智、佛家一默无言是不能与孔子无言、颜子如愚相提并论的。由此可见林罗山崇儒排佛老思想之一端。

(四)"子入大庙"章的解释

《八佾》篇第十五章有关于孔子问礼的记载:"子入大庙,每事问。或曰:'孰谓鄹人之子知礼乎? 入大庙,每事问。'子闻之曰:'是礼也。'"朱熹在《论语集注》中解释:"孔子自少以知礼闻,故或人因此而讥之。孔子言'是礼者',敬谨之

---

① 　林鹅峰:《论语集注私考》中册,日本国立公文书馆所藏写本,第44—45页。

至,乃所以为礼也。"①并引尹焞之说:"礼者,敬而已矣。虽知亦问,谨之至也,其为敬莫大于此。谓之不知礼者,岂足以知孔子哉。"②朱熹认为孔子"每事问"并非真的不知礼,而是"敬谨之至"的表现,那些说孔子不知礼之人,对孔子并不了解。

关于孔子知礼,林鹅峰分别引用了《鳌头四书大全》《论语或问》,以及张居正《四书直解》的解释:

> 《大全》曰:"……孟僖子病,不能相礼。使二子学礼于夫子。齐黎弥曰:'孔某知礼而无勇。'则夫子以知礼闻,可知矣。"
>
> 又曰:"知底更审问,方见圣人不自足处。"
>
> 《论语或问》曰:"'夫子既问之后又入大庙,则复问之乎?'朱子曰:'否,知而问之则近伪。若有所不问,则问之也。'"
>
> 《直解》曰:"此章与尧之钦明、舜好问而好察迩言同意。"③

《四书大全》引文出自《左传·昭公》中昭公七年孟僖子令二子跟着孔子学礼之事,以及定公十年齐国大夫黎弥评价孔子之语。即依据史书的记载佐证孔子为知礼之人。"又曰"的内容出自《四书大全》所引朱熹之说,赞扬孔子知礼且虚心求教。《论语或问》中的问答,说明孔子并非明知故问,而是确有不知而问。最后引张居正《四书直解》,赞美孔子"每事问"与尧、舜之贤明是相同的。

此外,《论语集注私考》中还批判了杨时(号龟山)和王阳明之说:

> 异说曰:杨龟山曰:"曾子举君子所贵三道,而曰笾豆之事,则有司存。"王阳明亦曰:"圣人生知者,以义理言之。于笾豆之事,则非所知也。"世儒皆从之。罗山先生曰:"《中庸》曰:虽圣人亦有所不知、有所不能。故从杨、王者粗有之乎?然笾豆之事,则有位者非所为也。如何初不知其名物,而入太庙每事问之乎?故《集注》不取之。"④

---

① 朱熹:《四书章句集注》,中华书局,1983年,第65页。
② 朱熹:《四书章句集注》,中华书局,1983年,第65页。
③ 林鹅峰:《论语集注私考》下册,日本国立公文书馆所藏写本,第22页。
④ 林鹅峰:《论语集注私考》下册,日本国立公文书馆所藏写本,第22—23页。

杨时和王阳明都依照曾子之说,认为孔子是不知道礼器陈列等具体的祭祀之方法的。对此,林罗山则反驳说,虽然圣人并非全知全能,但不知名物而每事问之是圣人所不为的,所以他不赞同此二人之说。林罗山的观点参考了朱熹在《论语或问》中的说法:

> 程子至矣。尹氏发明,意尤详备。吕氏、周氏之说,恐亦或有此意,然非其本也。范氏以立宗庙为教民孝,则不本于有国者思念其亲之诚心。以每事问为敬鬼神,则又非圣人敬慎其事之本意。如谢氏之说,则是圣人本欲以是肆其诋讦于当时,既而又托于敬慎之说以文之也,其必不然矣。杨氏以笾豆之事,夫子真所不知,恐亦未安。夫笾豆之事,特非有位者所当察于其间耳,岂谓可以初不识其名物,必待入庙而后问耶? 侯氏盖兼引程子、吕氏之意,然亦杂矣。[1]

但是朱熹在此处并不单单认为杨时的说法不妥,他还指出吕祖谦、周伯忱、范淳夫、谢良佐、侯师圣等人之说中均有不足之处,只赞同程子和尹氏之说。朱熹认为,吕祖谦与周伯忱之说并未触及根本,而范淳夫的立宗庙、敬鬼神之说也非孔子本意;谢良佐所认为的孔子以敬慎之说掩盖对方诋毁之辞的说法也并非如此;侯师圣之说则是杂糅了程子和吕祖谦之说。王阳明说:"谓圣人为生知者,专指义理而言,而不以礼乐名物之类,则是礼乐名物之类无关于作圣之功矣。"[2]他认为圣人生而知之,是从义理的角度来说的,而礼乐名物之类并非圣人的功夫修养。这与朱熹主张的"敬谨"之说不同。林鹅峰与林罗山仅举《论语或问》中朱熹对杨时之说的评价,又认为王阳明的解释为异说,可见他受限于对阳明学的门户之见,力图排斥之。

---

[1]　朱熹:《四书或问》,《朱子全书》第六册,上海古籍出版社、安徽教育出版社,2002年,第668页。

[2]　王守仁著,王晓昕、赵平略点校:《传习录·答顾东桥书》,《王文成公全书》第一册,中华书局,2015年,第66页。

三、结语

本节选取了《论语集注私考》中《学而》篇的"学而时习之"章与"其为人也孝弟"章、《为政》篇的"吾与回言终日"章,以及《八佾》篇的"子入大庙"章等四章进行了分析。此四章涉及《论语》为学、入道、礼仪等方面的内容,具有一定的代表性。通过对此四章内容的分析,可以窥见林鹅峰对林罗山思想的继承,林家家学的传承与延续。此外,征引多种明代"四书"著作加以考述是《论语集注私考》最显著的特点,并且其中不乏被清儒所批判之作,这对于了解明代著作在江户时期的传播情况及中日差异具有一定帮助。从林鹅峰所处的历史背景来看,他大量引用明儒之说,其原因不仅仅是他用积极吸收借鉴的态度来看待这些新的思想,更重要的是作为近世儒学草创阶段的幕府文人,要与之前清原家的学问相区别,将朱子学根植于幕府统治之中,因而他们对汉唐古注也有所取舍。尽管与朱熹的注解稍有不同,但是从整体上来看,林罗山父子还是继承了朱熹对《论语》的解释,并且排斥佛教、老庄思想,以及陆王学。林罗山与林鹅峰以朱熹新注解经的方式,为江户时期朱子学的官学化和日本儒学的发展打下了基础。

林罗山与林鹅峰作为江户前期的儒者广泛接收和吸纳明代理学,特别是积极吸收了朱子学思想。而明朝末年,政治腐败,经济趋于崩溃,农民起义不断。朱子学思想也走向僵化,脱离现实,缺乏对世事的关怀,读书成为获得功名利禄的手段。那些亲身经历了王朝更替的思想家批判明代的学问为空虚无用之学,提倡经世的实学思想。但是在江户初期的日本社会并不存在这些情况。虽然当时德川幕府掌握实权,但是在名义上,天皇依旧是国家的最高领导者。从古代到中世,佛教一直占据着日本思想的主流,直到江户时期朱子学被定为官学,儒家思想才逐渐根植于日本社会。在巩固统一政权、维护幕府统治方面,重视伦理秩序和道德修养的朱子学无疑是一种稳健的思想。在林罗山和林鹅峰看来,充满新思想的明代朱子学著作显然具有吸引力。他们广泛涉猎明代著作,没有像明末清初的思想家那样批判之,为朱子学在江户时期的普及和发展起到了重要的推动作用。然而,林鹅峰在继承林罗山朱子学思想的同时是否有自己的独特之处,以及林家学问相较于新古注折中的清原家之特色与发展,仍有待探讨。

第四节　熊泽蕃山及其《大学和解》与《大学小解》

　　江户前期儒者熊泽蕃山,原名伯继,字了介,号蕃山、息游轩。生于京都,本姓野尻,八岁为外祖父熊泽喜三郎所养,遂改姓熊泽。师从日本阳明学之祖中江藤树。据《蕃山年谱》①可知,蕃山十六岁时由板仓重昌(1588—1638)与京极高通(1603—1666)二人推荐出仕冈山藩,二十岁时辞官,寓于江州桐原(今日本滋贺县)。二十二岁时读朱熹《四书章句集注》,二十三岁在藤树门下研习《孝经》《大学》《中庸》。日本正保元年(1645),二十七岁时再度出仕冈山藩,得到藩主池田光政(1609—1682)的重用。蕃山才兼文武,在藩内施行仁政、设立学校、振兴儒学、修渠垦地、赈灾济贫,因此声名远扬。《熊泽先生行状》有载:"庆安二年己丑(1649),从公(光政)在东都(江户)。公侯卿大夫,礼接先生,受其业者以数百。以是名声籍甚。"②蕃山谨行俭用,粗衣淡饭,以讲学修身为好。日本庆安四年(1651),蕃山创办花园会,即日本最早的庶民学校——闲古学校的前身。然而蕃山的仕途并不顺遂。同年,当时在幕府为官的朱子学者林罗山撰写《草贼前后记》(写本藏于日本国立公文书馆)中伤蕃山"以妖术诬聋盲……大底耶稣之变法也"。日本明历三年(1657),即林罗山卒年,三十九岁的蕃山致仕返回京都。之后又转居河州、城州、播州,最后居于总州古河(今日本茨城县),被幕府禁锢于赖政廓。七十三岁卒。蕃山的著述生涯大致开始于归隐京都之后,代表作《集义和书》初版刊行于日本宽文十二年(1672)蕃山五十四岁时。

　　关于蕃山的学问与派别,在日本近现代的相关研究中,具有代表性的观点有以下几种。井上哲次郎认为,蕃山的学问素养皆得于藤树,毫无疑问属于阳明学派。③相良亨认为,蕃山通过对朱子学的研究,扬弃藤树的思想并树立了独自的思想,因而将他定位为武门出身的儒者与政治家,强调他在政治上的才

---

　　①　宫崎道生:《熊泽蕃山的研究》附录一,思文阁,1990年,第589—601页。
　　②　巨势直干:《熊泽先生行状》,正宗敦夫编:《蕃山全集》第六册附录,蕃山全集刊行会,1941年,第150页。
　　③　井上哲次郎:《日本阳明学派之哲学》,富山房,1903年,第230页。

能。①友枝龙太郎则将其视为朱子学与阳明学中间立场的人物。②

在研究探讨蕃山的儒学思想和学术脉络时,有必要分析其《大学》思想的诠释特点,但是从目前来看,此类研究尚处于空白。为了进一步明确蕃山的思想特征及学术主张,本节以比较分析蕃山与藤树的思想为基础,考察蕃山对《大学》"诚意"与"致知"两个重要条目的解读情况。蕃山关于《大学》诠释的主要著作是《大学和解》与《大学小解》,分别完成于贞享二年(1685)与贞享三年(1686,即被禁锢于古河的前一年)③,是蕃山晚年的著作。其中,《大学和解》的诠释内容仅到《大学》原文"子曰……此谓知本"一节为止。以下先就蕃山对藤树学的评价做简要分析,再以《大学和解》与《大学小解》为中心材料,与藤树转向阳明学之后的著作④做对比加以详细考察。

一、对藤树学的评价

日本宽永十八年(1641),藤树三十四岁时,蕃山两次拜访藤树而成为其弟子。⑤宽永二十年(1643)四月,因父亲出仕江户,蕃山不得不返回桐原照顾母亲和弟弟妹妹们。尽管在藤树身边直接受教的时间不长,但是藤树对蕃山学问的形成有着巨大的影响。蕃山家贫,但不忘恩师之教,刻苦自学,钻研心法。他曾述怀:"家境极贫,自学五年。……当时中江氏读王子(阳明)之书,悦良知之旨,亦教谕我。由此大得心法之力。朝夕于一处之朋辈亦不知我在做学问。不读

---

① 相良亨:《近世日本儒教运动的系谱》,理想社,1965年,第76—94页。

② 后藤阳一、友枝龙太郎校注:《熊泽蕃山和中国思想》,《日本思想大系30 熊泽蕃山》,岩波书店,1971年,第578—579页。

③ 关于《大学和解》与《大学小解》的成书情况,参见正宗敦夫:《大学小解·同和解·同或问解题》,正宗敦夫编:《蕃山全集》第三册,蕃山全集刊行会,1941年,第6—14页。

④ 藤树有许多关于《大学》的著作,《大学考》(日文)、《大学蒙注》、《大学解》、《古本大学全解》、《古本大学旁训》(是否为藤树所著,尚有待考证)为藤树三十七岁后向阳明学习的著作。《大学启蒙》、《大学考》(汉文)、《大学序说》、《大学朱子序图说》则为朱子学时期的著作。以上著作均收录于藤树书院编:《藤树先生全集》,岩波书店,1940年。另,本文所引述《大学考》的内容均为日文版,后不再赘述。

⑤ 关于蕃山受业开始的时间,一说为日本宽永十九年(1643)。参见井上通泰:《蕃山片影》,正宗敦夫编:《蕃山全集》第六册附录,第2页。而《蕃山先生状》(同书,第153页)、秋山弘道《慕贤录》(同书,第164页),以及《藤树先生年谱》(藤树书院编:《藤树先生全集》第五册,岩波书店,1940年,第24页)皆为宽永十八年(1642)。

书,锻炼心法三年也。"①蕃山所说的"心法"源自佛教,是指心通过锻炼而获得的应对各种困难的能力,是一种精神力的训练。蕃山的学问因心法而著称,他用心法诠释天道自然、道德伦理,并将心法贯彻到治国理政当中。而这一思想的根源,无疑是藤树所传授的良知要旨。

藤树在三十七岁时(即蕃山回乡第二年),读《阳明全书》而悟道,却在四十一岁时英年早逝。蕃山感慨:"中江氏生来其气质有君子之风,有所备德业之人也。学问未熟,徒劳学习异学。若再长寿五年,学问将至于极处。"②蕃山赞扬藤树有君子风度,德业兼备,但又指出其学问不够成熟,徒劳学习了不少异端邪说。曾与蕃山一同在藤树门下求学的西川季格(生卒年不详)斥责蕃山将自己与先师相提并论,痛批他的此番言论"皆高慢至极之言词",更是形容蕃山为"狠疾之人"。③

曾有人问蕃山,说他不用先师之言而立己之学,自视甚高。蕃山回答:

> 我受业于先师,不违者实义也。学术言行之未熟与对应于时、所、位三者,皆累日而熟,该应时变通。我之后人又补我学之未熟,可以改正我的不合后世的言行。关于大道之实义,先师与我不能违一毫。我之后人亦同。通其变而人民所未厌倦之知也相同。见言行之迹不同而争异同者,不知道理也。④

蕃山认为自己跟随藤树修业,并没有违背先师之传。他所说的藤树之学"未熟",指的是学术、言行需要顺应时间、场所、地位的变化而不断地完善和提高。藤树的学问需如此,他自身的学问亦需后世之人因时之变而不断地补充和

---

① 熊泽蕃山:《集义外书》,正宗敦夫编:《蕃山全集》第二册,蕃山全集刊行会,1941年,第108页。

② 熊泽蕃山:《集义外书》,正宗敦夫编:《蕃山全集》第二册,蕃山全集刊行会,1941年,第108页。

③ 西川季格:《集义和书显非》,正宗敦夫编:《蕃山全集》第一册,蕃山全集刊行会,1941年,第22页。

④ 熊泽蕃山:《集义和书》,正宗敦夫编:《蕃山全集》第一册,蕃山全集刊行会,1941年,第340—341页。

更正。大道之真意人人皆同，只见表面言行不同而去争论其中的异同，是不知道理。蕃山还表达了自己对先师的感恩与缅怀之情：

> 不可有用未熟之言，存偏爱先师之俗心。先师在世之时不变的只是其志，而学术日日月月进步，不曾固滞于一处。若有人能继承先师所期至善之志，接受日日新之德业，此人可谓真正的门人。自古民生于三，谓父母生之，君养之，师教之。三者之恩相同，故皆服丧三年。先师之于我，其恩同于君父。子能起父之家，臣能弘君之德，门人能新师之学，皆报恩也。[①]

蕃山在此批判了那些言语肤浅，对先师抱有偏爱私心的弟子，并指出真正的弟子是继承藤树一贯不变的志向，不断精进革新学问与德业的人。他感念师恩如君如父，要以发展更新藤树之学作为回报。"未熟"往往被视为蕃山对藤树的不敬与批判之辞，是他明确脱离藤树学、建立自己学问体系的标志。[②]但笔者认为这既是蕃山所抱持的继承师门、发展师学的态度，同时也是对自己学问不断审视、内省的立场。《中庸》有言："虽圣人亦有所不知焉。"谁又能说自己学问纯熟、无所不知呢？更何况蕃山也正是秉承着这样的志向将藤树学在冈山藩甚至在日本全国发扬光大。

二、"诚意"与"致知"之诠释

上文已经提到，蕃山在拜师藤树之前是从读朱熹的《四书章句集注》入门的。藤树也是从信奉朱子学而后转向信奉阳明学的。在藤树的思想体系中，《大学》是非常重要的理论基础。据《藤树先生年谱》[③]可知，他在十七岁时读《四书大全》的《大学》部分达百遍之多，通过《大学》而后研习《论语》《孟子》；从二十

---

① 熊泽蕃山：《集义和书》，正宗敦夫编：《蕃山全集》第一册，蕃山全集刊行会，1941年，第341页。
② 宫崎道生：《熊泽蕃山——人物·事迹·思想》，新人物往来社，1995年，第65—66页。
③ 藤树书院编：《藤树先生年谱》，《藤树先生全集》第五册，岩波书店，1940年，第7—29页。

岁开始专崇朱子学。三十三岁时得《王龙溪语录》,认为其间杂佛语,近于禅学。直到三十七岁时读《阳明全书》,悟太虚一贯之道,才彻底转向阳明学。以下笔者详细分析蕃山在《大学》解读中对藤树思想的继承情况。首先来看藤树对《大学》古本与朱熹改本的看法。

《大学》原本是《礼记》中的一篇,朱熹认为其中有错简漏字而改定之,分经传,作《大学章句》解说。王阳明认为古本《大学》本身没有问题,没有经传之分,反对朱熹的修改,以古本为定本。藤树折中朱王之说,虽以古本为定本,但认为应分经传。他说:

> 以古本为主,虽文理意路不通,不可改易。可以阙疑也。况且文理通、意路分明矣。是以今从阳明,以古本为定本。阳明以为此经一篇文字,无经传之差别。朱子以为有经传之差别。今窃考之,经一章之后,以五个"所谓"更端,揭经之要语,详论其意,其末又举经语为结语。且十三经之内,别无如此文法。五个"所谓"之论决定传文者分明也。故今从朱子立经传之差别,为此经之定本。[1]

藤树认为,古本《大学》本身文理清晰、思路分明,即使是有不通顺、不连贯的地方,也不可改易。但详细看其内容,对比"十三经"的文法,明显要分经传。他认为《大学》首章为经文,其后五个"所谓"为传文,是对经文的详细论述,最后再以经文作为结语。对于朱熹与王阳明的不同见解,藤树择取其中合理的部分,并未全部接受。藤树这样的观点在蕃山处亦可得见。

蕃山《大学小解》的构成方式也是以古本《大学》为本,先断句抄写《大学》原文,之后加以解释。在《大学和解》中,蕃山抄写了"所谓诚其意……慎其独也"一句,并在其后解释说:"以'所谓'二字,表示传之义。"[2]他同样认为"所谓"是提示传文之词,继承了藤树"古本分经传"的看法。

---

[1]　中江藤树:《大学考》,藤树书院编:《藤树先生全集》第二册,岩波书店,1940年,第11页。

[2]　熊泽蕃山:《大学和解》,正宗敦夫编:《蕃山全集》第三册,蕃山全集刊行会,1941年,第225页。

朱熹将《大学》中的"格物""致知""诚意""正心""修身""齐家""治国""平天下"规定为八条目。其中,对"诚意"与"致知"如何解释,成为各学派争论的焦点之一,也是朱子学与阳明学之间对抗的一个重要因素。总体来看,朱子学将"诚意"作为修养论,是人提升道德修养的手段;"致知"则是心认识外部现象(作用)中存在的理(本体)的方法。与朱子学不同,阳明学则将这两个条目统一于心内,都是修养身心的活动。下文将先从"诚意"的解释入手,继而分析"致知"的解释,由此进一步考察蕃山对藤树思想的承袭。

(一)"诚意"

关于"诚意",程颐指出,学者进修之术"莫先于正心诚意"①。朱熹解释"诚意"为:"诚,实也。意者,心之所发也。实其心之所发,欲其一于善而无自欺也。"②也就是说,使从心中所发之"意"自始至终皆善无恶。

王阳明把"诚意"视为修养功夫的首要环节,提出:"《大学》功夫只是诚意。"③"若诚意之说,自是圣门教人用功第一义。"④他说,"心之所发便是意,意之本体便是知,意之所在便是物"⑤,以"意"为心所发出的有善有恶的意念。"诚意"就是要求人们"着实用意去好善恶恶"⑥,强调人的意识在实现自身向善嫉恶的本性过程中的作用。

此外,王阳明还强调要在意念发动处下为善去恶的功夫,他说:"意与良知当分别明白。凡应物起念处,皆谓之意。意则有是有非,能知得意之是与非者,

---

① 程颢、程颐著,王孝鱼点校:《二程集》第一册《河南程氏遗书》,中华书局,1981年,第188页。

② 朱熹:《四书章句集注》,中华书局,1983年,第3—4页。

③ 王守仁著,王晓昕、赵平略点校:《传习录》,《王文成公全书》第一册,中华书局,2015年,第43页。

④ 王守仁著,王晓昕、赵平略点校:《传习录》,《王文成公全书》第一册,中华书局,第50页。

⑤ 王守仁著,王晓昕、赵平略点校:《传习录》,《王文成公全书》第一册,中华书局,第7页。

⑥ 王守仁著,王晓昕、赵平略点校:《传习录》,《王文成公全书》第一册,中华书局,第43页。

则谓之良知。依得良知,即无有不是矣。"①"意"是心在接触事物时发起的意念,是有是有非的。良知虽与"意"不同,但又离不开"意",它通过对"意"进行调节来完善人的精神活动。

朱熹与阳明的解释虽有不同,但二人都是以"心"作为"意"的母体,从"心"所发之"意"是有善有恶的。关于这一点,藤树的解释有所不同。藤树说:

> 诚(者),纯一无杂、真实无妄之谓也。意者,心之所倚,好恶之执滞、是非之素定。一切将迎,及一毫适莫,皆是也。省察克治其意念之所倚所杂,复本来纯一无杂之真心,此谓诚意。②

藤树认为,"意"是"心"所倚靠、凭借之处,具体而言就是对好恶的固执,对是非的预先判断,也是内心对所有事物送往迎来、情感的亲疏厚薄。在藤树看来,"心"原本是纯善的、平衡的:"心之本体,如鉴空衡平,所谓明德是也。"③因为"意"的干扰,"心"失去了原本平衡的状态而向某一头倾斜。"诚意"就是去掉驳杂、虚伪的意念,恢复纯粹的心之本体。

藤树将"诚意"的"意"等同于《论语·子罕》"子绝四:毋意、毋必、毋固、毋我"句中孔子弃绝之"意",说:

> 诚意之意,与子绝四意同。圣人所为圣,无他,毋意而明德明而已。学者所学亦无他,绝意而复明德本然而已。然出初学人遽欲绝,则不能无弊。故不曰绝意,曰诚意。立言甚精妙哉!④

藤树所谓的"意"是应该被去除的"私意"。"诚意"无非就是毋意、绝意的另

---

① 王守仁:《答魏师说》,《王文成公全书》第一册,中华书局,2015年,第263页。
② 中江藤树:《古本大学全解》,藤树书院编:《藤树先生全集》第一册,岩波书店,1940年,第509页。
③ 中江藤树:《古本大学全解》,藤树书院编:《藤树先生全集》第一册,岩波书店,1940年,第509页。
④ 中江藤树:《古本大学全解》,藤树书院编:《藤树先生全集》第一册,岩波书店,1940年,第509页。

一种说法。他将"意"视为欲望、邪恶的根源:"意者,万欲百恶之渊源。"[①]"诚意"就是《大学》功夫的关键之处:"《大学》于用力过程上立言,故云诚意。"[②]对于古本《大学》脱落格物致知之传文的疑问,藤树回答:

> 阳明既发明此意。盖八目之过程,以诚意为主。而诚意之过程,即格物致知也。非格致之后又别有诚意之工夫。……只单揭出一件诚意之传,见在正心以下之传中兼举两件,可知传者之意矣。此传之中,以慎独为工夫之眼目。独者,即良知之别名;慎者,即格致之义,故格致之传于这里分明也。何用剩语?[③]

藤树认为"诚意"是八条目中的重要条目,"格物致知"只是实现"诚意"的过程。他以"慎独"为"诚意"功夫的着眼点,而"慎"字的含义就是"格物致知"。因为在"诚意"的传文之中已经包含了"格物"与"致知"两个条目,所以不必再单独立传。

蕃山也格外重视"诚意",他将"诚意"作为"圣学之渊源、心法之起处"[④]。同时"诚意"也是《大学》功夫的实处。"问:《大学》工夫之实地者,何所在?曰:诚意也。"[⑤]他与藤树一样认为"格物致知"只是"诚意"的功夫,因此没有传文。他说:"虽有条目,然格物致知者是诚意工夫之受用,所以别无传。备于诚意之内。"[⑥]蕃山在继承藤树思想的同时,对"意"的解释有所阐发。他说:

---

① 中江藤树:《大学考》,藤树书院编:《藤树先生全集》第二册,岩波书店,1940年,第14页。

② 中江藤树:《大学考》,藤树书院编:《藤树先生全集》第二册,岩波书店,1940年,第15页。

③ 中江藤树:《大学考》,藤树书院编:《藤树先生全集》第二册,岩波书店,1940年,第13页。

④ 熊泽蕃山:《大学小解》,正宗敦夫编:《蕃山全集》第三册,蕃山全集刊行会,1941年,第188页。

⑤ 熊泽蕃山:《集义和书》,正宗敦夫编:《蕃山全集》第一册,蕃山全集刊行会,1941年,第219页。

⑥ 熊泽蕃山:《大学和解》,正宗敦夫编:《蕃山全集》第三册,蕃山全集刊行会,1941年,第225页。

意者,不(无)常往来之念也。无事之时为闲思,有事之时为杂虑。赤子之心无此,圣人之心无此。如凡心只是此意念,而无至诚无息之性也。①

"意"是只存在于凡人心中无常往来的念头,即"闲思"和"杂虑"。"意"遮蔽了至诚之性,使其不能显现。而赤子之心与圣人之心没有丝毫意念之发,纯善无恶之性便可以原原本本显现出来。蕃山与藤树一样把"意"视为与"性(善)"完全相对的概念。他还说:"意者,明惑之机也,教学之所由起处也。"②将人心中的"意"作为明察与疑惑之分歧的微妙活动,以及教与学行为的发起之处。

他强调圣人无"意"之动,圣人之心就是天理,不需要做"诚意"的功夫:"圣人之心,空空如也。无意之动。寂然不动,感而遂通而已。大贤之心亦近乎此。羡慕圣人之心与天同体,俄而欲无意时,则生病。以诚之工夫,自然可至于无意。"③对于凡人来说,"意"不可以刻意除去,而应该从"诚"下功夫,自然而然就可以达到"无意"的状态。因此,蕃山把"意"看作"圣凡之别处,明暗之界限"④。不仅如此,他还将人的疾病、国家的动乱都归结为"意"的产生。他说:

圣人既无意。无意则无惑,无惑则无教,无教则无圣贤之名。是谓大古神圣至治之代。由于心上本无之意发生,而人有惑。有惑而后人有病疾、世有治乱,不能无教无政。是以大学之始教以诚意为本。⑤

① 熊泽蕃山:《大学和解》,正宗敦夫编:《蕃山全集》第三册,蕃山全集刊行会,1941年,第226页。
② 熊泽蕃山:《大学和解》,正宗敦夫编:《蕃山全集》第三册,蕃山全集刊行会,1941年,第221页。
③ 熊泽蕃山:《大学小解》,正宗敦夫编:《蕃山全集》第三册,蕃山全集刊行会,1941年,第188页。
④ 熊泽蕃山:《大学和解》,正宗敦夫编:《蕃山全集》第三册,蕃山全集刊行会,1941年,第225页。
⑤ 熊泽蕃山:《大学和解》,正宗敦夫编:《蕃山全集》第三册,蕃山全集刊行会,1941年,第225页。

蕃山认为,"大古神圣之至治"的时代是无意、无惑、无教、无圣贤的治世,而现实社会之所以有疾病、乱世的出现,其根源在于凡心所生之"意",因此《大学》之教要以"诚意"作为根本。尽管蕃山将人的疾病、社会现象的发生归咎于人的主观意识,忽视了客观存在的因素,具有一定的局限性,但由此也可以看出他对现实社会的关心。

对于《大学》中"所谓诚其意者,毋自欺也。如恶恶臭,如好好色,此之谓自谦。故君子必慎其独也"一句,蕃山又将"意"与"良知"相关联,说道:

> 莫非是不学而知、不习而能之良知良能。言我有憎恶不义、耻恶之灵明也。是圣学之根本也。故为良知所知之善,去良知所恶之恶,则谁不为善人? 只自欺而不为善而已。因自欺而意马奔走,不欺时自无意。心之所发,随性命之正而无自欺之意念,则心体虚明,"恶恶如恶恶臭,好善如好好色",而不能已也。[1]

蕃山继承了王阳明的良知说,认为良知良能是先天存在于人心中的道德意识和判断是非善恶的标准,是圣学的主旨与根本。良知人人具有,只要依靠良知的判断标准来为善去恶,人人都可以成为善人。他把在良知的指导下进行的为善去恶的修养功夫称为"不自欺"。"不自欺"则自然可以达到与圣贤一样的"无意"状态。由此,心之所发便可以"无意","恶恶臭""好好色"的心之虚明本体也就随之显现。

(二)"致知"

关于"致知"二字,郑玄只对"知"作注曰:"知,谓知善恶吉凶之所终始也。"其没有解释"致"的含义。朱熹在《大学章句》中解释"知"为"吾之知识",解释"致"为"推极","致知"就是"推极吾之知识,欲其所知无不尽也"[2]。王阳明反对朱熹的解释,以"致知"为"致良知":"致者,至也。……'致知'云者,非若后儒所

---

① 熊泽蕃山:《大学小解》,正宗敦夫编:《蕃山全集》第三册,蕃山全集刊行会,1941年,第190页。

② 朱熹:《四书章句集注》,中华书局,1983年,第4页。

谓充扩其知识之谓也,致吾心之良知焉耳。"①

　　藤树调和朱熹与王阳明之间的分歧,说道:

> 　　盖窃惟"知"字之解,朱子已解为"德性之知"。《或问》所谓"知则心
> 之神明,妙众理宰万物者也"是也。然后学拘泥于《集注》"知犹识"之
> 解,认"知"为"识",不察朱子本意,而遂入支离。……朱子虑有支离之
> 误,于《或问》直指出而令门人解为本体之知。阳明亦忧此弊而以良知
> 解"知"字。据此解,致知之义愈真切明白也。后学之人不辨朱王之解
> 如此一理,而有诸儒纷纭之说。皆不可采用。②

　　藤树认为,朱熹虽然在《大学章句》中解释"知"为"知识",但恐人只向外寻
求知识,忽视内在的道德修养,陷入支离之弊,随即在《大学或问》中强调本体之
"知"即心之神明。但后来的学者过于拘泥"知识"之解,没有真正察知朱熹的本
意。王阳明与朱熹一样有此顾虑,因而以"良知"作解。至于其他儒者的解释,
一概不可用。藤树在支持阳明良知说的同时,也维护了朱熹之说,将二人的解
释归于一。

　　藤树对于"致知"的具体解释如下:

> 　　致者,至也。知者,良知也。知孩提之爱、知敬,完成人之四端及
> 无意念时,知真是、知真非,皆是良知不昧之端的也。此是以良知为
> 主、克意念之己(私),云致知。③

　　藤树遵循了阳明"致良知"的解释,认为当人如孩提一般知爱、知敬,完成仁

---

　　① 王守仁著,施邦曜辑评,王晓昕、赵平略点校:《大学问》,《阳明先生集要》(上),中华
书局,2008年,第150页。

　　② 中江藤树:《大学考》,藤树书院编:《藤树先生全集》第二册,岩波书店,1940年,第
16页。

　　③ 中江藤树:《大学解》,藤树书院编:《藤树先生全集》第二册,岩波书店,1940年,第
31页。

义礼智四端,达到无意念的时候,便能够真正明辨是非,这便是明觉的良知本身。"致知"就是克服意念之私,使良知主宰于心。换言之,就是要求人们恢复无善无恶的本体之心,依靠良知来判断是非善恶,去除私欲。然而若说他专信阳明、不信程朱,他却予以否定:

> 或曰:"如汝之说,似违背程朱而信从阳明。然则程朱为非欤?"
>
> 曰:"此是世俗党同伐异之私言,而非至当之公论也。盖程朱、阳明同为吾道之先觉,其绪论虽如异,其道惟同。故后觉以先觉为宗师,以尊信中庸之至道为至极真实之信从。不择是非、只妄从其说话者,似信从而非信从。党同之僻事也。故虽朱子尊信二程甚笃,于其说话,不妄从。于此可观其真。……盖程朱、阳明皆先觉也。吾何有所偏袒?"[①]

藤树否认自己的学说违背程朱、尊信阳明。他认为"二程"、朱熹、阳明都是道统的先觉者,虽论述不同,但道理相同。作为后学者,对待先学应该秉承中庸之道,不偏不倚地继承其学术真谛,而不是不辨是非地用其言论做党同伐异之事。

蕃山没有用"致良知"一词解释"致知"。在对经文"欲诚其意者,先致其知"的解释中,蕃山说:"欲诚意者,先磨出其知之本然之明。知明而心中无惑时,如太阳东升,狐狸众邪逃窜无迹。不明知而欲除意之妄,如黑夜狩狐狸,灭于东而生于西而已。"[②]他认为"致知"就是通过修养,心恢复到本来湛然明亮的状态,即"知明"。"致知"是"诚意"的前提,因此,"知明"才能"无惑","无惑"才能"无意"。如果"知"不明,妄意就会挥之不去,不能根除,自然无法"诚意"。

对于"致知在格物"一句,他解释说:

---

① 中江藤树:《大学考》,藤树书院编:《藤树先生全集》第二册,岩波书店,1940年,第11—12页。

② 熊泽蕃山:《大学小解》,正宗敦夫编:《蕃山全集》第三册,蕃山全集刊行会,1941年,第188页。

格物之功至而精义入神者,知明之故也。学与不学,武士不盗之心至死不变。是以与生俱来,自然格物精义入神也。故梦里不做偷盗之事。是至于圣人无所梦。于是可悟心体空空如之本真。[1]

也就是说,"格物"功夫之所以能够达到精义入神的境界,是因为人先天具有明确的认识能力。武士没有偷盗之心、不梦偷盗之事,是因为他们天生具备分辨是非善恶的能力。而"圣人无梦",心之体"空空如也",实际上就是心之本体无善无恶的状态,这与阳明所谓的"良知"意旨相同。虽然蕃山回避使用"良知"一词,但通过对内容的分析可以知道,他的思想中带有明显的心学特质。只是蕃山在此处特别强调作为武士应该具备的道德修养,这与他的武士身份有关。

此外,蕃山的高弟北小路石见(1642—1718)编《集义义论闻书》第三册[2]"甲子岁十月二日隐士上京主杉山氏之家"的记载中有蕃山与友人如下问答:

问:"格物致知之知与良知如何?"云:"一也。"
问:"至于良知,意无之哉?"云:"良知者,照意也。"

蕃山明确回答"格物致知"的"知"就是"良知","致良知"就是良知照彻,心无意念。由此可以印证,关于"致知"的解释,蕃山实际上也沿袭了王阳明与藤树的"致良知"之解。

曾有人质疑蕃山的"格物致知"论与王阳明相似。蕃山回答:

我不取朱子,亦不取阳明。只取用于古之圣人。自道统之传而

---

[1]　熊泽蕃山:《大学小解》,正宗敦夫编:《蕃山全集》第三册,蕃山全集刊行会,1941年,第189页。

[2]　《集义义论闻书》共有三册,其中第一册散逸,现存第二、三册收录于《蕃山全集》第六册中。据编者考,第三册内容类似蕃山著书的跋书,收集了蕃山学说中的片段,是了解蕃山思想不可或缺的著作。参见《集义义论闻书解题》,正宗敦夫编:《蕃山全集》第六册,蕃山全集刊行会,1941年,第1—3页。后引文内容见第61页。

来,朱王共同。其言概因时而发矣,其言之真,如合符节。又朱王亦非
各别。朱子为矫时弊,重于穷理辨惑,非无自反慎独之功。王子亦因
时弊重于自反慎独之功,非无穷理之学。[①]

蕃山主张自己不采用朱熹与阳明的"格物致知"诠释,而是取用"古之圣
人",也就是尧舜孔孟。但他认为朱熹与王阳明都继承了道统之传,虽然持论不
同,但道理一致,都兼有穷理辨惑与自反慎独两种修养。他们二人学说侧重点
不同,是由于当时的社会弊病不同。他接着又说:

> 我自反慎独之功,向内受用与成事,取于阳明良知之发起,辨惑之
> 事依据朱子穷理之学。朱王之世,学者之惑不同,易地而可同矣。关
> 于穷理,空言〔穷〕事事物物之理,则有人疑矣。只由于学者之心有所
> 惑之事物而穷其理也。然则是初学时之事也。若心知得大意,虽有不
> 辨不知之事、千万事物来于面前,而无可惑矣。[②]

上述内容在蕃山《集义和书》与《集义外书》中都有记载。蕃山认为自己的
学说融合了阳明自反慎独的良知说与朱熹辨惑穷理的思想,各取所长,站在中
立的立场。他的此番言论也多被视为是朱、王兼修的依据。[③]但进一步分析,可
以看到,蕃山虽承认学者的疑惑会因时不同,但从根本上来讲是相同的,既不能
只空言穷事物之理,又不能只在有疑惑的事物上穷理,只有心知晓道理,在应对
万事万物时,才能无惑。因此,蕃山所谓穷理之理并非外物之理,而是心中
之理。

西川季格在《集义和书显非》中批判蕃山上述回答并不属实:

① 熊泽蕃山:《集义和书》,正宗敦夫编:《蕃山全集》第一册,蕃山全集刊行会,1941年,
第188页。
② 熊泽蕃山:《集义和书》,正宗敦夫编:《蕃山全集》第一册,蕃山全集刊行会,1941年,
第188—189页。
③ 后藤阳一、友枝龙太郎校注:《熊泽蕃山和中国思想》,《日本思想大系30 熊泽蕃山》,
岩波书店,1971年,第578页。

此回答极为不实。他(蕃山)中年成为中江氏藤树先生之门人而闻教,则受良知之至教,少有启发。自其时以来而知识略有展开,著述如此《和书》等。是皆师恩也。藤树先生依王阳明之书,而闻良知之说,知得孔门一贯之道而教示门人。若微王阳明、藤树先生,不能闻此学术矣。然置高恩之师与王阳明于度外而云"我只取用于古之圣人",何也? 只欲取我一人虚誉乎。真是不实傲慢之极,有过于此者乎?[①]

西川季格指出,王阳明的良知说与孔孟之道一脉相承,蕃山自入藤树门下受教良知说之后,才有所领悟而著述《集义和书》等,其学问离不开王阳明与藤树之教。而他说自己的格致论"只取用古之圣人",其实是为一己之虚荣的不实之言,是高傲自大的表现。

然而通过前面对藤树思想的分析可以得知,蕃山这种折中朱、王,兼收并蓄的态度也同样是受到了藤树的影响。

三、结语

由上述考察可知,蕃山关于《大学》的读解与诠释,明显继承了藤树的学问与思想。首先,在《大学》定本的选择上,他沿袭藤树的做法,以王阳明提倡的古本为定本,但按照朱熹《大学章句》分经与传。其次,他同样认为"诚意"的"意"指的是应当被去除的"私意",而不是无善无恶的"意"。关于"致知",尽管蕃山没有与藤树一样直接以"致良知"一词解释,但通过详细分析可知,他实际上使用了良知本身的含义来诠释。此外,在面对朱子学与阳明学的学问分歧上,他忠实地继承了藤树的治学态度,并不将朱子学与阳明学视为相互对立的思想,也不囿于门户之见对朱子学加以批判,而是采取宽容的态度接纳、吸收其可取之处。正如井上哲次郎所评价的那样,蕃山并不像其他阳明学者那样独尊阳明、轻侮朱子,反而是取朱子、阳明各自的长处,知宋代理学与明代心法于己之

---

① 西川季格:《集义和书显非》,正宗敦夫编:《蕃山全集》第一册附录,蕃山全集刊行会,1941年,第11页。

裨益。①总之,无论从学问本身,还是学术态度,蕃山都是藤树思想的忠实继承者。

关于蕃山的学问,门人巨势直干(? —1701)评价说:

> 先生壮岁,自学藤树至易箦,殆四十有余。应事接物,视听言动,日新月熟。贵朱王之学,穷天下之理,矫陷格拘外之弊,解书淫徒善之惑。藤原惺窝既兴王道之学,然未言自反心得之实、气质变化之论、水土时位之权。藤树创发明之,先生续恢弘之,于是圣学大完。且又世人以儒为一艺事,公侯大夫士不知所以学。依藤、蕃两师出,以明人人可日用之心法,始知国家急务矣。……识者以藤树比周濂溪,以蕃山拟程伊川云。②

从巨势直干的评述中可以看出蕃山的学问有以下几个特点:首先,蕃山为学处世是不断更新、不断趋于成熟的;其次,他的学风兼有朱子学与阳明学,既穷尽天下之理,又矫正学者陷于拘泥外物的弊害,解除沉迷书籍、徒求独善的疑惑;再次,蕃山弘扬了藤树倡导的自反心得、气质变化、水土时位等藤原惺窝未言及的理论,使儒学得以完善;最后,藤树与蕃山师徒改变了世人将儒学作为一种技艺的看法,使心法成为具有实用性的治道之法。巨势直干甚至将藤树与蕃山比作周敦颐与程颐,以形容二人的成就与影响。

蕃山的思想并不是只停留在理论上,他注重实践,力图将学问运用于政治与教育上。在这一点上他超越了藤树。蕃山结合当时的社会实际,撰写《大学或问》,向幕府提出经世济民之策。他要求君主行仁政,臣下谏言辅佐,在河川土地治理、饥馑赈灾、贸易振兴、大名财政、民生富强等方面都有许多建言,表现出他的政治敏锐性和对社会民生的关怀。蕃山也因在其中批判幕政被禁足于古河。这部《大学或问》也被誉为德川时期最为优秀的经世之书,后世儒者所提

---

① 井上哲次郎:《日本阳明学派之哲学》,富山房,1903年,第222页。
② 巨势直干:《熊泽先生行状》,正宗敦夫编:《蕃山全集》第六册附录,蕃山全集刊行会,1941年,第147页。

到的社会政治问题在这本书中都有所论及。①

　　阳明学的一个重要特色是将道德思想付诸行动。蕃山是如何将《大学》思想贯彻于冈山藩的治理中的,在蕃山政治思想与教育思想的形成过程中《大学》又发挥了怎样的作用,这些都是有待继续探讨的重要课题。

---

　　① 　相良亨:《近世日本儒教运动的系谱》,理想社,1965年,第81页。

第五章　清末中国官民的对日考察及其记录

　　以中日甲午战争(以下简称"甲午战争")为契机,近代中国人对日本的认识发生了较大的变化。甲午战败,给中国人尤其是中国知识阶层带来的冲击和震撼可谓巨大。这不仅是因为中国战后割地赔款,被迫签订丧权辱国的条约,更重要的是,耗巨资历数十年致力于洋务的"天朝上国"败给的不是"船坚炮利"的洋人,而是"蕞尔小国"日本,国势之衰弱、政府之无能,彻底暴露无遗。"日本小国耳,何兴之暴也",关心中国前途命运的人们在反思自国之不足的同时,开始分析日本迅速崛起的原因。如康有为所言:"近者日本胜我,亦非其将相兵士能胜我也。其国遍设各学,才艺足用,实能胜我也。"①人们大多认为日本之所以进步神速,关键在于不遗余力地普及近代教育并吸收西方近代科技文化。在此背景下,中国人不再过多考虑中日两国间自古以来形成的文化传承关系,而是以惊人的勇气,通过"以弟子为师",向"劲敌"日本学习西方近代科技、教育和文化,由此掀起了学习、研究日本的高潮。中日两国间的文化交流以与隋唐时期截然相反的方向展开,掀起了中日文化交流史的新高潮。

　　清末中国官民的对日考察,是近代中日文化交流的重要内容。它与派生留日、招聘日本顾问、翻译日本书籍等途径一样,都是近代中国通过日本汲取近代西方科技文化,敞开国门认识世界、走向世界的重要举措。大批考察者通过对

---

　　① 康有为:《请开学校折》,陈学恂等主编:《清代后期教育论著选》(下),人民教育出版社,1997年,第312页。

日本的考察,进一步认识到日本大胆借鉴西方,以教育为本,才走上了强盛之路。归国后,他们或著书立说普及新知,或大声疾呼改变旧传统以兴新学,或直接投身改革实践,对中国的近代化事业做出了巨大贡献。

第一节　清末中国官民对日考察概况及其先行研究

清末中国人赴日考察,以浙海关李圭为嚆矢。1876年,李圭在奉命赴美国参加建国百年纪念博览会的途中,游历考察了日本,并著有《环游地球新录·东行日记》。1887年,清政府通过考试选拔十二名官员,派赴日本、美国、加拿大、秘鲁、古巴、巴西各国考察。其中,对日考察用功最深的要数兵部郎中傅云龙,其所著的《游历日本图经》三十卷,资料翔实,内容全面,可谓是一部罗列日本问题的百科全书。但是,甲午战争前中国人的对日考察,不仅因没有形成专门的制度而使考察带有偶发性,而且考察多浮于表面,考察记录也多仅停留在资料的罗列上,对日本的理解尚欠深刻。

甲午战争结束后不久,随着维新和新政运动的兴起,出现了中国官民对日进行全方位考察的热潮。据不完全统计,自1898年至1911年的十余年间,有案可稽的赴日考察人数就达一千二百多人。[①]与甲午战争前相比,甲午战争后中国人的对日考察,无论从哪个角度看,其变化均非常明显。从考察者看,不仅人数大量增加,而且人员类型呈多样化,除提学使、知州知县等政府官员外,学校教员、民间文人学者、实业家、军事人员、留学生等也纷纷加入考察队伍。从考察内容看,以教育考察为中心,其他诸如法政、军事、农工商等也无所不包。从考察方式上看,或参观现场,或聆听讲座,或与专家学者座谈,考察细致充分,与甲午战争前主要进行资料收集和罗列的简单考察方式形成了鲜明的对照。从考察者对日本理解的深刻程度上看,身临其境的考察,使他们真正感受到了日本决意走西方道路,在"富国强兵""殖产兴业""文明开化"等口号的引领下所取得的巨大成就,从而也发现了中国积贫积弱的根源所在。

---

① 汪婉:《清末中国对日教育视察之研究》,汲古书院,1998年,附录第1—44页。

清末的对日考察者,不仅以一种积极的心态对日本进行了细致的考察,还为后人留下了一大批考察记录。这些记录,虽然有些已经散佚,但还有不少散藏于国内外的图书馆。仅东京都立图书馆实藤文库,就庋藏了实藤惠秀在战前收集的被称为"东游日记"的考察记录一百多种。这些考察记录,是今人研究清末中国官民的对日考察活动所必不可少的历史资料。

有关近代中国官民的对日考察,国内外研究者已做了大量研究。如汪婉著《清末中国对日教育视察之研究》(汲古书院,1998),系著者在同名博士论文(东京大学,1996)的基础上补充修改而成。该书利用考察者所留下的考察记录、日本外交史料馆及中国第一历史档案馆所藏相关史料等第一手资料,从清末中国人游历日本的各个阶段及其特征、日本教育考察对中国制定近代学制的影响、近代学制的普及与对日教育视察等方面,对清末中国官民的对日教育考察做了较全面的研究,是清末对日教育考察研究领域的重要著作,对推动清末中国官民赴日考察的研究起到了重要作用。熊达云著《近代中国官民的对日考察》(成文堂,1998),系著者在其博士论文《中国官民视察日本的历史考察——清末中国近代化的尝试与日本》(早稻田大学,1997)的基础上修改而成。该书分两篇共十章进行论述,第一篇"关于中国官民日本考察的历史性考察"论述了中国官民对日考察的过程、内容及日本的对应情况,第二篇"清末中国近代化的尝试与日本考察者的影响"从考察者对日本近代化的介绍、为制度改革献计献策、直接参与改革实践等方面,分析了赴日考察者对中国近代化尝试方面所产生的影响和作用。孙雪梅著《清末民初中国人的日本观——以直隶省为中心》(天津人民出版社,2001),从清末"东游"热的兴起、直隶省官民的东游与"东游日记"、东游所见日本教育、东游所见之日本实业等方面,着重考察了直隶省考察官绅在日本的所见所闻。吕顺长著《清末中日教育文化交流之研究》(商务印书馆,2012),上篇"对日教育考察之研究"在对教育考察者的主要类型及现存主要教育考察记录进行介绍的基础上,着重对吴庆坻、张大镛、程恩培等人的日本考察经过及其影响进行研究,并分析了清末日本教育考察对中国教育近代化的影响。孔颖著《走近文明的橱窗:清末官绅对日监狱考察研究》(法律出版社,2014),作为中国近代转型时期移植西方法政制度的专题研究,以"晚清官绅游历日本"与"近代西方监狱制度的移植"为研究视角,从清末中国对近代西方监狱制度的关注、清末新政时期对日监狱考察、赴日考察监狱的主要人物、小河滋次郎与清末监狱改良等方面,探讨近代中国以日本为媒介,有选择地接受近代西方法律制度的历程。罗晶论文《李宗棠日本考察之研究》(浙江工商大学硕士论文,2018),根据李宗棠的各类考察记、诗作及中日相关文献资料,从李宗棠的生平与著作、九次赴日考察、在日体验等方面,对李宗棠日本考察事迹及相关著作进行分析,试图还原李宗棠九次赴日考察的经过及其影响。

本章从近代赴日考察者中选取罗振玉、吴汝纶、汪康年、吴庆坻四位具有代表性的人物,通过他们在考察期间所留下的笔谈记录、访书记录、给国内家人的书信等第一手资料,从一个侧面考察他们在日期间的活动及其与日本官民交流的情况。

罗振玉在清末时期曾两度官派赴日考察。第一次是在任江楚编译局襄办,并在上海创办《教育世界》不久的1901年12月,受两江总督刘坤一、湖广总督张之洞之命,赴日进行了为期两个多月的教育考察,并著有考察日记《扶桑两月记》。第二次是在1909年6月,以学部参事兼京师大学堂农科监督的身份,以调查日本农学为主要目的,对日进行了近两个月的考察,并著有《扶桑再游记》。本章第二节将根据罗振玉的两次考察记录,着重对其考察过程及其在日本访书的记录进行研究。

1902年6月,吴汝纶以京师大学堂总教习的身份赴日进行了为期约三个月的教育考察,著有《东游丛录》。吴汝纶在日本考察期间,"日夕应客以百十数,皆一一亲与笔谈,日尽数百纸,无一语不及教育事者,所接亦多教育名家。反复诘难,曲尽其蕴,客退辄撮记精要,手录成册"[①]。由此可知,吴汝纶在日本考察期间与日本人进行了大量笔谈交流。本章第三节在对吴汝纶赴日教育考察的背景做简要介绍的基础上,着重对吴汝纶与日本学者井上哲次郎、林正躬、长尾槙太郎、研经会成员等人的笔谈记录进行分析,以期阐明吴汝纶与日本学者通过笔谈做了怎样的交流,以及其是如何学习、借鉴日本在教育方针制定、学生教育、学校管理等方面的经验的。

1898年1月,时任《时务报》经理汪康年为了解日本报业等的信息,赴日进

---

① 施培毅、徐寿凯点校:《吴汝纶全集》第四册,黄山书社,2002年,第1155页。

行了为期约三周的考察,并与之前在上海认识的日本汉学家山本梅崖在大阪再次相遇,与其交流思想情感。山本梅崖虽曾在其起草的檄文《告朝鲜自主檄》中痛骂中国,但当他目睹中国遭欧美列强瓜分后,开始同情中国。1897年9月来华游历时在上海与汪康年相识,此后两人保持了长达十余年的书信往来。汪康年和山本梅崖有诸多共同之处:两人都出身儒学世家,自幼接受传统的诗书教育,成年后都对西学抱有兴趣;都曾长期从事报业工作,作为知识阶层始终关心政治时事;提倡中日合作以共同抵抗欧美列强的侵略,并决心躬身力行。这些都是维系他们两人长期以书信等形式进行交流的思想基础。本章第四节在对两人的交往进行考察的基础上,着重介绍两人往来书信的内容。

1906年中国各省提学使一行的日本教育考察,因核心成员均为各省教育行政长官,所以其对各地方的教育行政以及地方的教育近代化事业影响之大不言而喻。吴庆坻作为湖南提学使参加了此次考察,并留下了考察记录《日本东京各学校参观笔记》以及在考察期间发自日本的数通家书。本章第五节将以这一史料为中心,着重对尚未被完全探明的清末提学使一行的日本教育考察日程及所听讲义的内容进行整理分析,并对吴庆坻在上述笔记和家书中所表露出的日本认识做一介绍。

第二节　罗振玉的两次赴日考察及其访书记录

仔细阅读众多清末对日考察记录,不难发现很多考察者在考察期间,均在访书上花费了不少时间。但遗憾的是,由于他们赴日的目的主要是考察,故所作记录往往详于与考察目的相关的内容,对访书、购书内容大多一笔带过,很少留下书名、书店等内容。但罗振玉的两次考察记录《扶桑两月记》和《扶桑再游记》,对其访书的记录相对比较详细。以下笔者在对罗振玉早期与日本人的交流做一概观的基础上,着重对其两次日本考察期间的访书活动做一考察。

一、罗振玉早期与日本人的交流

综观罗振玉一生的活动,无论是正面还是负面,都与日本有密切的关系。

其中,罗振玉自1896年来到上海至1911年移居日本的约十五年间,长年致力于农学和教育学的普及和研究,其间得到了众多日本人的协助,这也可以说是其生涯活动中最精彩的一部分。罗振玉在1901年末赴日考察前的数年间,以上海为舞台与众多日本人有大量交往,从中获取了大量有关日本的知识,这对其之后的日本考察和访书活动也起到了巨大作用。

罗振玉,字叔蕴,号雪堂,因出生于浙江省上虞县(今绍兴市上虞区)永丰乡,故也称"永丰乡人"。1896年,正处而立之年的罗振玉离开寓居地江苏淮安,前往上海。翌年,在同是淮安出生的蒋黼(字伯斧)的协助下,于上海设立农学社,创刊《农学报》,更于1898年设立日语学校"东文学社",这两个创举在当时都非常成功且获得巨大反响。罗振玉在来到上海前专注于研究经学、考证学等传统学问,但他抓住机遇,由传统学问转向近代农业技术的普及和语学人才的培养,可以说是完成了一次华丽的转型。罗振玉在上海的活动也受到了湖广总督张之洞、两江总督刘坤一的关注,1900年他受张之洞之命任新设的湖北农务学堂监督,更在1901年被任命为江楚编译局襄办,该机构旨在翻译及编辑出版海外书籍。《农学报》的成功使罗振玉声名大振,1901年他仿照《农学报》创办了中国最早的教育杂志《教育世界》,此刊至1907年12月停刊为止共刊行一百六十六期,对中国近代教育的普及发挥了重要作用。由于罗振玉在教育学方面也取得了巨大成绩,1903年其被聘任为两广总督的教育顾问,1904年就任江苏师范学堂监督,1906年就任新设学部的参事,在教育界也发挥出了他的才能。

在来到上海之前,罗振玉并没有机会与日本人接触,但1897年5月创办《农学报》后,经人介绍结识了当时受雇于《时务报》的译者古城贞吉,并请其为《农学报》担任翻译。除第六期以外,《农学报》前十期的《日本农学报刊选译》栏的翻译全部由古城贞吉完成,可以看出《农学报》创刊初期在日本农业技术相关报道的翻译方面得到了他的大力支持。1897年7月前后,藤田丰八被聘为《农学报》的翻译,后来他还兼任上海东文学社的教师、《教育世界》的编辑顾问和京师大学堂农科大学教习等,直至1911年罗振玉移居日本,他几乎始终跟随罗振玉,支持罗振玉的事业。1904年发行的《教育丛书》卷首有插画一栏,栏中共有二十四幅教育界名人的照片或图画,"至圣先师像"和罗振玉像之后就是藤田丰八的照片。照片的说明为："藤田学士丁酉夏应上海农会之聘渡来中国,倡设东文学社,其时我国大夫尚罕注意于和文者。旋迭任广方言馆、南洋公学附属东文学堂教习,训迪诸生,谆谆不倦。今为两粤高等教育顾问。其裨益于我国教育界也实大,故特揭其肖像以志钦迟。"①《教育丛书》由上海教育世界社刊行,罗振玉担任主编,丛书上的这段文字可以说是罗振玉本人对藤田丰八的评价。

关于设立东文学社的契机及与藤田丰八的关系,罗振玉曾回顾称:"方予译印农书农报,聘日本藤田剑峰学士(丰八)移译东邦农书。学士性伉直诚挚,久处交谊日深。一日,予与言中日本唇齿之邦,宜相亲善,以御西力之东渐,甲午之役,同室操戈,日本所战胜,然实非幸事也。学士极契予言,谓谋两国之亲善,当自士夫始。于是,日本学者之游中土者,必介。然苦于语言不通,乃谋办立东文学社。……时中国学校无授东文者,入学者众,乃添聘田冈君(岭云)为助教。"②由此可知,东文学社开办以来,藤田丰八在担任教员的同时也是学社的主要负责人,而且与学社的设立也有密切关系,还推荐了朋友田冈岭云担任教师,更给罗振玉介绍了许多来访上海的日本人士。

为罗振玉刊行的《农学报》《农学丛书》提供翻译原稿的日本人除了古城贞吉、藤田丰八,至少还有井原鹤太郎、川濑仪太郎、山本正义、吉田森太郎、田谷九桥、山本宪、米良文太郎、伊东贞元、镰田衡、佐野谦之助、桥本海关、藤乡秀树、中岛端、鸟居赫雄、安藤虎雄、中村大来等人,这些都是可以直接在报刊中确认的成员。这些人中,如汉学者山本宪、擅书画的诗人桥本海关、以《中国分割之命运》一书闻名的汉学者中岛端、上海日清贸易研究所成员兼记者鸟居赫雄等,他们大多是与中国有密切关系的人物。

与罗振玉相识的日本人大多是由藤田丰八介绍的。例如,在大阪创办汉学私塾"梅清处塾"的汉学家山本宪,他于1897年9月22日至12月1日,花两个多月时间游览了中国天津、北京、上海、苏州、汉口等城市,与许多中国学者见面交流。尤其是在上海见到的《时务报》主编梁启超、同报社的经理汪康年、刚创办农学杂志《农学报》不久的罗振玉,还有蒋式惺、章炳麟、张謇、叶瀚、汤寿潜等,

---

① 《农学丛书》第五集,江南总农会,1903年,卷头插图。
② 罗振玉:《雪堂自述》,江苏人民出版社,1999年,第12页。

都是当时中国著名的学者。其中,他尤与罗振玉和汪康年交流最深,据《燕山楚水纪游》(1898)记载,他与罗振玉于10月26日、11月16日、11月18日、11月25日、11月26日五次会面。书中记录两人初次见面是在10月26日,山本宪由藤田丰八带路拜访农学报馆,并在馆内与罗振玉面谈。①山本宪与罗振玉会面时被委托提供日文汉译稿,回国后"为清人罗振玉译书若干,送至上海"②,1899年的《农学丛书》第三集中载有《土壤学》(日本池田政吉著,山本宪译)、《农业保险论》(日本吉井东一著,山本宪译)。这些在1898年5月23日罗振玉写给山本宪的书信中也可得到佐证,如"土壤学及农业保险两译本、原本均收到"③等。

　　罗振玉到上海后较早认识并在后来相互影响的人物还有内藤湖南,巧合的是两人还是同龄。内藤湖南在清末民国时期曾多次前来中国,据其中国旅行记《中国漫游　燕山楚水》,1899年任《万朝报》记者的内藤湖南访问上海时初遇罗振玉。罗振玉曾对此回顾称:"光绪中叶,吾友湖南博士游禹域,以藤田剑峰博士为之介,爰订交于沪江。"④可知两人最先也是由藤田丰八介绍认识的。关于当时的情形,内藤湖南有如下记载:"与罗叔蕴之笔谈,多有关金石拓本,此一句彼一句,大多内容零碎难以记录。罗赠其著《面城精舍杂文甲乙篇》《读碑小笺》《存拙斋札疏》《眼学偶得》,吾还以《近世文学史论》。吾赠携来有延历敕定印右军草书、法隆寺金堂释迦佛……小野道风国字帖等,罗回我……无年号砖、宋元嘉甄等拓本。"⑤

　　罗振玉早期与日本人的交流,对其获得日本知识和形成对日本的认识产生了巨大影响,对其日本考察也有积极作用。

二、1901年的日本考察与访书活动

　　清末时期罗振玉两度赴日考察。第一次是在任江楚编译局襄办且《教育世

---

①　山本宪:《燕山楚水纪游》卷二,上野松龟舍,1898年,第4页。

②　山本宪:《梅崖先生年谱》,非卖品,1931年,第31页。

③　山本宪关系资料研究会:《变法派的书简和〈燕山楚水纪游〉——山本宪相关资料的世界》,汲古书院,2017年,第302页。

④　罗振玉:《满洲写真贴序》,《内藤湖南全集》第六卷,筑摩书房,1972年,第577页。

⑤　内藤湖南:《中国漫游　燕山楚水》,小岛晋治监修:《幕末明治中国见闻录集成》第四卷,Yumani Shobo,1997年,第245页。

界》创刊不久的1901年12月,时长两个多月,主要考察日本教育。第二次是以学部参事兼京师大学堂农科监督身份,1909年6月23日从北京出发,8月11日回到上海,主要考察日本的农科大学。

罗振玉从1901年12月14日开始日本考察,根据《扶桑两月记》,此次考察是"奉新宁南皮两宫保命",两宫保指两江总督刘坤一、湖广总督张之洞。《扶桑两月记》中对同行者也有如下记载:"携刘生秩庭大猷登神户丸,同行者为刘君聘之洪烈、陈君士可毅、胡君千之钧、田君小蕈吴焰、左君立达全孝、陈君次方问咸六人。刘君为湖北两湖书院监院,陈君等五人则自强学堂汉教习也。此行亦为视察学务,被南皮宫保之命,同予前往者。"① 可见罗振玉一行除了有江楚编译局的刘大猷,还有湖北两湖书院的刘洪烈,任自强书院教习的陈毅、胡钧、田吴焰、左全孝、陈问咸,共计八人。"至此次调查宗旨,于教育外,兼及财政。因财政为百物根元,财政不修,百为都废,教育亦无由而兴也。"② 不难看出此次考察以教育为主,兼及财政。至翌年2月19日回到上海为止,两个多月时间内,罗振玉除在东京、京都等地各个学校进行考察外,还与日本著名的教育家嘉纳治五郎、伊泽修二等数次长谈,请教有关中国教育改革的意见。除此之外,他还接触了近卫笃麿、长冈护美、文部大臣菊池大麓、外务大臣小村寿太郎等人,并收集购入了日本各类教科书、教育法规相关资料、理科实验设备和动植物标本。回国后,罗振宇记录了在日考察内容的日记,经山阳的旧友整理后,于1902年4月以《扶桑两月记》为名由教育世界社石印出版。根据此记录,可整理出罗振玉在访日期间的访书经过:

(1901年)

12月14日,赴日本视察教育事务。

12月19日,上午十一时到东京。……午后至神田区购新书数种归。

12月20日,午前至神田区购书。……归途过文行堂书坊,得《继高

---

① 罗振玉:《扶桑两月记》,王宝平主编:《晚清中国人日本考察记集成:教育考察记》,杭州大学出版社,1999年,第218页。

② 罗振玉:《扶桑两月记》,王宝平主编:《晚清中国人日本考察记集成:教育考察记》,杭州大学出版社,1999年,第218页。

僧传》写本残卷一轴,白麻纸两面书,宋以前物也,并购旧书十余种归。

12月21日,购书过芝区。

12月23日,至神田区购书。

12月25日,购中小学用教科书,兼购日本古泉币数十枚。

12月26日,书林送各种教育书来,选留百余册。

（1902年）

1月1日,为阳历元旦,整理所购教育书籍。

1月2日,午后至神田区购《清渊先生六十年史》而归。……异日当摘译为小册,以劝我邦之实业家。

1月5日,至下谷区池之端仲町琳琅阁书肆看书。该店专售古书籍,然中土古籍不甚多,非若昔者往往有秘籍矣。购得梁李暹注《千字文》一册,灯下观之,实系伪书。其注中言宋帝刘裕取钟繇所书《千字文》,命王羲之次均云云。注中又有贞观年代,其文鄙拙可笑。曩于《日本图经》①中见此书名,颇意为秘籍,今乃知是伪作,可为一噱。又购得《史记·河渠书》卷子半本卷,《欧阳文忠集》一部,欧集为三十六卷本,前有苏文忠序,熙宁五年七月公之子发所编定,中土所无也。

1月6日,选教育书中切要者五册,送陈君士可等分译之。是日,脚病大作,晚间至不能步。

1月21日,外部来知照,从十五日起,看各处学校。

1月26日,因日曜日停校,故不能阅看学堂。至琳琅阁购得梵唐《千字文》(僧义净撰)、景宋本《三因方》、《祖庭事院》②、《食医心镜》(唐昝殷撰)、景元本《儒门事亲》、景宋本《本事方后集》、《济生继方》、《唐六典》数种,并为中国难得之书。午后,河井君仙郎、日下部君东作来拜。……河井君赠穗积亲王碑拓本甚嘉,日下部君赠精楮,共谈金石学,久许而去。

---

① 指傅云龙的《游历日本图经》。

② 当为"祖庭事苑"之误。

1月30日，回候日下部君东作，出示所藏宋拓书谱序，刻本极精。后有元祐二年河东薛氏模刻十字，校之停云馆安氏诸刻迥不相侔，洵至宝也。君之友三井氏，拟刻之木，以广其传。又出示所藏唐人写经，及神代古器、金镮、石镞等，并言其内府，藏宋拓东坡宸奎阁碑一，后附高宗御碑一，参寥碑一，范石湖诗碑一，乃圣一国师至宋贵赉来者，亦宇内有数之名迹也。日下部君又言，日本收藏汉籍处以足利文库为最，劝往观，且言该地去东京不远，由上野趁汽车，二三时可达。以事冗不果往，甚以为憾。

2月1日，于书肆中购得宋闻人耆年《备急灸发》。

2月4日，至书肆购书，得林希逸《列子鬳斋口义》(此书中土甚少)，等数种。森氏立之藏书也。

2月15日，晨由大阪发神户。①

从以上记录中可以看出，罗振玉在访书上花费了大量时间，且倾注了极大的热情。在他12月19日抵达东京时，日本学校已经放寒假无法考察，所以他连续几日去了书店。1月6日开始因脚疾不能行走，两周左右没有出门，之后在参观学校的间隙仍继续去书店。但他具体去了什么书店，几乎没有写明，日记中大多仅写了"书肆"，写明的书店名仅有文行堂和琳琅阁。反之，书名的记载非常详细，尤其是贵重的书籍大都记载了书名。

罗振玉此次访书的最大特征可以说是在收集中国古籍的同时，还收集了普及新学的教育书籍。此次考察的目的是学习日本的近代教育经验，因此购入大量教育书籍是非常有必要的。罗振玉大量购入了中小学校用的教科书，有时从书店送来的书中一次性就选购百余种，且在访问期间就选出一些重要书籍，立刻让同行者翻译，从中可以窥见他希望早日让国内学校使用这些书籍和普及新学的迫切心情。由于购入的教育书籍并未记录书名，故无法确认，但其中一部分应该由罗振玉等人经营的教育世界社和江楚编译局翻译刊行。另外，购入古

① 根据罗振玉的《扶桑两月记》(王宝平主编：《晚清中国人日本考察记集成：教育考察记》，杭州大学出版社，1999年)整理而成，日期已换算成公历。

籍是访日的中国士大夫们共同的爱好,罗振玉尤其爱好古籍,他在发现中国难得的古籍时,大多会毫不犹豫地购入。

但是罗振玉访日时期与明治前期相比,贵重的古籍已逐渐难以入手。明治初期,日本社会急剧西方化,汉学逐渐无法兼顾,古籍大多卖得十分廉价,这对杨守敬等相对早期赴日访书者来说,可谓是"天赐良机"。杨守敬在日访书,"日游市上,凡板已毁坏者皆购之,不一年,遂有三万余卷。其中虽无秦火不焚之籍,实有禹然未献之书"①。当时市上汉学旧藏典籍之多不难想象。但随着来自中国的访书者的增多,书店的古书旧籍也逐渐减少,再加上许多民间人士和图书馆也开始重视收集,书的价格暴涨,赝本也开始增多。罗振玉为购古书去了有名的琳琅阁书店,但店内已经没有那么多中国古书秘本了,其以高价购入了梁李暹注《千字文》,但带回确认后发现竟是赝品。

三、1909年的日本考察与访书活动

1909年春,京师大学堂开始建设分科大学,包括经科、法政科、文科、格致科、农科、工科、商科等,罗振玉受邀就任农科监督。为此,罗受命以学部参事兼京师大学堂农科监督的身份,于6月23日从北京出发,以调查日本农学为目的赴日,至8月11日回抵上海,对日本进行了为期一个多月的考察。根据《扶桑再游记》,同行者只有范兆经(字纬君),访问地有神户、京都、东京、青森、函馆、札幌。在京都,他们访问了文科大学(京都帝国大学文学部前身),与校长松本文三郎、大学总长菊池大麓、图书馆长长岛文次郎见面,参观了大学图书馆。在札幌,他们访问了农科大学(现北海道大学),向校长佐藤昌介咨询了大学设备费、运营费等问题,还在南鹰次郎教授等人的带领下参观了农学的教室、机械室、教员室、藏书室、化学实验室、林学教室、第一和第二农场、制乳室、农具室、水产教室、标本室等。在东京,访问了驹场大学(现东京大学),向书记官武部直松咨询了大学的运营费用等,还参观了农学和林学的教室、林产物试验所。虽然罗振玉此次访日的主要目的是调查日本的农学,但其仅参观了上述三所大学,除了札幌的农科大学花费了两天,其他两所大学都仅各占半天左

---

① 张雷点校,杨守敬著:《日本访书记》卷首"日本访书记缘起",辽宁出版社,2003年。

右,其他时间大多花在了访书活动和与友人见面上。以下为其访书活动的主要
内容:

6月23日,由京乘八点三十分钟火车赴津。十二点抵津,寓长发
二十五号。

7月3日,午后二时抵神户。……同作民、纬乘四点卅六分火车赴
西京,六点半抵埠,寓麸屋町泽文旅馆。晚至书肆看书。

7月4日,九时半与作民访内藤湖南于冈崎町,坐中有富冈谦三
(号桃花庵)、桑原骘藏、狩野直喜三君。……途次遇剑公自德岛至,同
至书肆略览。……在内藤处见《左传集解》二卷,唐写本,本朝《三朝实
录》,明末高丽质子在北京时日记,并稀世物也。在富冈君处见唐写本
《毛诗正义》残卷,约二尺许。富冈君言与今本异同甚多。又有《二李
唱和集》,较陈氏刻本前后多十页,因借抄。又《周易单疏》古抄本,北
宋本《史记》一册。田中言东京神田金泽町龟谷省轩藏宋本《史记集
解》单刻本七十卷至佳。

7月5日,午前拜文科大学长松本博士(文三郎)、大学总长菊池文
相(大麓)、图书馆长岛学士(文次郎)。至图书馆阅览,出示精本书数
十种,最佳者为卷子本《白氏文集》残帙、宋本《春秋左氏传》。

7月6日,九时抵东京。……午后松山堂、琳琅阁购书数种归。

7月7日,至文行堂,得旧书数种。

7月9日,午前,田中君来谈。……午后至神田书肆及鹭田古泉舍
及新桥博品馆一览。

7月11日,午后四时抵函馆,寓藤屋旅馆,与纬君阅市,于村田氏
书肆(舟见町百八番万隆舍)购日本古泉数枚,诣肆主人,名留太郎,乃
彼邦古泉家也。

7月13日,早间八时同纬君、俊人赴农科大学拜佐藤校长(昌介),
座中遇南教授(鹰次郎),乃佐藤君嘱其导予等参观者也。……薄暮入
市观小书铺,得《伊犁纪行》归。

7月19日,晚餐后与伏侯、纬君至琳琅阁,购《杨升庵集》。

7月23日，午后访田中君，坐上见平子君（尚），出其所著《补斠上宫德皇帝说证注》，嘱署题。

7月24日，晨赴浅草广小路町北东仲町浅仓书店购书数种。

7月26日，河井君来约午后至三井听泉家看《文馆词林》，并同至表神町村口书店看书。村口书店有高丽本《东国通鉴》至佳，索百五十元，力不能得，为之太息。……午后返寓，同伏侯、纬君赴三井家（源右卫门）看《文馆词林》第一百五十八卷目（诗）……又出德人《大且渠安周碑考释》见示。

7月27日，便道过村口书肆，见有莲温诗，上钤"井井居士"印，询之店主，知竹添君老年售其书于松方伯，得价六千元，其尤精之本，则尚未售也。

7月28日，晚间与伏侯诣文求堂，见西京某氏所藏《日本书纪》一卷，唐代物也。书甚精。又见平子君所藏独人某所著《新疆古物记》。

7月29日，日下部君来，赠鹤毛笔二枝，鹤豪诗碑拓本一纸，谈久许。……晚间岛田翰、小林新六来谈。

7月30日，午后访河井君，出示黄椒升《续古印式》二卷，甚精。又出田中内相所藏《礼记义疏》卷子本残字见赠。同至神田区佐柄木町斋藤医院补齿，又至好古堂看书。晚岛田翰来，言愿介绍至宫内省看书。

8月2日，晨，与伏侯诣宫内省图书寮看书，岛田君介绍也。

8月3日，至文光堂、矶部屋书肆看书。

8月4日，晨，中岛、岛田、田中三君来谈。……午后为高田等作书。河井君来谈并赠拓本二种，殷拳可感，因与之同访德富苏峰（猪一郎），苏峰赠书二种、扇一。

8月5日，岛田君来，出郎晔注《东坡经进文》六十卷宋本，及宋庆元本《史记》见示，并精绝，言宫内省四碑已与高允照。九时诣早稻田大学校，晤青柳及市岛君，并出本校《纪事》等书见赠。纵观校中图书馆，有田中官相所捐《丧服小记疏义》卷子，精绝。又见佛经及元至元间高丽三书。午刻返寓。申刻赴新桥车站，伏侯、映卿、涤青、田中、岛田、河井诸君相送至升车,德富苏峰遣其友代送,六时三十分开行。

8月11日,八时抵吴淞,启行李入泰安栈。①

由此可见,罗振玉此次考察在访书上花费的时间比第一次考察时更多。所到的书店仅记录有店名的就有松山堂、琳琅阁、文行堂、浅仓书店、村口书店、文求堂、好古堂、文光堂、矶部屋书店等,与《扶桑两月记》中记载的书店名仅有文行堂和琳琅阁相比,此次书店名的记载较为详细。由于这些书店大多出售古汉籍,故也频繁地出现在其他清末访日中国人的旅行记中。尤其是专售汉籍的琳琅阁和文求堂,被称为访日中国人必去之地,知名度甚高。

日本明治八年(1875)在东京下谷区池仲町开业的琳琅阁,当时有些在中国难以入手的书在这里却能买到,再加上交通便利,吸引了众多中国人。杨守敬是初代驻日公使何如璋的随员,其也曾频繁出入琳琅阁并收集了不少在中国国内已散佚的古籍。据他与森立之的笔谈记录《清客笔画》,某日,杨将宋版的《荀子》影抄本展示给森,并称此为今日在琳琅阁所购。②1891年,作为驻日公使书记官来日的郑孝胥,1892年任筑地副领事,1893年任大阪领事,作为外交官在日三年,其在1891年的日记中有"(10月14日)过琳琅阁书坊,余买得《资治通鉴》一部、《宋诗抄》一部、《刘后村诗》一部、《物茂卿集》一部,共洋十六元,为书二百本"③的记载,可知他也在此购入了大量古籍。1903年,缪荃孙以江南高等学堂总教习的身份,与学堂提调徐乃昌一同赴日考察教育时,也曾两次前往琳琅阁,购得《续资治通鉴》、明代弘治本《黄山谷全集》、洪武本《理学类传》、活字本《五百家注昌黎集》等,徐乃昌则购得《千家诗选》等。④

文求堂是精通汉语的田中庆太郎于1901年在东京开办的汉籍书店。田中庆太郎在民国时期与傅增湘、董康、张元济、郭沫若、鲁迅等中国文人私交颇深,

① 根据罗振玉的《扶桑再游记》(罗继祖编:《罗振玉学术著论集》第十一集,上海古籍出版社,2010年)整理而成,日期已换算成公历。

② 谢承仁主编:《杨守敬集》第十三册所收《清客笔话》,湖北人民出版社,1997年,第534页。

③ 劳祖德整理:《郑孝胥日记》,中华书局,1993年,第239页。

④ 缪荃孙:《日游汇编》,王宝平主编:《晚清中国人日本考察记集成:教育考察记》,杭州大学出版社,1999年,第535页。

他还曾发行郭沫若等人的书。上文所记1903年访日的缪荃孙曾三度前往文求堂,购入了元代至大本《中州集》等一百三十三卷。①田中庆太郎在北京时已经结识罗振玉,他在罗振玉抵达东京三天后就特意前往罗振玉下榻的旅馆,就古文字的研究等与罗振玉交换意见,并在此后多次与其会面,对罗振玉的访书活动给予诸多帮助。

除田中庆太郎外,罗振玉在考察期间多次会面的人物主要还有日下部鸣鹤、河井仙郎、岛田翰、德富苏峰等。日下部鸣鹤和河井仙郎在罗振玉1901年访日时曾会面,此次日记中对日下部鸣鹤有"日下部君年已七十有二,强健如昔"②的评价。岛田翰和德富苏峰则是此次初识的人物,日记中有"河井君来谈并赠拓本二种,殷拳可感,因与之同访德富苏峰(猪一郎),苏峰赠书二种、扇一"③的记载,可以推测德富苏峰是由河井仙郎介绍而结识的。他们都将自己的藏书与罗振玉分享,介绍古籍的藏书信息,大力支持罗振玉的访书活动,更在后来通过书信往来等形式与罗振玉保持着联系、交换书籍信息等。其中,1916—1917年罗振玉写给德富苏峰的十余封书简至今保存在同志社大学综合情报中心,从这些书简中可知罗振玉向德富苏峰借了《三藏取经诗话》《三藏取经记》等书进行影印出版。

《扶桑再游记》中详细介绍了此次访书活动中由日本友人介绍的和在图书馆看到的书籍,但购入的书大多没有记录书名,明确记录了书名的只有《伊犁纪行》和《杨升庵集》。《伊犁纪行》是日本军人日野强按照参谋本部考察新疆的密令,于1906—1907年考察以伊犁地区为中心的新疆地形、人口、村落、城市、设施等的详细记录,在罗振玉访日前的1909年5月由博文馆出版。《杨升庵集》是明代杨慎(1488—1559)的作品集。其中还有原本想购入的高丽本《东国通鉴》,因一百五十日元高价而未能入手。与前文的郑孝胥于1891年以十六日元

---

① 缪荃孙:《日游汇编》,王宝平主编:《晚清中国人日本考察记集成:教育考察记》,杭州大学出版社,1999年,第535页。
② 罗振玉:《扶桑再游记》,罗继祖编:《罗振玉学术著论集》第十一集,上海古籍出版社,2010年,第138页。
③ 罗振玉:《扶桑再游记》,罗继祖编:《罗振玉学术著论集》第十一集,上海古籍出版社,2010年,第143页。

的价格购入二十本书相比，虽然还未过二十年，颇有恍如隔世之感。

四、结语

罗振玉在清末的访日活动虽仅有上述两次，但 1903 年大阪召开内国劝业博览会之际，他曾收到博览会总裁平田东介的邀请函，加之在上海结识的友人山本宪也发出了相同的邀请，因此本来还另有访日的机会，但罗振玉的母亲于 1903 年 2 月末离世，他因服丧未能实现此次访日。关于此事，同受山本宪邀请的汪康年在 1903 年 5 月 8 日写给山本宪的书信中也有提及："罗君因前月初丁内艰，能至东与否，未可知。"[①]最终，代替罗振玉访日的是好友蒋黼，他在其访日游记《东游日记》卷首称："光绪二十九年二月初九，在淮安由罗君叔蕴处送来日本博览会总裁平田东介氏请帖，邀往大阪观第五回内国劝业博览会。叔蕴云，此次东游，熟人甚多，可结伴同行。"[②]蒋黼在访日期间与罗振玉友人内藤湖南会面，并赠予内藤汉诗："夙昔曾观翰墨痕，今辰捧袂接龙门。愿将金石论交契，旧学商量古谊尊。"[③]

将罗振玉两次日本考察的日程及其记录进行比较可知，虽然两次都在访书活动上花费了大量时间，但第一次考察的学校数量比第二次多得多，对考察学校的记录也更详细。同时，第一次购入了许多关于新学的教育书籍，更在考察期间就从中选取一部分进行阅读[④]，或命同行者进行翻译。由此也可看出，1902年前后罗振玉对新学的关注，以及希望尽快引进日本的近代教育和农业技术的迫切心情，而 1909 年前后其主要兴趣和精力已逐渐回归传统的学问。

罗振玉于清末在日本购入的古籍，在 1911 年赴日后制作而成的《罗氏藏书

---

① 吕顺长：《清末维新派人物致山本宪书札考释》，上海交通大学出版社，2017 年，第354 页。

② 故宫博物院编：《故宫珍本丛刊》二百七十二册《东游日记》，海南出版社，2001 年。

③ 婉约、陶德民编著：《内藤湖南汉诗酬唱墨迹辑释——日本关西大学图书馆内藤文库藏品集》，国家图书馆出版社，2016 年，第 115 页。

④ 《扶桑两月记》中，介绍了很多诸如"二十八日（1902 年 1 月 7 日），读东籍，知彼邦制度。二十九日（1 月 9 日），读日本统计书。一月九日（2 月 16 日），读《女子教育论》，此书载美国女子教育为世界第一，师范生大半为女子。又言女子者，国民之母，其语尤精切"等读过的书的内容和感想。

目录》中也多次出现。例如,1901年访日时购入的《欧阳文忠集》、僧义净撰《千字文》、《祖庭事苑》、闻人耆年《备急灸法》、景元本《儒门事亲》、林希逸《列子鬳斋口义》,在《罗氏藏书目录》中分别有"《欧阳文忠文集》三十六卷,宋欧阳修,日本刊本""《梵语千字文》,唐释义净,日本刊本""《祖庭事苑》八卷,欠卷一卷二卷,宋僧善卿,日本重刊宋绍兴本""《备急灸法》一卷,宋闻人耆年""《儒门事亲》十五卷,金张子和,日本刊本""《列子鬳斋口义》二卷,宋林希逸,日本刊本"。[①]罗振玉孙罗继祖称:"《永丰乡人行年录》中出现的大云书库所藏的《梵唐千字文》、影宋本《三因方》、《祖庭事苑》、《食医心鉴》、影元本《儒门事亲》、影宋本《本事方后集》、《济生后方》、《备急灸发》、《唐六典》、《列子鬳斋口义》、森立之影摹唐《新修本草》残本都是日本考察时购入之物。"[②]并回顾说罗振玉的个人图书馆"大云书库"的藏书中多是清末日本考察时购入的图书。

如罗振玉那样,清末赴日考察者的访书活动非常普遍。在日本书肆中珍贵古籍逐渐减少的状况下,考察者们仍热心搜求古旧书籍,同时还购买了大量新学书籍,旧籍新书并求,可以说是清末考察者日本访书的最大特点。这对中国古籍的回归,以及促进中国近代化事业都有着重要作用。

近代东亚各国文化人对东亚各国交流网络的形成发挥了极大的作用。罗振玉在书籍的收集和刊行上倾注了大量心血,在这过程中他结识了众多日本文化人,通过学术交流相互加深了解,并不断相互影响。诸如罗振玉这样的人物还有不少,他们在近代东亚各国交流网络的形成过程中究竟起到了哪些具体的作用,有必要在进一步挖掘新史料的同时,以新视点重新检视原有史料,以推动研究走向深入。

第三节　吴汝纶的赴日考察及其在日笔谈记录

在汉字文化圈国家,作为使用不同语言者间交流的重要手段,汉文笔谈自

---

① 房鑫亮主编:《王国维全集》第二卷《罗振玉藏书目录》,大连图书馆藏《罗氏藏书目录》抄本,浙江教育出版社,2009年,第679、779、791、648、648、672页。

② 甘孺:《永丰乡人行年录》,江苏人民出版社,1980年,第24页。

古以来多为人们所采用,并留下了不少珍贵的资料。如日本近世以前的笔谈史料,人们所熟知的就有入唐求法僧圆仁《入唐求法巡礼行记》中的笔谈记录,江户时期漂流到日本、中国、琉球、朝鲜、安南等国的漂流民的笔谈记录,朝鲜通信使的笔谈记录,朝鲜燕行使史料《燕行录》中的笔谈记录,等等。

在日本明治前期,由于中日两国于1871年签署了《中日修好条规》,两国间人员往来日益频繁。在这一时期,虽然两国国民中具有对方国家语言听说能力者并不多,但日本因江户时期以来非常重视汉文教育,日本人尤其是知识阶层的汉文素养普遍较高。在此背景下,笔谈成了两国人会面时交流的重要手段,为后人留下了诸多足以见证当时交流盛况的笔谈记录。原高崎藩主大河内辉声与中国驻日使馆人员的笔谈记录《大河内文书》、汉学家石川鸿斋与驻日使馆人员的笔谈记录《芝山一笑》、旅日文人王治本在金泽的笔谈记录等,均广为人知。

到明治后期,随着中国留日学生、中国赴日考察官民、受聘前来中国的日本教习等的加入,两国间人员往来的规模不断扩大。但是,这一时期中日往来人员间的笔谈记录并没有与往来人员的规模等比增加。究其原因,大致有以下几点:一是这一时期两国国民中掌握甚至精通对方国家语言者已明显增多,相互间口语交流的障碍已大为减小;二是往来于两国间的考察旅游者即使不懂对方国家语言,也大多有翻译同行;三是日本人对中国文人的崇拜程度已大不如前,人们争先恐后与中国文人进行笔谈的现象已渐成往事;四是这一时期的笔谈以短时间一次性的内容较多,长时间、持续多次的笔谈较为少见,其记录往往没被完整保存,现所存留的笔谈记录更显珍贵。

如前所述,明治后期中国赴日考察者留下了大量考察记录。此次笔者以《晚清中国人日本考察记集成:教育考察记》①、《晚清东游日记汇编:日本政法考察记》②中所收录的资料为中心,对明治后期约三十种中国人对日考察记录进行了调查,发现留下一问一答式详细笔谈记录的只有吴汝纶的《东游丛录》(1902)

---

① 王宝平主编,吕顺长编著:《晚清中国人日本考察记集成:教育考察记》(上、下),杭州大学出版社,1999年。

② 王宝平主编,刘雨珍、孙雪梅编:《晚清东游日记汇编:日本政法考察记》,上海古籍出版社,2002年。

和舒鸿仪的《东瀛警察笔记》(1906)。此外,段献增的《三岛雪鸿》(1905)、胡景桂的《东瀛纪行》(1903)及严修的《东游日记》(1902、1904),虽都有与日本人进行笔谈的记载,但没有留下详细的笔谈记录。

本节首先通过上述舒鸿仪、段献增、胡景桂、严修等人的笔谈记录,分析清末赴日考察者与日本人进行笔谈的背景,即他们在进行笔谈时所处的状况。其次,在对吴汝纶赴日教育考察的背景做简单介绍的基础上,着重对吴汝纶与井上哲次郎、林正躬、长尾槙太郎及研经会成员等人的笔谈记录进行分析,以期阐明为引入近代教育制度和借鉴外国先进教育经验而迈出国门的中国教育家在对日本的考察过程中,与日本各界人士做了怎样的有益交流。

一、赴日考察者与日本人进行笔谈的背景

清末赴日考察者大多备有翻译,这些翻译人员有的来自国内,有的是在日本雇用的留学生或其他人员,有的是日本外务省配备的翻译。

尽管这样,赴日考察人员有时还是会以笔谈的形式与日本人进行交流,其原因是多方面的。首先,正如黄遵宪所言,"舌难传语笔能通,笔舌澜翻意未穷"[①],有时笔谈比口头翻译表达更加准确,交流更加顺畅,因而置翻译于一边而进行笔谈。如舒鸿仪《东瀛警察笔记》所载:"到东后,时与黑柳重昌、岛田文之助、新藤银藏及植木武彦、室田景辰、田川诚作等相见于警视厅或警察署,每有所问,辄倾怀相告。通译不及,佐以笔谈。语言难罄,示以书籍图表。"[②]舒鸿仪于1906年赴日,之后曾前往警视厅或警察署进行考察,虽然有翻译随从,但遇到口头翻译难以表达时,便利用笔谈。又如严修在他的《东游日记》中称:"五月十三日(1904年6月26日,西历为笔者换算,下同)……青柳君偕早稻田大学汉文讲师牧野谦次郎来访,旷生传译。牧野君又索纸笔论中国编历史教科书之法,其汉文颇条畅。"[③]严修在1904年赴日考察时,虽有高旷生等人专门为他翻

① 刘雨珍编校:《清代首届驻日公使馆员笔谈资料汇编》下册,天津人民出版社,2010年,第453页。
② 王宝平主编,刘雨珍、孙雪梅编:《晚清东游日记汇编:日本政法考察记》,上海古籍出版社,2002年,第227页。
③ 严修撰,武安隆、刘玉敏点注:《严修东游日记》,天津人民出版社,1995年,第181页。

译,但在早稻田大学相关人员来访时,也出现了置翻译于一边而与牧野谦次郎笔谈的情景。

其次是预定的翻译人员因故不在场,而不得不进行笔谈。如段献增在其考察记《三岛雪鸿》中称:"参观东京府立第一中学校,是日通译张振未来,同人持外务省信往。校长胜浦鞆雄见,为笔述来意,兼请笔谈,该长首肯。旋唤文学士雏田作乐至,欲以英语问对。又约井上翠来,能操中国语,略叙谈。"[1]段献增在访问东京府立第一高等中学时,因翻译缺席,不得不请求与校长胜浦鞆雄进行笔谈。也许是胜浦鞆雄笔谈能力有限,后来还请来了会英语和汉语的教员,试图请他们进行翻译。又如严修在《东游日记》中称:"六月二十日(1904年8月1日)……六时起,伊藤伊吉君所介绍之文学士小川银次郎来访。初至时旷生未起,两人以笔谈,旷生起乃为传译,计谈三小时之久。"[2]因对方来访时间较早,翻译高旷生尚未起床,只得先与之笔谈。

再次,虽有翻译者在场,但先笔谈问候后再通过翻译进行具体交流,这种事例也时有所见。如严修《东游日记》中,就有"六月十五日(1904年7月27日)……晚饭后,伊泽君所介绍之伊藤允美来谈,先索纸笔书挨拶语[3],汉文颇条畅,旋嘱智怡传译"[4]的记载。此时充当翻译的严智怡为严修次子,当时正在日本留学。

此外,视察者要求笔谈但被拒绝的例子也偶有所见。如段献增的《三岛雪鸿》有记载:"参观高等工业学校,投外务省信,延至校长手岛精一室。人极和平,自谓言语不通,又艰于笔谈,托本校留学生严智怡号慈约者招待。"[5]校长手岛精一人虽极平和,但自称言语不通,又不能笔谈,只能请当时正在该校留学的严智怡代为招待。

---

① 王宝平主编,刘雨珍、孙雪梅编:《晚清东游日记汇编:日本政法考察记》,上海古籍出版社,2002年,第90页。

② 严修撰,武安隆、刘玉敏点注:《严修东游日记》,天津人民出版社,1995年,第227—228页。

③ 挨拶语:问候语,日语词。

④ 严修撰,武安隆、刘玉敏点注:《严修东游日记》,天津人民出版社,1995年,第220页。

⑤ 王宝平主编,刘雨珍、孙雪梅编:《晚清东游日记汇编:日本政法考察记》,上海古籍出版社,2002年,第93页。

　　实际上,虽留下笔谈记载,但无从得知笔谈时状况的例子也不少。如胡景桂在《东瀛纪行》中称:"五月二十四日(1903年6月19日)……与竹添进一郎谈许久。此人名光鸿,字渐卿,嘉纳妇翁也。年七十余,汉学渊博,著作甚富,有《春秋补注》《蜀游记》①行世。"②胡景桂只记录了与竹添进一郎(1842—1917)进行了笔谈,但未说明是否有翻译在场等状况。再如严修在《东游日记》中称:"七月二十二日(1902年8月25日)……同西岛君再访藤泽君,笔谈片刻,并晤其嗣君元造。"③从这一记载中,我们也只能知道严修在日本大阪访问时,拜访了汉学家藤泽南岳及其长子藤泽元造并与之笔谈,而当时是否有翻译在场等情况则无从得知。

　　总之,到了明治后期,中日两国人员在语言不通的情况下,通过翻译进行交流已逐渐成为主流,但尽管这样还时常可见笔谈形式的交流。对于日本汉学家或汉文素养较高的人员来说,笔谈有时比口译更能准确地表达他们的思想。此外,尽管在明治中后期日本人对中国文人的崇拜程度已有所减弱,但对一些汉学素养较高的日本人来说,与访日中国文人学者进行笔谈,尚具有一定的魅力。但是,在赴日考察者的记录中,也有翻译人员不在场就无法进行交流的场面,这从一个侧面说明了中日文人的笔谈在经历明治前期的高潮后已渐渐走向衰退。所幸的是,在明治后期,由于中国留日学生等往返于两国间的人员大量增加,掌握对方国家语言并能从事翻译者已非鲜见,即使不通过笔谈形式,两国人的交流也已无太大的障碍。

二、吴汝纶赴日考察的背景

　　在众多赴日考察官绅中,1902年以京师大学堂总教习身份赴日考察教育的吴汝纶尤其引人注目。吴汝纶的赴日考察,与京师大学堂的历史密不可分,在此不妨对大学堂设立前后的经过做简单回顾。

　　甲午战争结束后的第二年,刑部左侍郎李端棻上奏《时事多艰需材孔亟请

---

① 《蜀游记》,或指《栈云峡雨日记》(1879)。
② 王宝平主编,吕顺长编著:《晚清中国人日本考察记集成:教育考察记》(下),杭州大学出版社,1999年,第614页。
③ 严修撰,武安隆、刘玉敏点注:《严修东游日记》,天津人民出版社,1995年,第38页。

推广学校以励人才而资御侮恭折》，提议设立"京师大学"，并在各省州府县通设学堂，建立藏书楼、仪器院、译书院，并广立报馆，向外国选派留学生。李端棻最先提出了设立京师大学堂的建议，但遗憾的是最终未被采纳。1898年6月11日，随着维新变法舆论的不断高涨，光绪帝下"明定国是诏"宣布变法，直接下令设立京师大学堂。7月3日，由梁启超起草的《奏拟京师大学堂章程》获谕准，标志着中国第一座近代国立大学正式诞生。此后，因"戊戌变法"，大多维新改革措施均被否定，但京师大学堂作为"戊戌变法"期间的成果被保留了下来。遗憾的是，1900年义和团运动发生后，京师大学堂被迫停办。翌年，慈禧太后以光绪帝的名义发布变法上谕，开始实施新政，并发布兴学诏书，决定重开京师大学堂，大学堂建设开始逐渐走向正轨。

1902年1月，工部尚书张百熙兼任京师大学堂管学大臣。管学大臣这一职务相当于京师大学堂总长，但它同时具有统辖全国教育行政的职能，即具有后来所设的学部大臣的职责。总教习一职由谁来担任？张百熙考虑再三，决定推荐具有高深国学造诣同时对西学也有深刻理解的吴汝纶出任。吴虽再三推辞，但最终被张百熙的热情所打动，以就任前先赴日本进行教育考察为条件答允就任。

1902年6月9日，六十二岁高龄的吴汝纶率大学堂提调绍英和荣勋，随行人员杜之堂、李光炯，翻译中岛裁之①等人从塘沽出发赴日。途经长崎、神户、大阪、京都，于6月28日抵达东京。吴汝纶一行虽然在途经地也进行了学校考察等活动，但在10月15日离开东京回国前的近三个月内，考察活动主要集中在东京。

有关吴汝纶的日本教育考察，尤其是对其考察经过和所取得的成果等，前

---

① 中岛裁之(1869—1939)，日本熊本县人。1897年来中国，后作为吴汝纶弟子入吴汝纶主持的莲池书院学习，时或教其他学生日语等。1901年，在吴汝纶等人的支持下，中岛裁之在北京创办日语学校"东文学社"。

人已做了大量研究[①]，本文不多做涉及。据吴汝纶长子，当时曾随父考察的吴闿生回忆，吴汝纶在日本考察期间，"日夕应客以百十数，皆一一亲与笔谈，日尽数百纸，无一语不及教育事者，所接亦多教育名家。反复诘难，曲尽其蕴，客退辄撮记精要，手录成册"[②]。由此可知吴汝纶在日本考察期间与日本人进行了大量笔谈。但吴汝纶《东游丛录》中仅留下了九人次的笔谈记录，说明有一部分记录可能未被收录。本节着重对吴汝纶与井上哲次郎、林正躬、长尾槙太郎、研经会成员的笔谈资料进行分析，以窥视吴汝纶与日本学者就近代教育制度等方面所做交流之一斑。

三、与井上哲次郎的笔谈记录[③]

井上哲次郎《巽轩日记》中有"九月九日，吴汝纶、小村俊三郎、新保德寿、古川义夫来访"[④]之记录，可知吴汝纶是在9月9日由外务省翻译小村俊三郎陪同访问时任东京帝国大学"文科大学学长"即文学部部长井上哲次郎的。那么，吴汝纶向井上提了哪些问题，井上又表达了怎样的见解？

吴汝纶通过笔谈在与井上做简短的寒暄后，首先向井上提出了他最关心的"日本的教育精神"问题。井上认为："敝邦教育，以融合、调和东西洋之思想为

---

① 有关吴汝纶在日本考察的研究主要有：(1)容应萸：《吴汝纶和〈东游丛录〉——以"洋务派"某教育改革方案为例》，平野健一郎编：《近代日本与亚洲：文化交流与摩擦》，东京大学出版会，1984年；(2)汪婉：《京师大学堂总教习吴汝纶的日本视察》，《中国研究月报》，1993年第3期，第7—25页；(3)赵建民：《吴汝纶赴日考察与中国学制近代化》，《档案与史学》，1999年第5期，第40—46页；(4)王鸣：《吴汝纶的日本教育视察》，《河北师范大学学报》，2000年第2期，第35—38页；(5)许海华：《1902年吴汝纶的日本考察》，《千里山文学论集》，2009年第82期，第25—39页；(6)铃木正弘：《清末对日本历史教育关心度的提高——吴汝纶访问日本的成果》，《亚洲教育史研究》，2011年第20期，第4—20页；(7)董秋艳：《中日战争后中国的日本女子教育信息：以吴汝纶1902年对日本的视察为中心》，《教育史学会纪要》，2012年第55期，第72—84页；(8)程大立：《吴汝纶对日本图书馆的考察和认识》，《淮北师范大学学报》(哲学社会科学版)，2013年第1期，第182—185页。另外，上述铃木正弘论文中，对吴汝纶的一部分笔谈内容做了介绍。

② 施培毅、徐寿凯点校：《吴汝纶全集》第四册，黄山书社，2002年，第1155页。

③ 王宝平主编，吕顺长编著：《晚清中国人日本考察记集成：教育考察记》(上)，杭州大学出版社，1999年，第363—365页。

④ 井上哲次郎：《巽轩日记——自明治三十三年至三十九年》(翻刻版，原资料藏于东京大学)，东京大学史料室编集发行，2012年，第40页。

目的。自然科学,莫如西洋。然唯取自然科学,而无精神以率之,则将不堪其弊。故以我精神运用之,此我教育所由而立也。贵国亦要先讲西洋自然科学,然无所谓哲学者,则教育之精神难立也。教育精神,毕竟在伦理。今日之伦理,非打东西之粹而为一冶不可。我邦学者所努力在此。"强调了东西洋思想并举且使其融合、调和的重要性。

其次,吴汝纶请井上谈对中国古代伦理思想的看法。井上认为,中国古代的伦理思想虽很优秀,但仍有诸多不足,如"崇人格之观念""重个人之权利""自由平等之精神""知实现理想之要"等方面都有待加强。至于理想的重要性,井上强调:个人之理想,乃伦理之本源;国家之理想,乃国家隆盛之原因。理想者,非取范于过去,而是期待于将来;非怀旧尚古,而是逐新而进。但逐新而进并非慢古,更非弃古,而是驾古而上。人类和国家,皆有不完全之处,唯具有理想才能使之进步。作为一个国家,须"多知东西诸国之国家,而有拔其粹以大成之,是国家之理想也。故实现理想,则必有进步,又有活气。古代文明故不足畏也"。古代之文明不可弃,"然使今日之国家及文物如古代,则断所不敢取也"。井上以自己对"理想"的理解,阐述了如何对待古与今、新与旧两者关系的问题。

此外,井上还就使国人实现理想的具体教育方法发表了自己的见解。他认为:"敝邦之学问,以医学兵学为起点。然及精神上之学问大起,社会之情态,俄然变动,至成一泻千里之势。"强调自小学至大学,开设伦理修身课,以进化论、博爱、自由、平等等西洋思想为中心教育学生,改造将来之国民,则数十年必见成效。

在吴汝纶日记中,有"八月八日(9月9日)……下午与小村同访井上哲次郎。其言教育精神,在知实现理想之重要。理想在脑,能驱人使赴向上之域,有活发之气。若自国家言之,宜取东西文明之粹,打为一块,以立理想"①的记录,由此也可看出,井上所强调的融合东西文明以立国家之理想这一观点,给吴汝纶留下了深刻的印象。作为一位对东西洋学问具有深刻理解的学者,同时作为

---

① 王宝平主编,吕顺长编著:《晚清中国人日本考察记集成:教育考察记》(上),杭州大学出版社,1999年,第278页。

最高教育机构的总教习,如何使继承东方传统文化和吸收西方近代文明有机统一,是困扰吴汝纶的重要问题之一,也是其希望通过此次赴日考察解决的重要课题。

井上哲次郎作为精通东西洋思想文化的学者,同时又是东京帝国大学"文科大学学长",其身份与吴汝纶类似,他在笔谈中所表明的见解对吴汝纶具有重要参考价值。井上认为:"自然科学,莫如西洋。然唯取自然科学,而无精神以率之,则将不堪其弊。"强调融合东西洋思想文化以确立教育精神,即在崇尚以中国传统思想文化为中心的东洋伦理思想的同时,致力于吸收以尊重人格、强调自由平等、重视个人权利、倡导实现个人理想为核心价值的西洋思想文化,以确立教育精神。吴汝纶在赴日考察之前对东西文化关系的认识,基本上未能摆脱"中体西用"思想的束缚,这从他在赴日前给斋藤木①的书简中所述的"今世富强之具,不可不取之欧美耳。得欧美富强之具,以吾圣哲之精神驱使之,此为最上之治法"②这一观点中也不难看出。这与井上的强调致力于吸收包括自由、平等思想等"体"的部分在内的西洋文化,并使之与东洋文化相融合这一思想,是有一定距离的。井上的观点虽然不可能完全被吴汝纶所接受,但给吴的思维增添了新的材料。两人的笔谈以吴汝纶的"大教多有深趣,获益匪浅,谈纸欲尽携去"结束。

四、与长尾槙太郎的笔谈记录③

长尾槙太郎,汉学家,曾任日本第五高等学校汉文教授,笔谈时任东京高等师范学校教授,后来曾与加藤驹二(金港堂社员)、小谷重(原日本文部省图书审查官兼视学官)等作为顾问受聘于商务印书馆。④8月25日,吴汝纶与长尾槙太郎进行了笔谈。对此,吴汝纶《东游丛录·摘抄日记》中有如下记载:"廿二日(8

---

① 斋藤木,曾任东京专门学校讲师,著有讲义录《中国文学史》(写本,1892—1893)。1902年与吴汝纶有书信往来。

② 施培毅、徐寿凯点校:《吴汝纶全集》第三册,黄山书社,2002年,第416页。

③ 王宝平主编,吕顺长编著:《晚清中国人日本考察记集成:教育考察记》(上),杭州大学出版社,1999年,第367—368页。

④ 郑贞文:《我所知道的商务印书馆编译所》,蔡元培等著:《1897—1987商务印书馆九十年——我和商务印书馆》,商务印书馆,1987年,第203页。

月25日），长尾槙太郎，字雨山，见过。谈教育事甚详明。谓日本初兴学，取诸州县贡进生，入大学预备科，使学西学。其后中小学校既备，而后贡进生之制度始废。今吾所欲推行者，即此贡进生之制也。"[1]笔谈记录篇幅不长，不妨全文引用如下：

　　问　此来欲取法贵国，设立西学。其课程过多，若益以汉文，则幼童无此脑力，若暂去汉文，则吾国国学，岂可废弃？兼习不能，偏弃不可，束手无策，公何以救之？

　　答　小子前年承乏文部，今教授于高等师范学校。教育制度课程，非偶无鄙见。然今时当路，皆知西学之为急，而汉学则殆不省。盖学徒脑力有限，姑择其急者耳。然其弊则至忘己审彼，为国家百年计，不能无疑。今贵国设西学，欲汉洋两学兼修，患课程之繁。中小学高等学校（大学预备校）课程，半汉文，半西学，而晋入大学，则专修其专门学，则庶乎免偏弃之忧。小子虽不敏，若或有所便于寻求，犬马奔命，所不辞也。

　　问　课程中半西半，仆以为甚难合并。西学不能求记诵，止是讲授而已。汉学则非倍诵温习，不能牢记。不牢记，则读如未读。今若使学徒倍诵温习，则一师不过能教五六学生，势不能如西学之一堂六七十人，同班共受一学，此其难合并者，一也。西学门类已多，再加汉学，无此脑力，二也。至大学，则汉文仅止专门，专门则习之者少，其不亡如线。此求两全，必将两失，奈何奈何？至执事允为寻求一切，感荷感荷！

　　答　学校之难设，非大中小皆具备，则难得完备。然新建制度，不可遽望完备，以渐就绪，为得其宜。敝邦初建大学，命州县征贡进生。贡进生者，谓各州所贡进也。贡进生大抵成年以上，已在其乡修得国学（敝邦旧时国学多为汉学），及游京入大学豫备门修西学，而后入大

---

　　①　王宝平主编，吕顺长编著：《晚清中国人日本考察记集成：教育考察记》（上），杭州大学出版社，1999年，第276页。

学就专门。以俟中小学校生徒之卒业而出，既得中小学校卒业生，而此制废。凡新设法，过急则败，要在使人东西更面而不自知也。贵国大学堂，先选举人以上之人材而就学，待中小学之备，而徐制学则学课，于其统系联络，盖得一贯乎。

问 贵国贡进生入大学豫备门，其所学课程如何？公能言其大略乎？敝国今日愿仿此制。

答 重当拜候。

吴汝纶在与长尾笔谈的开头就明言此次的视察目的是"取法贵国，设立西学"，只是难以确定西学和汉学的比重，希望听取长尾的意见。长尾建议，中小学和高中，汉学和西学可分别各占一半，进入大学后继续学习特定的专业，这样两者即可兼顾。吴汝纶并未完全同意对方的观点，认为要让学生同时等量学习西学和汉学，但在时间安排等方面很难做到。长尾因此介绍了日本在明治初年实行的所谓"贡进生"制度，即由各藩推荐具有一定学问基础的十六岁至二十岁的年轻人入大学南校（东京大学前身）的制度，并建议中国的京师大学堂也可选拔具有举人以上资格的学子入学，等中小学渐渐完备后，再通过正规的选拔方式选拔学生。吴汝纶对此"贡进生"制度极感兴趣，当场表示"敝国今日愿仿此制"。在日本视察期间，吴汝纶还写信给京师大学堂译书局副总办林纾，称："此邦教育程度，吾国已觉难追。其明治初年，由各藩选取生徒，送入大学，谓之贡进生。其后大学卒业，视后来由中小学堂升入大学者，其卒业程度反高。以其根柢汉学者深，其研究西学更易。今吾国尚无中、小学堂，而先立大学，似宜仿照日本贡进生成法。取十余、二十余年之生徒本国学问已成者，使之入学讲求西学，似为便捷。又不至有尽弃所学而学之弊，执事以为如何？"[①]吴汝纶在向林纾介绍了"贡进生"制度的同时，表示京师大学堂亦宜模仿日本贡进生之制度，选拔具有本国学问基础的学子入大学堂学习西学，这样汉学和西学均可兼顾。

① 施培毅、徐寿凯点校：《吴汝纶全集》第三册，黄山书社，2002年，第422—423页。

五、与林正躬的笔谈记录①

林正躬,号南轩,明治时期汉学家。著有《清国史略》(1876)、《大东烈女传》(1884)、《国会组织法》(1887)等。据《清国史略》版权页记载,其身份为"名东县下平民,京都府十二等出仕",住址为"上京第廿四区丸太町乌丸西入常真横町百八十七番地"。②吴汝纶《桐城吴先生日记》记载:"二十三日辛巳,林正躬'自署西京儒员近卫公师友'通书愿一见论教育,因与笔谈。"③可知是林正躬主动写信要求与吴汝纶谈论教育,而于8月26日相见进行笔谈的。此外,林自称"近卫公师友",是近卫笃麿少年时期曾随他学习汉学之故。两人的笔谈主要内容如下。

首先,吴汝纶就明治初期学校的设立状况提问,林正躬作为"于西京一部维新之学政,知其概略"者,对京都府之学区设置、学校经费、学费、教师工资、学生数、学生宿舍、课程设置等一一做了详细的介绍。

接着,吴汝纶以"今我国无中小学,京师已拟建大学堂,涉于躐等。下走拟将敝国学徒,年在二十内外者,考其汉学粗成者,招令入学西学,如此可否?"向对方征询意见,林正躬以"尊意所在即可也。少年不知本邦之事体者,直从事于西学,往往误其方向"作答,对吴汝纶考虑选拔具有一定汉学素养的学生入京师大学堂的设想表示赞成,并指出了直接让未知本国学问的少年学习西学的危险性。同时,吴汝纶还就年龄在二十岁左右粗成汉学的学生学习西学时的课程内容等求教,林正躬介绍了中学课程教科书的选定方法,认为"中学课程,先以读本择其善良者授之。如物理化学,则以译书授之。如方言,则聘西人为师"。

最后,吴汝纶还问了日本中小学所定之课程与欧美的异同之处,林正躬认为"无大差,但就适于本邦者变更之,采长舍短",强调了对课程内容适当进行取舍以适合本国国情的重要性。

吴汝纶与林正躬的笔谈是在与长尾槇太郎笔谈后的第二天。在上述与林

---

① 王宝平主编,吕顺长编著:《晚清中国人日本考察记集成:教育考察记》(上),杭州大学出版社,1999年,第365—367页。

② 林正躬:《清国史略》卷三,日本国会图书馆藏,1876年。

③ 吴汝纶著,宋开玉整理:《桐城吴先生日记》,河北教育出版社,1999年,第580页。

正躬的笔谈中,吴汝纶表示打算选拔"年在二十内外者,考其汉学粗成者"入京师大学堂,由此也可看出,长尾槙太郎所建议的仿照日本"贡进生"制度选拔具有国学素养的学子入学这一方案,给吴汝纶留下了深刻的印象。吴汝纶作为京师大学堂的总教习,同时作为直接参与全国教育的行政者,林正躬所提供的有关京都府学区设置等方面的详细信息,对吴汝纶参与地方教育制度的制定等具有借鉴作用。此外,虽然国学与西学并举这一京师大学堂的教育方针在吴汝纶访日前已经确定,但在课程设置、西学所占的比重、教科书的选定方法、教师的配置、教学内容的取舍等方面均有待确定,林正躬在这些方面所提的建议无疑具有一定的参考价值。

六、与研经会成员的笔谈记录①

研经会是1897年设立的以研究经学及其相关学问为目的的汉学研究团体,其主要活动是每月举行一次演讲会,这一活动一直坚持到1918年与斯文会合并。吴汝纶与研经会成员的笔谈时间和地点,虽然在《东游丛录》中没有记载,但《东游日报译编》称:"研经会汉学家诸氏,六日招待吴先生,于星冈茶寮开雅筵。是日午后,先生率随员二名,译官一名。交换名刺。安井②氏述本会之宗旨,及将来彼此亲交之谊,图学问之利益。先生亦草一文为答辞。……由是相与笔谈,彼此尽欢,不知夜之深也。"③可知此次笔谈是在9月6日的招待宴会上进行的,但仅从所留下的笔谈记录看,难以判断其笔谈的对象。另外,从吴汝纶的《研经会招待席上答辞》④和《研经会招饮于星冈次韵答池田精一绝句》⑤看,在此次欢迎会上,不仅有安井氏的演说和吴汝纶的答词,还有与池田精一等人的诗歌唱和。吴汝纶在答词中,指出不吸收西学国家将难以自立,以此强调西学之重要,同时也认为中国的传统文化虽有不足之处,但今后仍须重视。笔谈文

---

① 王宝平主编,吕顺长编著:《晚清中国人日本考察记集成:教育考察记》(上),杭州大学出版社,1999年,第368页。

② 安井小太郎(1858—1938),汉学家,历任学习院、第一高等学校、大东文化学院等学校教员。著有《论语讲义》《日本儒学史》等。

③ 《东游日报译编》,华北译书局,1903年,第49页。

④ 施培毅、徐寿凯点校:《吴汝纶全集》第三册,黄山书社,2002年,第450—451页。

⑤ 施培毅、徐寿凯点校:《吴汝纶全集》第一册,黄山书社,2002年,第461页。

字不多，不妨全文引用如下：

问　高等学校组织如何？

答　大要分三部。一部为法科文科，二部为工科，三部为医科。三年课毕入大学，以国语汉文为基，兼修英独佛三国语。如工科医科，别有实习。

问　人有言，学西国语言甚费脑力，必数年乃成，成矣尚非真学，必别学一专门之学，乃为本领，故此事甚难。若不学外国语言，得已翻之译书，或用西师讲授，使人通译，以告学者，较易从事。公以为何如？

答　吾国维新前，幕府开蕃书调查所者，使专门之士，译之以弘布。维新后十年间，亦如是。至十年以后，西学大盛，遂至如今日。今则以西人为教官，使学生学之。然语原元殊，领会甚苦，其费脑力非少。如下走以高见为当，然时势无奈之何。

问　贵国前辈，似皆以汉学为根柢，后进之士，则吐弃汉学，一奉西文。究竟人才，后进与前辈风采孰胜？

答　吾国前辈之奉西学者，以汉文为根柢，加之以西学，是以多有为之士。较人物古胜今劣。仆不知西学，然在工技之学，不可不资于西学。正德利用与厚生，学问之要，三言备之。东洋道德，西洋工技，合之始成。贤者当合并东西，陶熔一冶。

问　正德利用厚生，实括东西学之大成。贵国维新以后，德育智育体育，三事并重，近来智育体育皆著成效。德育今与古孰若？

答　吾国古有武士道者，加以贵邦圣贤经传，大有可观。今西学传来，混入西学分子。德育一贯，甚为难事，贵邦亦恐不能免。

问　如何而后使德育之说，不至徒托空言？

答　大问不敢当。然以鲰生见之，道德莫尚大圣孔子，天定之日，必风靡东西矣。此后进之所当勉也。敝邦明治七八年之交，西说盛行，至妇女子亦唱民主说。幸得回狂澜于未倒。盖欲取人之长，则其短亦不可不防，是必至之势也。唯有力而后取舍无失，切望慎之。

在向学生教授西学时,其方法大致如下:一是先让学生学会外语,然后由外国教习直接用外语教授;二是由外国教习用外语讲授并配备翻译人员进行翻译;三是使用已翻译的教材由中国教员用汉语讲授。吴汝纶认为,若采用第一种方式,学习外语需要大量时间,所以第二种或第三种方式较为可行。研经会成员向吴介绍了日本江户末期的洋学教育研究、洋书翻译之机构"蕃书调所",认为在初期可采用第二或第三种方式,但等条件成熟后,最好还是能让学生先学好外语,直接以外语授课。吴汝纶再问,在日本具有汉学根底者和着重学习西学者,两者"风采孰胜"?研经会成员认为"较人物古胜今劣",并引用《尚书》中"正德、利用、厚生"之词,在强调道德之重要的同时,认为在有效地利用民力和财力丰富民众的物质生活等方面也不可忽视,即认为将"东洋之道德"与"西洋之工技"有机地融合,才是最佳之方法。

七、结语

吴汝纶一生的教育实践活动,大致包括在任直隶深州、冀州知州期间推行地方教育,在主持莲池书院期间改革传统教育,以及以京师大学堂总教习身份赴日考察借鉴日本近代教育经验等三大部分。在他的一系列教育实践活动中,始终贯穿着一条主线,那就是在大力弘扬中国传统思想文化的同时,致力于借鉴西方近代先进文明成果。吴汝纶的国学造诣自不待言,通过协助"洋务派"人物曾国藩、李鸿章办理洋务等实践活动,极大地加深了他对西学理解,其学问可谓贯通古今,洞悉中外。就连西学造诣高深的严复,也认为"某沈潜西籍数十年,于彼中玄奥不能悉了也。先生往往一二语已洞其要。中外学术一贯,固如是乎?"[1],从而高度称赞吴汝纶对西学理解之深刻。正因为吴汝纶具有精深的国学造诣和对西学的深刻理解,才使他对两者的重要性均有正确的认识,认为国学和西方近代学问同等重要,两者均不可偏废。

如井上哲次郎认为"教育以融合调和东西洋思想为目的"一样,本节所介绍的数位吴汝纶笔谈对象,几乎都认为在重视吸收西学的同时,不可轻视东方的

---

① 吴闿生:《先府君事略》,施培毅、徐寿凯点校:《吴汝纶全集》第四册,黄山书社,2002年,第1161页。

传统文化。吴汝纶通过与他们的笔谈交流,更加坚定了汉学与西学并举的信念。在汉学与西学并举这一大前提下,吴汝纶向日本学者了解日本在教育方针的制定、学生教育、学校管理等各方面的经验,并从中得到了许多有益的启示。

然而,遗憾的是,也许是考察期间过度劳累,吴汝纶在考察回国数月后便因病去世,这使他没有机会亲自将考察所获得的成果付诸实施。然而,他给后人留下的考察记和笔谈记录等资料,在百余年后的今天,人们重新读之,依然觉得有许多部分仍有重要参考价值。

第四节　汪康年的赴日考察及其与山本梅崖的往来书信

山本梅崖是近代日本汉学家,曾担任报社记者,因其游历中国的汉文游记《燕山楚水纪游》[①]及与多位中国维新派人士的交往而闻名。1897年,时任《时务报》经理汪康年在上海与山本相识,1898年汪康年赴日考察时再次在大阪与其会面交流思想,此后二人保持了十多年的书信往来。本节主要通过《燕山楚水纪游》、汪康年的日本考察记录、二人的往来书信等资料,考察汪康年与山本梅崖的交往情况。[②]

一、山本梅崖和汪康年生平

山本梅崖,本名为宪,号梅崖,字永弼,通称繁太郎,亦称梅清处主人,日本

---

① 明治时期日本汉学家的汉文中国游记,最著名的是竹添光鸿的《栈云峡雨日记》、冈千仞的《观光纪游》和山本梅崖的《燕山楚水纪游》,时或被称为明治时期三大汉文中国游记。

② 有关山本梅崖生平事迹的研究,主要有:(1)《山本宪(梅崖)》,《西学东渐和中国事情:〈杂书〉札记》,岩波书店,1979年;(2)宫本正章:《增田水窗(半剑)的文艺与生涯》,《四天王寺国际佛教大学纪要》,1999年第32期,第163—198页;(3)宫本正章:《町的汉学者山本梅崖和船场主人增田水窗》,《日本语日本文化论丛·埴生野》,2002年第1期,第11—20页;(4)三浦叶:《川田雪山先生谈山本宪先生》,《明治的硕学》,汲古书院,2003年;(5)远藤光正:《山本梅崖所看到的中日战争后的中国——以〈燕山楚水纪游〉为中心》,《东洋研究》,1987年第82期,第57—88页;(6)山本宪关系资料研究会:《变法派的书简和〈燕山楚水纪游〉——山本宪相关资料的世界》,汲古书院,2017年;(7)吕顺长:《清末维新派人物致山本宪书札考释》,上海交通大学出版社,2017年;等等。

嘉永五年(1852)出生于日本土佐藩高冈郡。其祖父山本澹斋①系当地著名儒学者,曾长期任佐川第六代领主深尾重茂澄所开办的藩学"名教馆"之"学头"。父亲山本琏,号竹溪,也曾任同馆助教。山本生长在以汉学为家学的家庭,三岁开始学习《论语》,八九岁能读懂汉文,十岁读完《左传》《史记》。日本庆应元年(1865),其十四岁时,入藩校"至道馆",师从伊藤山阴、吉田文次、松冈毅轩、竹村东野等人学习《资治通鉴》《易经》等。日本明治元年(1868),十七岁时,入土佐藩洋学校"开成馆"学习英语。明治四年(1871),二十岁时,入东京"育英义塾"学习洋学。明治七年(1874),入工部省任电信技师。明治十一年(1878)因"不屑区区从事末技"而辞职。明治十二年(1879)开始先后任《大阪新报》《稚儿新闻》《中国日日新闻》《北陆自由新闻》的记者或主笔,撰写了大量有关自由民权思想的文章。明治十六年(1883),辞去报社工作后,于大阪开设汉学塾"梅清处塾"②。尽管如此,此后他仍非常关心政治,在私塾教学之余,作为自由党党员继续开展言论活动。明治十八年(1885),参与"大阪事件"③,起草檄文《告朝鲜自主檄》,以"外患罪"被处以禁锢刑,明治二十一年(1888)假释出狱,明治二十二年(1889)因颁布宪法而被恩赦释放。以后主要致力于私塾的经营④,并继续关心政治,在《爱国新闻》《东云新闻》上发表文章。明治三十七年(1904),因身体不佳将私塾和住居迁往冈山县牛窗町,直至昭和三年(1928)去世,度过了相对平静的晚年。去世后,其藏书被捐赠给了冈山县立图书馆。其著作有《文章规范讲义》《训蒙四书》《史记抄传讲义》《论语私见》《燕山楚水纪游》《梅清处咏

---

① 三浦叶的《川田雪山先生谈山本宪先生》、远藤光正的《山本梅崖所看到的中日战争后的中国——以〈燕山楚水纪游〉为中心》中均作"山本澹泊斋",本文从《梅崖先生年谱》作"山本澹斋"。

② 据《梅崖先生年谱》,其地址最初在大阪东区枪屋町,后于1885年3月迁至内九宝寺町,半月后又迁移至谷町一丁目。1899年5月,迁移至天神桥南。

③ 1885年以大井宪太郎为中心的自由党左派策划朝鲜内政改革,而因事前泄露计划最终未能实施的事件。这一计划试图通过支援朝鲜的改革派,让独立党掌握政权,以此为契机激发日本国民的爱国心,以推进日本国内的政治改革。但计划在实施前遭泄露,一百多名参与者在大阪被逮捕。

④ 释放后,梅崖因"大阪事件"而名声大振,其汉学私塾入学者也因此大增,学生规模几乎与当时藤泽南岳经营的泊园塾相当,梅崖本人也与藤泽南岳、近藤南州、五十川讯堂并列被称为大阪的四大汉学家。

史》《梅清处文钞》等。曾在"梅清处塾"就读,后来成为著名人物的有汉学家川田瑞穗①、歌人增田水窗、画家菅盾彦等。②

汪康年,字穰卿,号毅伯,清咸丰十年(1860)出生于浙江省钱塘县。父亲汪曾本,1851年举人,长期任地方下级官吏,有深厚儒学功底。汪康年自幼随父学习,1879年考取秀才,1889年中举人,1892年中进士。1890年入张之洞麾下,担任自强书院编辑,并在两湖书院讲授史学。1895年加入上海强学会,翌年与黄遵宪、梁启超创立《时务报》,主张变法自强并致力于宣传运动。1898年"戊戌变法"失败后,思想倾向改良,但仍对报业保持高度关注,先后创立《昌言报》(1898)、《时务日报》(后改称《中外日报》,1898)、《京报》(1907)、《刍言报》(1910)等。1911年卒,著有《汪穰卿遗书》《汪穰卿笔记》等。③

从上述山本梅崖和汪康年的经历中不难看出,二人都生长在儒学世家,成年后都对西学抱有兴趣,长年从事报业工作,关心政治时事,经历和志向均有许多共同之处。

二、山本梅崖访问上海并与汪康年相识

汪康年与山本梅崖初次会面,是在1897年11月山本访问上海时。同年9月22日,山本从大阪出发,开始游历中国,途经天津、北京、上海、苏州、汉口等地,历时两个月之久。12月1日回国后将游历记录加以整理,题名为《燕山楚水纪游》,于次年出版。

关于此次旅行的目的,山本在游记中记载:"在昔朝廷与隋唐通好,士留学彼地者往来不绝,而彼我邻交亦密。今则官曹商贾之外,绝无往游。学者但征诸书中,胸臆抒说而已。……而近年欧美人渐猖獗,动欲逞虎狼之欲。为邦人者,宜游彼土,广交名士,提挈同仇,以讲御侮之方。"④由此也可以看出,山本此次游历,并不单纯为了观光旅行,同时还希望与中国有识之士交流,共谋抵御欧

---

① 川田瑞穗从1896年开始在梅崖私塾学习了四年,后历任早稻田大学教授等职,因参与起草昭和天皇的终战诏书而知名。
② 主要参考同前《梅崖先生年谱》作成。
③ 汪诒年编:《汪穰卿(康年)先生传记遗文》,文海出版社,1966年。
④ 山本宪:《燕山楚水纪游》上册,上野松龟舍,1898年,第1—2页。

美列强之策。这不仅与他向来关心时务的性格有关,还与他身为汉学家对中国以及中国知识分子阶层抱有亲近感有关。

山本在游历中国期间,不仅会见了众多在华日本人,还认识了不少中国各阶层人士。现根据《燕山楚水纪游》中的记录,将曾会见的中国人士整理如下:

　　10月6日　卓(名不详,福建人,入职刑部,四十二岁)

　　10月14日　荣善、周笠芝、陶彬

　　10月16日　翔振、蒋式惺(以上在北京)

　　10月19日　陶大钧(天津)

　　10月23日　力钧

　　10月25日　力钧、余春亭、陈元、吴瑞卿

　　10月26日　罗振玉、邱宪、章炳麟

　　10月30日　梁启超、祝秉纲、戴兆悌、汪贻年、李一琴、汪颂谷(以上在上海)

　　11月8日　金学清、胡鹰青

　　11月9日　力捷三、力镰(以上在汉口)

　　11月16日　姚文藻、汪康年、罗振玉

　　11月18日　汪康年、罗振玉、王惕斋、孙淦、秸侃

　　11月20日　汪颂德

　　11月23日　狄葆贤、王锡祺、蒋斧

　　11月24日　汪康年、张謇、叶瀚、汪大钧、曾广钧、田其田

　　11月25日　叶瀚、汤寿潜、汪康年、曾广钧、汪大钧、汪钟林、罗振玉、狄葆贤、王锡祺、蒋斧

　　11月26日　汪康年、罗振玉(以上在上海)

此次旅行,山本逗留时间最长的是上海。在上海,山本通过当时在上海农会报馆从事翻译的藤田丰八的介绍,认识了汪康年、罗振玉等人。尤其是汪康年,在短短十日之内,与山本见了五次。有关第一次见面时山本对汪康年的印象以及两人的对话内容,游记中有如下记载:

汪子有德望,征辟不就,以清节自居。近日起《时务报》,论时事,该切痛到,为诸报魁。汪子谓子曰:"窃闻先生之论,欲实奉孔教,而以西人之政法辅之。此说于弟意最合。若现在欧洲之政,以墨为礼,以申韩为用,一时虽颇见效,久之必有决裂之忧。"予曰:"今日孔教不振,譬诸日月之食,何忧其光不复,责也在吾辈耳。"曰:"敝国自本朝定鼎以来,虽名儒辈出,然士子往往溺于科举,不知致力于本原。……是以人皆苟利禄,而绝不知畏惧奋发。欲扶持此事,非速设法振起不可。"予曰:"贵国到处有圣庙,春秋行释奠,此似崇奉孔教。然庙宇颓圮,荆棘没阶,无乃释奠皆属虚饰耶。且贵国学者,虽称崇孔教,观其诗文,屡见神仙等字。儒者甘心神仙等字,太为无畏。又葬祭托之僧道。夫儒者葬祭宜自行。托之僧道,甚非儒者本领何如。"①

两人的话题虽然也触及了中国的改革,但对话主要还是围绕儒学衰微的原因、科举的弊病等展开的。

两人第二次相见是在两日后的11月18日,此日汪康年和罗振玉为山本举行了欢迎会。参加者除汪、罗两人外,还有当时在《时务报》和《农会报》任职的古城贞吉和藤田丰八,从日本临时回到上海的华侨王惕斋和孙淦,后来作为留学生入山本私塾的嵇侃,等等。聚会时的谈话内容在山本的游记中没有记载。第三次相见在11月24日,此日汪康年为向山本引见张謇、汤寿潜、叶瀚等人,亲自带山本访问了他们的住处。不巧汤寿潜不在,未能会面。在拜访张謇和叶瀚时,山本与他们就中日的汉学和社会现状等交换了诸多意见,汪康年始终在场。第四次在11月25日,叶瀚招待山本,汪康年、曾广钧等人参加。第五次在山本回国前的11月26日,山本特地拜访汪康年并与他告别。

山本在上海期间通过藤田丰八介绍结识汪康年后,与其意气相投,连日交谈,并通过汪康年的介绍扩展了交流范围。1898年后,山本与汪康年、康有仪、梁启超、康有为、王照等众多中国志士保持交往,此次中国游历可以说是一个重

① 山本宪:《燕山楚水纪游》下册,上野松龟舍,1898年,第31—32页。

要契机。

三、汪康年赴日考察

山本梅崖回日本约一个月后,汪康年赴日本考察实业,同行者有时任《时务报》记者曾广铨。汪康年此次访日的目的,除考察实业外,正如其胞弟汪诒年所述,还有了解日本政治动态,争取得到与日本朝野人士合作机会等目的。[①]

赴日期间,汪康年加入了日本兴亚会,即日本亚细亚协会。吴以棨致汪康年函称:"闻兴亚会已入公名,条例如何,能示大概否?"[②]高凤歧在致汪年康的书信中也称:"执事东游,自为东亚要计,彼中贤士大夫怀此久矣。得吾国有心人一鼓其机,当更奋发。惜吾政府之不动耳。"[③]同年上海亚细亚协会成立,汪康年为其主要成员。上海亚细亚协会的成立,反映了中国朝野有识之士希望寻求与日本进行外交结盟的愿望,而日本朝野则试图以此消泯中国对日本的仇恨,确保自己在甲午战争中所攫取的利益。汪康年访日之前,恰逢德国占据胶州湾,欧美列强正加紧瓜分中国之时。汪康年对列强入侵亚洲带有强烈的危机感,提倡中日合作,访日前曾与当时活跃在中国的亚洲主义重要代表人物宗方小太郎等进行交流。此外,汪康年的访日,与此前同样倡导中日合作的山本梅崖在上海的多次交流也有一定关系。

当时的日本报刊曾对汪康年一行的访日进行了诸多报道。《大阪朝日新闻》先后在1月12日、1月16日、1月17日、1月18日做了四次报道,《大阪每日新闻》先后在1月11日、1月12日、1月17日做了三次报道。根据这些报道,可知汪康年一行主要访问了东京和大阪,1月2日抵达东京,1月15日到达大阪,1月18日从神户乘船回国。但相关报道内容多为其在大阪的活动,在东京的活动只有其在东京经济学协会例会上演讲时的相关记录。据《大阪朝日新闻》1月12日的报道,汪康年一行于1月8日[④]出席东京经济学协会的例会并进行了演讲。演讲会与会者六十余名,协会代表在演讲前的致辞中认为,"屹立东洋之大国,

---

① 汪诒年编:《汪穰卿(康年)先生传记遗文》,文海出版社,1966年,第99页。
② 上海图书馆编:《汪康年师友书札》第一册,上海古籍出版社,1986年,第294页。
③ 上海图书馆编:《汪康年师友书札》第二册,上海古籍出版社,1986年,第1598页。
④ 《大阪每日新闻》1月12日的报道则称演讲于9日举行。

唯中日两国耳。殷盼两国人民亲密交往","彼时之战争因一时政治冲突而起,两国人民仍怀友好之感情,故而应重温彼我之交情"。其后,汪康年就中国货币制度的改革进行了演讲。①

汪康年于15日晚到达大阪,第二天一早就会见了山本梅崖。山本带领在自己的私塾学习日语的留学生汪有龄和嵇侃,来到了汪康年当时的住处——中之岛六丁目"冈田きく"宅。在场者有汪康年的同行者曾广铨、当时在大阪川口从事贸易并与山本相识的孙淦、苏杭轮船公司即大东新利洋行创始人白岩龙平、自1897年8月第二次赴日的孙文(时自称"中山樵",从东京与汪康年等同行)、《大阪每日新闻》的记者等。《大阪每日新闻》对当时汪康年和山本的谈话内容有如下简要报道:

> 汪氏问梅崖先生:"山本先生,闻我中国胶州之事,得无气愤乎?"山本梅崖答道:"西人之心,非歼灭东人不已也。今日胶州之事,有识者早已察之。此余论中东两国益固邻交之原因。"对梅崖氏之答,汪氏极以为是,并称:"所以,弟极其希望中国人多来贵国学校学习,并多游历贵国,使民人彼此相亲和睦。"汪氏又慷慨陈词道:"贵国人才众多,文武兼备,而中国现今则……"②

由此可知,二人交谈以时局和中日两国合作等为主要内容。1897年11月,德国以两名德国传教士被杀害为由,派战舰占据胶州湾。此后,俄国、法国、英国分别强行租借大连旅顺、广州湾、威海卫及九龙半岛,列强不断瓜分中国。汪康年就此次胶州湾事件征求山本的看法,山本对此表示面临列强的侵略,中日两国需联合协作、共同应对,汪康年对此深表同感。

在大阪期间,汪康年一行考察了朝日新闻社,并参观了印刷器械及其运行情况③,还访问了东区高等小学和造币局。

---

① 《清国名士的来游》,《大阪朝日新闻》日本明治三十年(1898)1月12日。
② 《清国新闻记者》,《大阪每日新闻》日本明治三十年(1898)1月17日。
③ 汪康年和曾广铨访日归国数月后,在创办《时务日报》时,将当时主流的单面印刷改为双面印刷,并缩短了行的长度,以方便读者阅读。这被认为是此次访日的一大成果。

汪康年和山本在大阪的会面,虽然仅是访日的部分内容,但毋庸置疑,此次会面成为增进二人交情的契机。汪康年回国后,与山本梅崖书信往来持续十余年之久,便是二人交情深厚、志趣相投的反映。

四、汪康年与山本梅崖的书信往来

山本梅崖在其自撰年谱中记载,"去年游历清国,与清人交际稍广。与汪穰卿书信往来不绝"[①],山本借游历中国之机增加了与中国人的交往,特别是与汪康年数月之间在上海和大阪两地接连会面,其后书信往来频繁。现存汪康年致山本梅崖书信十九封[②],时间自1897年至1909年,山本致汪康年书信十五封[③],时间自1898年至1908年。以下各选两人的往来书信三封,介绍其内容。

> 梅崖先生执事
>
> 　大坂停骖,得候望颜色,蒙以优礼相待,并得遂升堂拜母之愿。惜以归期迫促,不获久留。乃荷远送,又赐珍食。康年千里归来,梦寐之中,犹如聆馨欬也。回上海后,闻胶州事已结,然苟且敷衍,将来之患,正未有艾。又闻张香帅及刘岘帅均极以与贵国联和为上策,已将奏请派员赴贵国,但未识内意何如。此事若成,诚两国之福也。康年近来料理日报,事极忙冗。不多及。敬颂起居。并候太夫人万福。又候贤夫人安好。
>
> 弟康年顿首

此信两页,信封正面书"请转交山本梅崖殿",背面书"汪康年",为汪康年回国后不久托人带给山本宪的感谢信,同时还表示了对胶州湾事件交涉结果的不满,以及对中日两国进一步加强联合的愿望。

---

① 　山本宪:《梅崖先生年谱》,非卖品,1931年,第31页。

② 　现保存在日本高知市立自由民权纪念馆,吕顺长的《清末维新派人物致山本宪书札考释》中有收录。以下引用不一一注出。

③ 　上海图书馆编:《汪康年师友书札》第四册,上海古籍出版社,1986年。按收信时间顺序编排,但部分书信从其内容判断,排序并不正确。以下引用不一一注出。

客日大驾东游，适留大坂，光顾蓬蒿，弟荷荣殊大。但草卒失款待，最非迎长者之意，弟负罪亦大。然幸不以弟不敏，归帆后，屡辱手教音问，又惠赐《时务报》，隆意殷殷，弟实不知所报。而弟方草贵国观光纪行文，不即裁书奉答，弟负罪于是乎益大矣。万在所阔略，幸甚幸甚。所草纪行文才脱稿，不日将奉呈左右，仰正教。嵇、汪二君语学大进，可刮目，请为安意。近日新闻报俄人益猖獗之事，东亚形势日迫，真可闷闷。敝国伊藤博文方为相，此人心术可知耳，何得有强人意之事。前四日议员公选始毕，反抗内阁者数占大半，顾伊藤为相不得久欤。代伊藤内阁者不可知为何人。然至支持东亚形势，比之伊藤必有可见者矣。时下为世道自重是荷，兹请文安，万祈炳鉴。

弟山本宪顿首

三月十八日

此为山本梅崖收到汪康年来信后的复信，时间为1898年3月18日。信中所提到的嵇、汪两人，以下有专门介绍，在此不再赘述。山本在信中主要介绍了自己对东亚和日本国内政治形势的看法。

梅崖先生阁下

昨奉手书，承以敝国朝事变更，垂念鄙人，感荷之至。敝国今岁改革，一切颇有除旧更新气象，实皆康君有为一人所为。顾求治未免太急，康君又不能容人，凡与己不协者，必驱之而后快，以致酿此奇祸。敝国皇上已奉太后垂帘，维新诸政已奉诏不行。康君只身南下，抵申后即为英兵轮接去，闻已至香港。其门人梁卓如行踪已不知若何。康君之弟广仁及参预新政之杨锐、林旭、谭嗣同、刘光第又杨深秀，则已奉旨处决矣。志事未遂，遽遭冤祸，深可惨痛。此外幸未株连。风闻当轴巨公已私召俄兵保护京城，而英公使亦电召印度兵到天津听令。两雄相角，其不以敝国北方为战场也几希。书至此，悲愤欲绝，想先生亦当同此浩叹也。敬问起居。

汪康年顿首

　　此信两页，信封正面书"日本大坂谷町一丁目山本宪殿　上海昌言报馆缄八月十八日"，背面邮戳有"大坂卅一年十月十七日"等字样。得知发生"戊戌变法"后，山本宪即于9月26日致函询问汪康年的安全情况。汪康年在此复函中，阐述了对政变的看法："求治未免太急，康君又不能容人，凡与己不协者，必驱之而后快，以致酿此奇祸。"《时务报》改为官办时，汪康年拒绝了康有为令他交出报馆的要求，加之与康梁交恶，给官方留下了汪并非康梁同党的印象，加之张之洞等人的保护，使他在"戊戌变法"后免遭逮捕，逃过一劫。汪康年此函中对康有为的评价，较真实地反映了变法发生后不久其对康有为及其所推进的维新运动遭受挫折的看法。

　　汪先生阁下

　　向者接北京政变之报，窃虑执事安否。直寄信昌言报以问之，未接复书。然依新闻所报，详悉执事安泰，慰甚慰甚。窃惟北京政变，实为贵国近日大事。继以各国兵入京，贵国从此滋多事。将如何生变，注目东亚大局者所痛忧不措也。弟不敏，私思欲入贵国，附随贵国大家骥尾，竭尽驽钝，从事贵国革新者日久矣。但未获旅资，旷日弥久，神空骋魂徒逝耳。及接近日多故之报，益不堪技痒，日西望咨嗟，幸见怜察，敬请道安。

弟山本宪顿首
十月十三日

　　"戊戌变法"后，日本有报道称汪康年也已被捕，但后来得以确认汪康年未被牵连。山本在未收到上述邮戳为"大坂卅一年十月十七日"的汪康年的信之前，于10月13日发出了此信。信中山本叙述了自己对此次变法的看法，还谈到若能解决资金问题，愿再渡中国，为中国之维新事业尽力的想法。

穰卿先生执事

平日疏懒，久不奉问，徒增愧仰已。今年敝国设博览会，目今各馆诸品陈列渐整。从此十数日之后，春风和畅，益可人身，伏惟与罗、叶诸贤泛槎东来，得经一瞥，弟将趋走为导是荷。敬请道安。

弟宪顿首

新三月十九日

与前述书信不同，山本此信并未谈及政治形势，而是向罗振玉、叶瀚发出前来参观博览会的邀请。日期为3月19日，虽没有年份记载，但博览会当为在大阪天王寺举行的第五次内国劝业博览会，时间在1903年。

梅崖先生执事

久未得音问，方深想念，前日奉手书，如荷百朋之锡。伏承雅意，招阅贵国博览会，借兹盛举，得觌芳仪，于以拾坠欢，理旧绪，宁非快事。惟近日大局日坏，吾辈处漏舟之上，日夜憷惕，不知所措。所谓"伤心人别有怀抱"，安得复有心情与贵国诸君子辜较品物，角胜工艺？(此非虚语。盖弟所亟欲得一见，同道其心曲者，惟君耳。)若天假之缘，得因事会与君相见，深所愿也。至鄙意所怀，端绪千万，恨非笔墨所能宣罄，谨函陈其略，惟君鉴之。罗君于前月初丁内艰，能至东与否，未可知。叶君方有译书之役，恐未及东行也。专覆。敬请箸安。

弟康年顿首

廿八夜

再，此函前日廿八所作，近日始发，亦可见弟意志隳败之大端矣。

此信两页，信封正面书"敬祈饬送山本先生　康年手具　四月十二日"。此为对山本上述3月19日来信的复信，表示因故难以前往参观大阪内国劝业博览会。

如前所述，汪与山本的往来书信除以上介绍的以外，还分别有十余封。从其他往来书信中可以得知，山本在收到汪康年所赠的《时务报》后，曾将译自日本报刊的文章提供给《时务报》①,但据笔者对《时务报》的调查,未能发现山本的署名译文。而罗振玉所创办的《农学报》《农学丛书》中,则有署名为山本梅崖的译文。如1989年出版的《农学丛书》第三集中,有《土壤学》(日本池田政吉著,山本宪译)、《农业保险论》(日本吉井东一著,山本宪译)两篇山本译文。山本的自编年谱中也有"为清人罗振玉译若干书,已送往上海"②,"受托为梁启超翻译政治总论"③等记载,可知山本利用自己会汉语的优势,为汪康年、罗振玉、梁启超等人翻译了不少文章。

清末中国不少人吸食鸦片,其中不乏有识之士,但吸食鸦片有损声誉是不言而喻的。山本在游历中国时,曾经由汪康年介绍登门拜访了当时著名的实业家张謇,并在《燕山楚水纪游》中记下了张謇"房中具鸦片器"④。汪康年发现这一记述后,在书信中称"大著记张季直修撰吸食洋烟,其实伊同住有人有吸食者,此事似系误会"⑤,山本则回信称"张先生家鸦片具之事,奉承来命,鄙著将再刊,再刊必除削"⑥。山本虽同意再刊时一定删除相关内容,但此书后来并未再刊,这一"误会"一直流传至今。

五、汪康年推荐入山本私塾学习的中国留学生

山本宪所创办的汉学塾"梅清处塾"还曾接收过多名中国留学生,其中最早入塾学习的是浙江籍学生嵇侃和汪有龄。"梅清处塾"学生名簿记载:"嵇侃,清国浙江省湖州府德清县学附生,同治十三年十月初四日生,明治三十年十二月五日入门,寄宿。汪有龄,清国浙江省杭州钱塘县附生,光绪三年正月初八生,明治三十年十二月二十八日入门,寄宿。"⑦由此可知,嵇侃和汪有龄入山本宪汉学塾的时间分别是1897年12月5日和同年12月28日。嵇、汪两人能入山本私

---

① 上海图书馆编:《汪康年师友书札》第四册,上海古籍出版社,1986年,第3296页。
② 山本宪:《梅崖先生年谱》,非卖品,1931年,第31页。
③ 山本宪:《梅崖先生年谱》,非卖品,1931年,第33页。
④ 山本宪:《燕山楚水纪游》下册,上野松龟舍,1898年,第37页。
⑤ 吕顺长:《清末维新派人物致山本宪书札考释》,上海交通大学出版社,2017年,第332页。
⑥ 上海图书馆编:《汪康年师友书札》第四册,上海古籍出版社,1986年,第3297页。
⑦ 《学生名簿》之《明治二十八年仲秋上丁以降学生名籍》,高知市立自由民权纪念馆藏"山本宪相关资料",编号D8。

塾学习,与汪康年等人的介绍有密切关系。汪有龄与汪康年是叔侄关系,汪康年1898年11月18日在上海与山本会谈时嵇侃也在场,可以推测当时请山本接收嵇、汪两人是重要话题之一。

嵇侃和汪有龄是作为杭州蚕学馆的学生被派往日本留学的。1897年由罗振玉在上海创办的《农学报》,多次记载了杭州蚕学馆派生留日的情况,如:"杭州蚕学馆已于上月十三日开学,学生三十人,备取学生三十人,额外二十人,留学日本者二人。"[①]又如:"(杭州蚕学馆)出洋学生:湖州德清附生嵇侃、杭州钱塘附生汪有龄,丁酉孟冬赴日,戊戌夏,汪有龄奉浙抚廖中丞改派东京学习法律。现在日本东京埼玉县儿玉町竞进社内习蚕,每月由学馆供给伙食束脩外,各给月费洋十元。"[②]《农学报》的这些记载,大致反映了杭州蚕学馆派嵇、汪两人赴东京留学的时间、学习科目及经费等信息。

《浙江潮》系浙江留日学生于1903年在东京创办的刊物,浙江留学生曾在该刊上撰文称:"至若吾浙江者,岁丁酉已有官派学生嵇君伟[③]、汪君有龄二人到东学蚕业,汪君以病早回国,嵇君于辛丑年夏卒业回国,是为中国官派学生至日本之滥觞。"[④]足见嵇、汪两人的留日在当时的留日学生界并非鲜为人知,浙江留日学生还以本省能最先派生留日为傲。

嵇、汪两人赴日后,先入位于大阪的山本宪汉学塾"梅清处塾"学习日语,数月便"语学大进,可刮目"[⑤]。1898年4月转入位于埼玉县的蚕业学校竞进社,尤其是嵇侃,"在竞进社甚攻苦,天雨采桑,跣足行十余里",林太守得知后,甚为欣慰,还寄去四十银元以资奖励。[⑥]1898年9月,嵇侃升入位于东京的蚕业讲习所,并于1901年夏从此校毕业后回国。汪有龄因近视不宜习蚕等被允许改学

① 朱有瓛:《中国近代学制史料》第一辑下册,华东师范大学出版社,1986年,第948页。
② 朱有瓛:《中国近代学制史料》第一辑下册,华东师范大学出版社,1986年,第950页。
③ 嵇君伟,即嵇侃。山本宪汉学塾学生名册《嘤嘤录》("山本宪相关资料",编号D13)记载:"嵇伟,侃改名,日本明治十三年(1880)十月生,清国浙江省湖州府德清县,清国杭州金沙港蚕学馆。"可知嵇侃曾改名嵇伟。而此资料中嵇伟的出生年月"明治十三年十月",据上文所引《明治二十八年仲秋上丁以降学生名籍》为"同治十三年(1874)十月",此处疑误。
④ 孙江东:《敬上乡先生请令子弟出洋游学并筹集公款派遣学生书》,《浙江潮》,1903年第7期,第4页。
⑤ 上海图书馆编:《汪康年师友书札》第四册,上海古籍出版社,1986年,第3295页。
⑥ 《蚕馆考绩》,《农学报》第四十七卷。

法律,于1898年9月进入位于东京的专门为中国留学生创办的学校日华学堂,并准备从此校毕业后升入第一高等学校,进而升入大学攻读法律。但遗憾的是,因健康问题,汪有龄后来仅在日华学堂学习一年,于1899年9月不得不放弃留学回国。

嵇侃留学回国后,先任蚕学馆教员。1914年,杭州纬成绸厂设立制丝部,其任部长,主持引进了日本最新型缫丝机一百台,以提高缫丝效率和生丝质量。1924年回家乡德清创办新型缫丝厂,亦致力于引进日本新型缫丝机械。1934年病逝于杭州。汪有龄从日本回国后,先任湖北农务局翻译,后入北京任京师法律学堂翻译。1912年,南京临时政府成立后任法制局参事,8月任北京政府司法部次长,同年创办北京朝阳大学并亲自兼任校长。1927年卸任朝阳大学校长,后离开北京定居上海,成为专业律师。1947年病逝于上海。

除驻日使馆1896年所招的特殊学生①和上述杭州蚕学馆1897年所派遣的嵇、汪两人外,目前尚未发现1897年之前有被派往日本的官费留学生。因此,杭州蚕学馆开了国内官费派生留日之先河。就此而言,其意义远远大于派生留学本身。除驻日使馆所招的特殊学生外,嵇侃、汪有龄是国内最早官费派遣的留学生,同时也是1897年唯一的官费留日学生,他们的赴日预示着国内大举派生留日的时代即将到来。

六、结语

除汪康年外,与山本梅崖交往甚密的中国人还有康有仪、康有为、王照等人。康有仪是康有为的族兄,曾于1898年进入大阪山本私塾学习日文翻译法,康有为、梁启超、王照等人流亡日本后,他离开大阪去横滨与梁启超等人共同参与了《清议报》的创办工作②。山本为支援流亡日本的康、梁等人,先后于1898

---

① 1896年驻日使馆招收的十三名学生,处在一种承前启后的特殊地位。从他们被派往日本的经过、学习目的及隶属关系上看,与前使馆内的东文学堂学生无异。从他们进入日本学校就读这一点上看,虽然在此之前已有人进入日本人经营的学塾学习,但这仅是个别现象,十三名学生同时被安排进入日本学校就读,则为后来者之先。因此,他们可以称作使馆招收的特殊留学生,而并非国内最早派遣的普通意义上的留日学生。

② 山本梅崖曾受康有仪所托为《清议报》撰写或翻译文章,《清议报》从第2号开始有署名"梅崖山本宪"的题为《论东亚事宜》的连载文章。

年9月27日至10月5日、10月下旬至11月4日,以及1899年3月14日三次前往东京,10月15日从东京返回大阪后,还与同志共同筹划成立了以支持康、梁等人为目的的日清协和会①。1899年春,在孙文首倡下,康有为等人在横滨设立了大同学校,山本被邀就任监督,但因无法兼顾私塾而谢绝。此外,日本外交当局担心康有为、梁启超、王照三人长期逗留日本于外交不利,安排让三人离开日本,并曾由外务省书记官楢原陈政委托山本做三人的劝导工作,山本以"穷鸟入怀,猎夫不忍杀之"谢绝。其后将此事通过康有仪传达给三人,三人对山本表示感谢并答应离开日本。其后,康有为从日本外交当局领取费用后离开日本,而王照和梁启超则因觉得路费过少等而未离去。②山本对中国的维新事业保持高度关注,这不仅反映在其与汪康年的交往中,在与康有为等人的交往中也可见一斑。

如前所述,山本作为自由党党员,曾极力支持并介入了1885年的"大阪事件",在这一过程中他起草的檄文《告朝鲜自主檄》曾被译成英语和法语,不仅在东亚各国,甚至在欧美各国也引起了较大反响。檄文内容表述非常过激,以"日本义徒,檄告宇内人士"开篇,认为将朝鲜视为附属国的清人"其罪贯盈,其恶滔天","犬羊为性,蠢若豚彘,顽冥弗灵"。③然而,当他目睹甲午战争后欧美各国争相瓜分中国的情形,一改原来对中国的看法并寄予同情。此外,他也站在维护日本国家利益的立场,强烈主张中日联合对抗欧美列强,④他的主张也引起了

---

① 日清协和会设立后的11月6日,梁启超曾致信山本梅崖表示祝贺和感谢(梁启超《致大阪日清协和会山本梅崖书》,刊登于1898年11月20日的《台湾日日新报》)。康有为在1899年3月2日《答山本宪君》的诗中也称"高士山本子,遗经抱器器。吾兄从之游,陈义不可翘。……慷慨哀吾难,奔走集其僚。感子蹈海情,痛我风雨俦"(《康有为政论集》上册,387页),对梅崖的支援表示赞赏。

② 山本宪:《梅崖先生年谱》,非卖品,1931年,第31—32页。

③ 山本宪:《梅崖先生年谱》,非卖品,1931年,第20—21页。

④ 《梅崖先生年谱》记载:"(日本明治二十七年)是岁以朝鲜事与清国开衅端,予致意见书于当路者数次。""(明治三十三年)清国义和团匪乱起,我邦及英俄佛独米伊诸国各发兵,至天津,入北京。予致书山县总理大臣、青木外务大臣,切论清国扶植大计之必要。""(明治三十六年)六月、七月、九月、十月,四次致书桂总理、小村外务,论外务。""(明治三十八年)秋,客岁开仗,予致书桂总理、小村外务论者数次,且言宜责割地,不宜赔款。"(原文中汉文日文并用,此处已将日文部分进行了翻译)目前已发现的山本致政府当局者的书信有1898年10月7日致大限重信、1898年10月17日到大限重信、1901年2月9日致伊藤博文的书信,具体内容可参照同前《清末维新派人物致山本宪书札考释》,上海交通大学出版社,2017年,第372—392页。

包括汪康年在内的众多与其结识的中国人的共鸣。汪康年与山本之所以能从1897年开始持续长达十余年的交往,主要是因为两人都高度关注政治形势,站在本国及东亚的立场上主张中日合作。他们的中日合作这一理念,因其后的日本侵略而告终,但在已过去一个多世纪后的今天,仍可赋予其新的含义。

第五节　吴庆坻的赴日考察及其考察期间的家书

1906年中国各省提学使一行的日本教育考察,因其核心成员均为各省教育行政长官,其对各地方的教育行政及地方的教育近代化事业影响之大不言而喻。关于此次提学使的日本考察,阿部洋在《中国近代教育和明治日本》中专设"提学使一行的访日"[①]一节,对提学使在日本文部省听取的讲座内容,以及他们与日本帝国教育会人士所讨论的议题进行了整理,并指出提学使一行的日本视察是清末对日教育考察非常重要的组成部分,需进一步加以研究。汪婉则利用清末的《学部官报》、明治时期与教育相关的杂志,以及日本外务省外交史料馆所藏的《外国官民本邦及鲜、满视察杂件》中的《清国提学使本邦教育视察之件》等史料,以《清末各省提学使的日本教育考察》[②]为题,对提学使司的开设、提学使一行的派遣经过、提学使一行的考察旅程、日本方面的接待、提学使和日本帝国教育会围绕义务教育的普及等问题所做的交流等,进行了全面系统的考察。上述研究,由于没有利用提学使们所留下的考察日记和记录,在提学使一行的学校考察活动的实际状况及在日本停留期间的日程安排等方面,还存在许多疑点。

本节利用笔者所发现的湖南提学使吴庆坻所留下的记录《日本东京各学校参观笔记》、在日考察期间发自日本的家书等,着重对清末提学使一行的日本教育考察日程及所听讲义的内容进行整理分析,并对吴庆坻在上述笔记和家书中所表露的日本认识做一介绍。

---

① 阿部洋:《中国的近代教育与明治日本》,龙溪书舍,2002年,第44—45页。
② 汪婉:《清末各省提学使的日本教育视察》,《中国研究月报》,1997年第1期,第1—13页。

一、吴庆坻履历及其日本教育考察的派遣经过

吴庆坻,字自修,号稼如,晚年号补松老人,浙江省钱塘县人。自幼年起,因父亲任官地的变化,先后旅居四川、陕西、河北、山西等地,1868年随父回到杭州,后入俞樾在杭州开设的诂经精舍学习。清光绪二年(1876)中杭州乡试举人,光绪十二年(1886)考取进士,入翰林院。1898年任四川省学政,1903年任湖南省学政,1905年任朝廷特设机构政务处总编,1906年被任命为湖南提学使,随各省提学使日本教育考察团赴日考察。辛亥革命后,移居上海,与冯煦、樊增祥、沈曾植、陈夔龙等组建"超社""逸社"两大诗社。1914年回家乡杭州,致力于地方志《杭州府志》《浙江通志》的编辑。著有《蕉廊脞录》八卷、《辛亥殉难记》八卷、《补松庐文录》八卷、《补松庐诗录》六卷等。①

如上所述,自1898年至辛亥革命期间,吴庆坻主要任地方教育行政长官学政和提学使之职。而在这一时期,中国相继推出了诸如开办京师大学堂(1898),重开京师大学堂(1902),制定《钦定学堂章程》(1903)和《奏定学堂章程》(1904),废除科举制度(1905),设立学部(1906),发布《教育宗旨》(1906),设立提学使司(1906),实行义务教育(1907)等一系列近代教育改革措施,教育近代化步伐不断加快。尤其是学部的设立,使长期以来受礼部国子监管辖的教育行政得以独立,对中国的教育近代化起到了强有力的推动作用。1906年学部设置不久,为统一全国教育行政,撤销了过去各省所设置的学政,并重新设立了提学使司。与各省提学使司相应,在各州县还设置了教育行政的末端机构——劝学所,从而形成了"学部—提学使司—劝学所"这一从中央到地方的教育行政管理机构。同时,《奏定学堂章程》中强调,要派遣官员到海外特别是日本进行教育考察,规定各地派遣品学兼优者到国外考察其学堂规模、制度、管理方法、教学方法等。②据此,学部奏请派遣光绪三十二年(1906)五月新任命的各省提学使中尚无海外游历体验的十六人,在正式上任前先前往日本进行为期三

---

① 简历系参考浙江图书馆藏《吴庆坻墓志铭》、浙江省政协文史资料研究委员会编《浙江近代人物录》、上海图书馆编《汪康年师友书札》等资料整理而成。

② 璩鑫圭、唐炎良:《中国近代教育史资料汇编:学制演变》,上海教育出版社,1991年,第490页。

个月的学务考察,并获准许。这十六名提学使是:湖北提学使黄绍箕(考察团长)、浙江提学使支恒荣、山西提学使锡嘏、湖南提学使吴庆坻、黑龙江提学使张建勋、甘肃提学使陈曾佑、吉林提学使吴鲁、福建提学使姚文倬、辽宁提学使陈伯陶、江西提学使汪诒书、新疆提学使杜彤、云南提学使叶尔恺、广西提学使李翰芬、陕西提学使刘廷琛、山东提学使连甲、安徽提学使沈曾植。

除上述十六人外,考察团成员中还有学部右参议林灏深,以及学部委员五人、随员八人,因此,在学校视察日程表中,考察团一行被称为"清国提学使学部高官"。

另外,因有过海外游历经历而没有参加此次考察团的提学使有奉天省提学使张鹤龄、直隶省提学使卢靖、江苏省提学使周树模、河南省提学使孔祥霖、四川省提学使方旭、广东省提学使于式枚、贵州省提学使陈荣昌等七名。

考察团一行于1906年8月4日(光绪三十二年六月十五日)从上海出发,8月8日抵达东京。在日期间,他们听取了日本文部省安排的讲座,参观了各类学校,与日本各界人士广泛接触,对日本的教育进行了较为深入的考察。

二、吴庆坻的《日本东京各学校参观笔记》

清末赴日考察者中,许多人的考察记录都曾被刊印发行,现在国内外的不少图书馆都还收藏着此类考察记录。但是,1906年提学使一行的考察记录仍无一被发现,这给进一步深化有关提学使日本考察的研究带来不便。

经多方查找,笔者数年前在上海图书馆发现了湖南提学使吴庆坻留存下来的考察笔记。据该馆管理人员介绍,该笔记为个人捐赠,但捐赠者的姓名未被记录。该笔记为手写本,由铅笔和毛笔书写,所用本子为当时的普通笔记本,共四册,题为《日本东京各学校参观笔记》。第一册为参观各学校时的日记,始于1906年9月25日;第二至四册为文部省听课笔记,分别为《日本兴学之经验》《各国学制及其沿革》《日本现行教育制度》。

在第一册的扉页上,题有"此四册笔记为先公子修赴日本考察教育所作,吴谏斋识"字样。据吴庆坻的曾孙吴廷斌先生介绍,吴谏斋是他的叔祖父,即吴庆坻墓志铭中"侧室周氏生士镳及女孙四人"的士镳,字谏斋,曾于1949年后在上海图书馆工作,是上海文史馆馆员,1962年退休回杭州居住,1982年去世,享年八十岁,无子女。吴廷斌先生还认为,吴谦斋在笔记上写题识,应在其于上海图书馆工作这段时间,因当时的同事都已退休或作古,故现在上海图书馆无人知道他。捐赠者很可能就是吴谦斋本人,因题识写在捐赠前的可能性较大。另外,同为吴庆坻曾孙的吴廷璿(吴廷斌兄)在编《钱塘吴氏著作志略》时,也不知有此笔记,故未能收入。

《日本东京各学校参观笔记》第一册的扉页上,有吴庆坻的亲笔题语:"晷刻所限,听睹不详,或漏或讹,皆所不免,未足示人,聊志吾劳。赤坂区冰区町四十五番地寓楼书。"由此也可以看出作者没有将笔记付诸刊行的原因。事实上也正如作者题记中所言,稿本中留待书写的空白处和只写了寥寥数字的地方有很多,可见作者对考察的记录并不完整。

但是,由于此笔记是迄今所发现的提学使本人所留下的有关考察内容的唯一记录,因此具有重要的史料价值。第一册记录了其参观日本各学校的情况,内容丰富且不乏风趣之处。如著者对当时教育中国留学生所在学校的记载:嘉纳治五郎的宏文学院"外观美内容差";法政大学中国留学生部梅谦次郎的教学方法"堪称一流";明治大学附设经纬学校"不善,寄宿在对门,以旅馆为之";实践女学校"有中国女学生十余人";等等。从著者寥寥数语的评价中,我们能够窥见中国人留学日本高峰时期留学生教育之一斑。听取文部省开设的讲座是赴日考察团在日本进行的主要活动之一,而吴庆坻的三册听课笔记,对于探明这一活动的经过和内容至关重要。在此,笔者先以吴庆坻的考察笔记为依据,着重对提学使一行的视察日程和文部省讲座的内容提纲做一介绍。

前述汪婉的论文中,关于提学使一行的日本考察日程,由于缺乏提学使们所留下的有关考察记录的第一手资料,只是根据日本外务省所藏《清国提学使本邦视察之件》中的一些零星记录,以及当时日本各种教育杂志上登载的相关报道,或者诸如吴阴培的《岳云盦扶桑游记》等一些当时的其他赴日考察人员所做的记录,等等,在可能的范围之内进行了推测和整理,因此尚有许多不甚明了之处。尤其是提学使参观学校的具体日程安排,由于缺乏资料而未被涉及,只是推测为大致是在听文部省讲座的间隙进行的,这与吴庆坻的记录完全相反。

现将吴庆坻笔记所记载的提学使一行的日本考察日程介绍如下:

文部省授课日程

[8月4日(周六)—8月19日(周日)无记录)]

8月20日(周一)—9月1日(周六)文部省视学官野尻精一讲"日本兴学之经验"

8月20日(周一)—9月8日(周六)文部省参事官田所美治讲"各国学制及其沿革"

9月3日(周一)—9月15日(周六)文部省参事官松本顺吉讲"日本现行教育制度"

[9月16日(周日)—9月24日(周一)无记录]

参观日程

9月25日(周二)圣堂　　　　　　　　　　　本乡区汤岛三丁目

　　　　　教育博物馆　　　　　　　　　　同上

　　　　　东京高等师范学校附属小学校　神田区一桥通町

9月26日(周三)东京高等师范学校附属中学校　本乡区汤岛三丁目

9月27日(周四)东京市立常磐寻常·高等小学校　日本桥区兜町

9月28日(周五)私立早稻田大学　　　　　丰多摩郡早稻田

9月29日(周六)东京府师范学校　　　　　赤坂区青山北町五丁目

10月1日(周一)东京府女子师范学校　　　小石川区竹早町

　　　　　东京府立第二高等女子学校　　同上

　　　　　东京高等师范学校　　　　　　小石川区大塚洼町

10月2日(周二)女子高等师范学校　　　　本乡区汤岛三丁目

　　　　　同附属高等女子学校　　　　　同上

10月3日(周三)东京府立第四中学　　　牛込区市谷加贺町一丁目

　　　　　东京府立第三高等女学校　　　麻布区北日下洼

10月4日(周四)第一高等学校　　　　　　本乡区向冈弥生町

　　　　　第二临时教员养成所　　　　　同上

10月5日(周五)东京帝国大学　　　　　　本乡区元富士町

10月8日(周一)东京美术学校　　　　　　上野公园内西四轩寺迹

东京音乐学校　　　　　　　　　　　同上

帝国图书馆　　　　　　　　　　上野公园内

10月9日(周二)东京盲哑学校　　　　　小石川区指谷町

东京帝国大学理科大学附属植物园　小石川白山御殿町

10月10日(周三)东高高等工业学校　　　浅草区御藏前片町

工业教员养成所　　　　　　　　　同上

东京高等工业学校附属工业补修学校　　同上

东京府立职工学校　　　　　　　本所区林町

10月11日(周四)东京高等商业学校　　　神田区一桥通町

商业教员养成所　　　　　　　　　同上

东京外国语学校　　　　　　神田区锦町三丁目

10月12日(周五)私立大仓商业学校　　　赤坂区葵町

私立庆就义塾大学　　　　　　　芝区三田

东京帝国大学理科大学附属天文台　麻布区饭

仓町三丁目

10月13日(周六)私立共立女子职业学校　神田区一桥通町

中央气象台　　　　　　　　麹町区代官町

10月15日(周一)私立日本女子大学　　小石川区高田丰川町

10月16日(周二)官内省所辖学习院　男子部　　　　四谷町

同上　　　　　女子部　　麹町区永田町

10月17日(周三)

10月18日(周四)递信省所辖商船学院　　　　　越中岛

农商务省所辖水产讲习所　　　　　同上

10月19日(周五)东京府厅　　　　　　麹町区有乐町

东京市政府　　　　　　　　　　　同上

10月22日(周一)商国大学农科大学　　　荏原群上目黑村

10月23日(周二)

10月24日(周三)上午印刷局、下午日本兴业银行

10月25日(周四)上午印刷局抄纸部(王子)、下午东京邮电局

10月26日(周五)上午日本银行、下午东京邮电局电话科电话交换局

10月27日(周六)日本红十字社医院(涩谷)

10月29日(周一)上午陆军幼年学校、下午陆军士官学校

10月30日(周二)上午横滨税关、下午横滨正金银行

10月31日(周二)上午东京地方法院、下午警视厅消防署

11月1日(周四)日本劝业银行

11月2日(周五)巢鸭监狱

提学使一行从8月4日到达日本直至8月20日在文部省开始听课这一期间,以及从9月15日文部省参事官松本顺吉授课结束至9月25日开始参观学校这一期间的日程安排,在吴庆坻的笔记中均无记录。若仅根据猜测,这有两种可能:一是作者原本就没有留下记录;二是目前发现的笔记已不完整,部分可能已经丢失。有关这一点,将在之后另做介绍。

听取文部省讲座是提学使一行访日日程的重要内容。讲座内容先由中国方面通过驻日公使和日本外务大臣向文部省提出,再由文部省做适当调整后确定。据阿部洋和汪婉的研究,提学使一行所听取的文部省讲座内容如下:

第一周至第二周:文部省视学官野尻精一讲座"日本兴学之经验"

第二周至第三周:文部省参事官田所美治讲座"各国学制及其变革"

第三周至第四周:文部省参事官松本顺吉讲座"日本现行教育制度"

第四周至第五周:东京高等师范学校教授小泉又一讲座"教育方法及学校管理法概要""各学科的性质及相互关系"

如上文所介绍的日程中所涉及的一样,在现在发现的吴庆坻的笔记中,未见东京高等师范学校教授小泉又一的讲座记录,而只有野尻精一、田所美治、松本顺吉的讲义录各一册。是小泉的讲座后来被取消了,还是因著者未出席小泉

的讲座而缺此记录,还是此记录已被丢失,在此很难做出判断,待介绍吴庆坻的家书时笔者将做进一步说明。

所发现的三册讲座记录中,因作者未出席而无任何记录的空白处也有不少,但从整体上看,内容相当丰富,这对探明提学使所听取的讲座实况极为重要。下面根据该记录,对至今尚未有报道的提学使一行在文部省听取的讲义章节做一介绍。

文部省视学官野尻精一的讲座"日本兴学之经验"共分为十章,大致以每日一章的进度介绍了明治维新后日本教育现代化成功的经验和重视教育的效果。第二章到第六章因作者未出席而空缺,其余五章分别是:明治以前之教育概要及明治以前政体之要领,明治二十三年(1890)小学校令公布以后之小学教育、中学教育、女子教育、专门教育。

文部省参事官田所美治的讲座"各国学制及其变革"分为十六章,除所空缺的第一章至第八章的内容不得而知外,其他主要介绍了法国、德国、英国的学制及其沿革。如法国的学校系统图中介绍的各类学校有:预备学校、国民学校、初等实科学校、实科学校、中学校、国民学校、高等女学校、高等中学校、实科高等中学校、高等实科学校、改良学校、女子高等学校、补习学校、实业补习学校、低度实业学校、实业学校、高等工业学校、大学等。

文部省参事官松本顺吉的讲座"日本现行教育制度"共分十九章,分别是:(1)教育行政机关的组织;(2)幼儿园;(3)小学;(4)师范学校及小学教师的检定;(5)中学;(6)高等女学校;(7)师范学校、中学、高等女子学校之教师资格;(8)实业教育;(9)专门教育;(10)高等学校及帝国大学;(11)盲哑学校;(12)其他学校;(13)学校在征兵及文官任用方面的特权;(14)学位及称号;(15)图书馆;(16)教育学;(17)补习教育;(18)教育博物馆;(19)学事统计。该讲座重点介绍了教育行政机构和从幼儿园到帝国大学各类学校的性质和概况。在讲解第三章"小学"时,讲解者不惜花了五天时间,而第十章到第十九章则总共只用了一天的时间,讲解详略分明。

由此观之,这次讲习的侧重点不是理论知识,而更多的是一些可实际操作的,能给各地方在设立和管理学校方面作为借鉴的内容。

三、吴庆坻日本考察期间的家书

在与吴庆坻曾孙吴廷斌先生取得联系后,吴先生还向笔者提供了吴庆坻在日本考察期间给家族的三封家书,以及被家人视为家训的一页文字。征得吴先生的同意,在此对此史料的部分内容做一介绍。

如上所示,提学使一行自8月4日从上海出发后,8月8日到达东京,此后8月20日至9月24日约五周听取文部省讲座,9月25日至11月2日参观了日本的各类学校、图书馆等教育文化设施。而抵达东京后至8月20日文部省讲座开始前的约一周时间的具体日程,无论是以往的研究,还是上述介绍的《日本东京各学校参观笔记》,均未有记录。

现存的三封家书,从抬头看,收信人均是吴庆坻的长子吴士鉴[字绚斋,光绪十八年(1892)进士,官至翰林侍读],分别写于8月17日、8月28日和9月7日,作成时间的跨度约为抵日后的一个月。而此后约两个月时间内的家书,现在尚未有发现。另外,被家人视为家训的一页文字,其书写用纸与以上三封家书的用纸不同,而且从其开头“观日本学校……”及内容推测其在文部省讲座结束后进行学校参观期间发回的可能性较大。

以下,着重对这三封书信和一页家训的一些内容及其史料价值做一介绍。

第一封家书前半部分主要记载了旅途中及抵日后不久的经过:8月4日正午乘“泼令司”轮自上海吴淞港出发,5日入长崎港,8日抵神户登岸住客馆,9日乘火车抵东京住“厚生旅馆”,10日往公使馆见公使,11日至日本文部省和外务省,见其大臣及次官,与文部省商定开讲日期。由于当时正值暑假,所定讲授者外出旅行,且无准备,因此初定讲座开始时间为8月20日。在讲座开始前的近十天内,除坐马车游览东京市内外,酬接学生及各省留学生监督、游历官,同时也与日人往来,留学生多的省份还专门为他们开欢迎会。因所住的旅馆太杂,费用也贵(上人每日三圆,下人一点五圆),几日后考察团上下四十人就分开另外租房,吴庆坻与湖北省提学使黄绍箕(考察团长)、福建省提学使姚文倬、陕西省提学使刘廷琛合租一屋,地址在赤坂区桧町三番地,其他人分住两处,云南省提学使叶尔恺则住在留学生王耕本家。这部分内容正好是以往所未明晰的,因此这对于梳理提学使一行的全部考察经过非常重要。

此外,第一封家书中还谈到了吴庆坻初到日本后的印象。所住的"厚生旅馆,楼屋明敞、洁净,席地而坐,脱履乃入,古代风俗,至今不改"。吴庆坻经过数日游览并与日人接触后,觉得"此邦繁盛过吾北京远甚,尤难及者,无旷土,无游民,整齐洁净,街市间有肃穆气象。大官大商皆尚俭约,坐马车者甚稀。文部次官(其官与侍郎等)到省亦坐人力车。外部、文部一切陈设皆简陋,此其精神在实处可想见矣"。这些内容,与同时期初次访日者的日本印象大同小异。如对日本城乡"无旷土无游民"印象,光绪二十八年(1902)六月赴日考察的黄璟在其《游历日本考查农务日记》中,也有如下类似的记载:"入其国,见田园齐整如画,男女皆经营生业,风物极佳。古之所谓'野无旷土、国无游民',不意于今日见之。"[1]

第二封家书系文部省讲座开始一周后所写,因此信中很自然地提到了提学使们听讲座时的情景:"在此如当学生,每日六时起,七时赴讲所(在东京高等商业学校),坐至十二时始散。耳听手记目观几不暇,除陪有记录生二人,速记生一人外,其所言精要处不能不自记也。"

此间,提学使一行在驻日公使杨枢等的引导下访问了时任同仁会会长大隈重信、东京高等师范学校校长嘉纳治五郎等知名人士。对此,家书中的记述是:"见大隈伯,才辩纵横,议论正大,中朝大官无能及之也,不愧东邦伟人。见嘉纳治五郎,名教育家,言有秩序。此邦人才辈出,宜其骤兴,吾辈真愧汗矣。"由此可知大隈等人给吴庆坻等留下了较好的印象。同仁会会志《同仁》报道,提学使一行于8月26日和10月19日前后共两次拜访了大隈重信。第一次,大隈在将日本明治时期的教育发展分为四个时期进行了回顾后,对中国教育的现状谈了自己的看法。[2]第二次,一行拜访了大隈的私邸,大隈专门举行了晚宴。宴席开始前,大隈就同仁会的宗旨,同仁会与中国教育的关系发表了讲演。[3]

第三封家书写成于9月7日,即文部省讲座已进入中后期的时候,内容较

① 黄璟:《游历日本考查农务日记》,东京都立图书馆实藤文库藏清光绪年间石印本。
② 近代亚洲教育史研究会编:《近代日本的亚洲教育认识 资料篇》第十九卷,龙溪书舍,2002年,第43页。
③ 近代亚洲教育史研究会编:《近代日本的亚洲教育认识 资料篇》第十九卷,龙溪书舍,2002年,第62页。

长,在此仅介绍与本书内容直接相关的两段。

先看第一段:"听讲亦恼人之事,所讲无甚要义,每日七钟往,十二钟归,颇疲劳,近日齿痛耳鸣,今日休息一日不往,仲弢(笔者按:黄绍箕)也休息一星期不赴听讲,计下月初五(农历八月初五,公历9月22日)讲毕,即须参观学校。"在上文中,提到了从9月15日文部省参事官松本顺吉授课结束至9月25日开始参观学校这一时期的日程安排,在吴庆坻的笔记中均无记录,而从吴庆坻的家书看,讲座一直持续到了9月22日。很明显,上文提到的第四周至第五周东京高等师范学校教授小泉又一有关"教育方法及学校管理法概要""各学科的性质及相互关系"的讲座,是按照计划进行的。吴庆坻未留下听讲笔记,基本上可以认为是他由于身体状况等而未能前往听讲。

再看第二段:"以留学一事言之,人皆痛心。选送不慎,流品太杂。人数达一万三千人,其真正入校者尤可言也。往往寄居下宿舍,无所不至为笑外人。晤文部大臣及大隈、嘉纳,皆以此事为言。而所谓教育家者,方且以学为市,纯系经济主义以愚弄我。听讲上班不上班不问也,成绩如何不问也,到卒业时敷予一文凭而已。近日学部电告公使,以后停止普通速成,专送高等,而文部不能遽许中国学生入高等也。以每年数百万输出之巨款,乃以损坏名誉、毁丧人才,何如在内地多设学堂之为合乎。"吴庆坻等提学使一行考察日本的1906年,正是留日运动的高潮时期,对于当时的留日学生人数,虽有诸种说法,但目前学界较为普遍的观点是一万人左右。吴庆坻在此提到的一万三千人,虽不一定是准确的数字,但也不失为一个参考数字。而这里提到的速成留学问题和日本一些学校仅以营利为目的而疏于管理等问题,也正是当时留日学生问题中最突出的。吴庆坻在考察期间直接了解到这些问题后,认为与其耗费巨款派生留学,不如减少派遣留日学生而在国内多设学校,这一观点与当时清政府学部的观点相一致。

最后看看被视为吴家家训的吴庆坻发自日本的文字:"观于日本学校,而吾辈当愧死矣。教育普及不待言,办事之人无不有学问、有道德、有才能,中朝士夫能者鲜矣。(政治家、教育家皆有轻视中国之心,可惧哉。)又其女子教育、儿童教育皆有秩序,校中数百儿童天机活泼,身体强实,上堂下堂秩然有序,无斗争者。吾家子弟能之乎? 吾中土妇女能之乎? 书此非以张日本,亦欲知吾中土实无教育。即以吾家子弟妇女论,亦当闻之而憬然悟,奋然起矣。此纸可付儿妇孙男女辈共观之。"从这些文字中,可以很真切地感受到教育考察过程中的所见所闻给吴庆坻带来的触动。通过与日本人的接触,吴庆坻感受到他们比中国人更有学问和办事才能,并对此不惜赞美之词加以称赞,同时也注意到日本人对中国的轻视,提示人们须加以警惕。在赴日前,吴庆坻对日本教育的发达一定已有所了解,但亲眼所见后,尤其是女子教育和幼儿教育,还是大大超出了其原来的想象,乃至使他发出与日本相比"中土实无教育"的感叹,并以此告诫自家"子弟妇女",希望他们能幡然醒悟,奋发向上。据吴庆坻曾孙吴廷斌称,这些文字一直被吴家视为家训,虽然祖先的许多遗留物品都已丢失,但这一家训被家人视为珍宝,一直完好保存至今。

四、结语

数年前,笔者在位于东京的讲道馆附属资料室收集到若干嘉纳治五郎留下的他本人与近代中日教育交流的相关资料,包括宏文学院师生和赴日考察官绅的相关图片、清末中国官绅及留日学生致嘉纳治五郎的信札、来华游历考察期间的笔谈资料、留日学生名单及成绩表、赴日考察官员及来华日本教习资料等,均未见系统的整理和研究。讲道馆资料室所藏的含清末中国官绅及留日学生等致嘉纳治五郎的信札中,包含湖北提学使黄绍箕、湖南提学使吴庆坻、福建提学使姚文倬、山东提学使连甲、陕西提学使刘廷琛、学部委员曹广权、学部委员王仪通等1906年赴日考察成员致嘉纳治五郎的信札。现将与本书直接相关的吴庆坻的两封书信介绍如下:

> 敬启者
>
> 昨奉尊柬,承宠招二十日日语练习会,二十一日贵院大运动会,得与观览之列,欣幸何如。惟二十日之期有同乡友朋叙会,先已订定,未便爽约,是日恐不克分身前诣。谨当于廿一日赴会,借聆雅教也。专此布闻。敬颂台祉。不一。嘉纳先生阁下。
>
> 吴庆坻、姚文倬、刘廷琛同顿首
> 阳历十月十七日

此信共一页,未见信封,为在日考察期间吴庆坻与姚文倬、刘廷琛一同寄给嘉纳的书信,对因事先有约不能前往宏文学院参观日语练习会表示歉意,同时对前往观览宏文学院的学生运动会表示期待。

敬启者

前承宠招并观先生与高弟辈共试柔道之技,适已与同行诸君约定于初十日前赴神户,不克偕黄君仲弢同访一睹盛仪,抱歉之至。匆迫之顷,又未能亲诣话别,乃劳先生属青木先生枉临见送,尤为惭悚。已托青木先生转达下忱。特肃此笺奉谢。诸希鉴察,幸甚幸甚。敬上嘉纳先生道席。

吴庆坻顿首

十一日书于神户田中旅馆

此信共一页,信封上有"阳历十一月十一日神户田中旅馆寄"等字,结合书信内容,可知为从神户乘船回国前寄给嘉纳的感谢信,同时对因回国而不能前往参观嘉纳与弟子的柔道表演表示歉意。

如前所述,吴庆坻等考察团一行在考察期间曾数次与嘉纳相见,吴庆坻对嘉纳所创办的宏文学院虽评价不高,认为"外观美内容差",但对嘉纳本人的评价非常高,认为他是"名教育家,言有秩序",并感叹称"此邦人才辈出,宜其骤兴,吾辈真愧汗矣"。从以上两封书信看,嘉纳还曾邀请包括吴庆坻在内的考察团成员前往宏文学院参观中国留学生的日语练习会、学生运动会、嘉纳与弟子的柔道表演等,学习交流的范围非常广泛。

第六章　日本明治时期游华汉学家及其游记

第一节　游华日本人及其汉文游记概说

学界通常把1853年佩里"黑船来航"视为日本开国之始,以此为开端,日本不仅结束了长达两个多世纪的锁国状态,而且开始了所谓"明治维新",并逐渐步入现代化、扩张化国家进程。开国、维新,给固守一隅的日本国民带来了亲眼看世界的机会。因此,近代早期,即幕末明治时期,就曾出现众多海外航渡者,而且还留下了大量见闻资料,如所谓"洋行日记""使西日记"等,多是出使或考察欧美国家的使节、游历者所录下的见闻。①

实际上,该时期涉及中国的见闻资料虽称呼不一,但仅就国别来看,数量上恐数最多,目前所知,大大小小不下百种,其中还包括一些直接用汉文撰写的游记。多达二十卷的《幕末明治中国见闻录集成》虽收录了日本人所写的四十四种中国游记,但也只能说是其中的主要部分,尚有许多未被收录进去。

这里主要就明治时期,即大体相当于晚清时期赴华日本人及其汉文游华记录做一概观和梳理,以期对这一时期游华日本人的汉文书写及其主要内容有个总体认识。为称呼方便起见,这里将用汉文撰写的日记、纪游、随笔、杂记等,统称为汉文游记。

---

① 关于幕末明治时期日本人的欧美见闻文献有诸多单行本,不过,除较通行的版本之外,大多不易入手阅读。现有《明治欧美见闻录集成》(石川周行等著,三十六卷,Yumani Shobo,1987—1989年)、《遣外使节日记纂辑》(日本史籍协会编,三卷,东京大学出版会,1929年初版,1987年复刻再版)等复制品,读取最易。

一、明治海外汉文游记之谱系

　　明治时期是日本全盘西化的时代,也是外来思想与旧的传统思想碰撞对立的时代,作为传统学术体系的汉学通常被认为日趋衰微。的确,伴随着强劲的文明开化之风,新的西洋文化、思想及学术蜂拥而至,汉学逐步为西学所压倒,汉学者所处环境也为之一变。不过,事实上,汉学虽被解体,逐渐分化或融入文、史、哲等独立学科,但汉诗、汉文的世界是另一番景象。汉诗、汉文非但没有退出历史舞台,反而呈现出一片繁荣之势,各种诗社林立,诗文杂志及诗集竞相刊行,至明治中期,日刊报纸几乎都开设了汉诗栏,从政府官僚、文人学者,到军人、实业家等,用汉文吟诗作文蔚然成风。清政府驻日使馆的开设及王韬等人的到游,更是吸引了一批汉诗文爱好者,使他们得以直接与中国文人交流,或笔谈,或唱和,评诗论文,切磋技艺,留下了诸多优美诗篇和大量笔谈资料。1879年夏季王韬滞留东京时,冈千仞(1833—1914)、重野安绎(1827—1910)、小山春山(1827—1891)等七位汉学家特地陪王韬观光游览,前后近十天时间,大家轮流用汉诗、汉文记下每一天的活动,最后形成一本小册子,名曰《游晁日乘》①。由此可见当时汉诗文之流行。

　　同时,开国维新后,那些具有汉学素养,尤其是喜爱或擅长汉诗文的各界人士也有了航渡海外的机会,于是,汉诗文又随之冲出国门,成为异国游历者海外采风、感怀抒情的得力工具。明治二十五年(1892)由观风吟社编刊的《海外观风诗集》收录了五十七位明治早期海外游历者的五百六十六首汉诗,其中较著名的作者有伊藤博文、长冈护美、副岛种臣、末松谦澄、长三洲、成岛柳北、中井弘、榎本武扬、柳原前光、久米武雄、志贺重昂、南条文雄、柴四郎、竹添进一郎等。此诗集在选录时,尽管明显带有侧重欧美的倾向,但其中仍有近半数的诗篇与中国有关。还有一些作者,如伊藤博文、南条文雄、松平康国等,也曾创作

---

　　① 《游晁日乘》本保存于冈千仞家,后于1939年油印出版。

过跟中国有关的汉诗,只是该书未收录进去而已。[①]

关于明治时期汉诗文的流行,一度受聘担任过张之洞法学顾问的汉学家松平康国曾指出:

> 明治中兴,诗运随昌,延及大正。天下才子,尽集皇都,扬风扢雅,远轶前代。[②]

可知明治汉诗的昌盛甚至一直延续到大正时期。

就书写文体而言,汉文体及汉文训读体在明治时期的学术界、文笔界也蔚然成风,从学术论著到报刊文章,甚至西洋书籍翻译等,其主流文体仍是这类汉文体与汉文训读体。即使从近代早期日本人的欧美游记来看,这种情况也很明显。总体来说,幕末明治时期的欧美游记,其文体主要有三种形式:一是纯汉文体,二是汉字加片假名的所谓汉文训读体,三是汉字加平假名的"和文体"。而早期前两者占绝大多数,随着时间推移,第三种形式才渐次增多。即便是"和文体"游记,其中也有夹杂着汉诗者。第一种有成岛柳北的《航西日乘》(1872)、森鸥外的《航西日记》(1884)等。第二种较知名的有久米邦武的《美欧回览实记》(1878)、村田文夫的《西洋闻见录》(1869)、中井弘的《西洋纪行 航海新说》(1870)、《漫游记程》(1877)等。此外,第二种汉文训读体游记中,也不乏夹杂汉诗或直接用汉文撰写序跋者,如上述村田文夫的《西洋闻见录》中,就有出自阪谷素之手的长篇汉文序跋,村田本人也是用汉文撰写序言的。中井弘的《西洋纪行 航海新说》中,前有水本成美和今藤弘的汉文序,后有鹫津毅堂、岩谷修、栗本锄云的汉文跋语,正文中还夹杂着一些汉诗。这一形式又为其《漫游记

---

① 观风吟社编:《海外观风诗集》,东京堂书房藏版,1892年。前有栗本锄云题辞,栏外有森春涛、大沼枕山、南摩羽峰、小野湖山、曾纪泽、钱怿、姚文栋、张滋昉等名家散评。后来,大东文化大学东洋研究所组织编写的《幕末明治海外体验诗集:比起海舟、敬宇,更接近鸥外、漱石》(川口久雄编,大东文化大学东洋研究所,1984年)主要就是以该诗集为蓝本,外加几种诗集编译而成的。遗憾的是,这部编译诗集错误或不妥处较多,利用时应加以注意。

② 松平康国:《天行文钞》卷一,《松平先生古稀纪念文集》,出版地不详,1933年,第14页。

程》所承袭。①另外,还有像陆军中将鸟尾小弥太所著《洋行日记》(1889)中,也有中村正直等人撰写的汉文序。这种汉文训读体,内加汉诗或汉文序跋的形式,在近代早期日本人的中国游记中也屡见不鲜。如海军中尉曾根俊虎的《清国漫游志》中,成岛柳北序和自序均为汉文,而且文中也穿插着不少汉诗。②甲午战争前驻华公使馆公使大鸟圭介的《长城游记》也是汉文训读体加汉诗的形式。③

前述成岛柳北的《航西日乘》,是其于1872年9月至翌年7月,随东本愿寺现如上人等游历欧洲时用汉文记录下来的见闻,不过,十年后于《花月新志》连载时,改成了汉文训读体,无疑这是为了迎合大众出版物连载的需要。连载后在文坛引起巨大反响,成为当时影响最为广泛的海外游记之一。成岛柳北此前的日本国内游记,如《常总游记》《下馆游记》(均为1870年),也都成于汉文,可视为江户时期以来汉文游记之延续。④待其航渡海外时,用汉文记录所见所闻,亦属自然,后来只是为了适合大众阅读,才改成汉文训读体。这种情况颇与石幡贞的《清国纪行　桑蓬日乘》⑤类似。

由此可见,汉文体、汉文训读体是明治时期海外见闻书写的一大模式。⑥当然这是在江户时期盛行的汉诗文体游记基础上发展而来的,是对前一时期的继承或发展。只是与江户时期相比,纯汉文体游记明显减少而已。

在开国后短短几十年内,日本能够很好地吸收并消化西洋文明,成功地实

---

① 中井弘:《漫游记程》(上中下卷),出版地不详,1877年。文体为汉文加片假名的汉文训读体,前有川田刚、中村正直汉文序,后有成岛柳北汉文跋。

② 曾根俊虎:《清国漫游志》,绩文社,1883年。实为其1874年游华见闻。收录于小岛晋治监修《幕末明治中国见闻录集成》第一卷。范建明译:《北中国纪行　清国漫游志》,中华书局,2006年。收录于张明杰主编《近代日本人中国游记》译丛。

③ 大鸟圭介:《长城游记》,丸善书店,1894年。为其1889年游长城之记录。

④ 江户时期以来,出现过大量汉诗、汉文纪行文献,仅出版刊行者就难计其数。富士川英郎、佐野正巳编《纪行日本汉诗》四卷(汲古书院,1991—1993年)收录的七十种(包括明治时期八种)只是其中的精选本。

⑤ 石幡贞(谦斋):《清国纪行　桑蓬日乘》(上下卷),有所不为斋藏版,1872年。其附言曰:"此篇原为汉文所录,今和译上梓,为世人粗读即可了解。"

⑥ 关于明治时期纪行文体,斋藤希史等学者已有相关研究。可参见斋藤希史:《汉文脉的近代:清末＝明治的文学圈》,名古屋大学出版会,2005年;《汉文脉与近代日本》,日本放送出版协会,2007年。

施明治维新,除固有的民族文化及自身努力之外,长期汲取并浸入骨髓的中国文化,尤其是汉字以及简洁而又极富表现力的汉诗、汉文等有效媒介也起到了重要作用。这一点在学界也被广泛认同。

二、早期汉文游记

开国以后,最早登陆中国考察的日本人,当数1862年幕府派遣的官方贸易船"千岁丸"一行。五十一名官派成员中,包括年轻的高杉晋作、五代友厚、中牟田仓之助等幕末志士。这些明治"先觉者"首次接触国际都会上海,目睹了上海的各种景象,不仅大开眼界,而且也深受刺激,尤其增强了自身的民族危机意识,从而为日后的国家变革发挥了重要作用。"千岁丸"成员留下的见闻资料主要有高杉晋作的《游清五录》、纳富介次郎的《上海杂记》、名仓信敦的《海外日录》《中国闻见录》、峰洁的《船中日录》《清国上海见闻录》、日比野辉宽的《赘肬录》《没鼻笔语》、中牟田仓之助的《上海滞留杂录》等。其中,用汉文记录的主要是日比野辉宽的《没鼻笔语》,另有不少汉文训读体夹杂汉诗或汉文笔谈的见闻录,如日比野辉宽的《赘肬录》、峰洁的《清国上海见闻录》、名仓信敦的《海外日录》等。[①]

《没鼻笔语》是日比野辉宽(幕府官僚金子兵吉的随从)在上海滞留期间的笔谈记录,分乾、坤两卷。笔谈虽显杂乱,但内容颇丰富,涉及官职制度、科举教育、诗文书画、经史学术、社会风习,以及太平天国之乱等,从中既可了解中国社会状况,而且又能获知中日两国诸多方面的异同。

进入明治时期以后,虽说是对外敞开了大门,但对普通人来说,航渡海外也并非易事,费用暂且不说,若缺乏海外知识或人脉,就意味着冒险。明治早期赴华游历者,多是以外交官为首的政府官僚、军人、留学生等,另外还有学者、记者、僧侣等各种组织或单位的派遣人员,是肩负一定职责的官派或准官派人员,而纯属私人游历的为数较少,这当中又多是书画家、汉学家等。[②]限于篇幅,这

---

① 中文可参见日比野辉宽、高杉晋作等著,陶振孝、阎瑜、陈捷译:《1862年上海日记》,中华书局,2012年。

② 关于近代来华日本人的类型及游记,可参见张明杰:《明治时期日本人的中国游记文献综述》,《日语学习与研究》,2013年第5期,第55—60页;《近代日本人中国游记总序》,《近代日本人中国游记》丛书各册,中华书局,2007—2012年。

里主要选取个别官派或准官派人员中的外交官、留学生,以及自费游历人员中的汉学家为例,略加概说或考述。

出自外交官之手的汉文游记,最广为人知的应是竹添进一郎(号井井)的《栈云峡雨日记》(1879)。该游记分上、中、下三卷,前两卷是日记,后一卷为诗草,刻印出版于1879年,实为竹添1876年5月至8月间自北京出发,经河北、山西、河南、陕西,翻越秦岭栈道,进入四川,后经三峡顺江抵上海的记录。从时间来看,竹添恐数近代最早深入川陕地区游历的日本人,其游记的文字也成了近代日本人有关该地区最早的见闻录,甚至被认为是"近代日本第一部真正意义上的中国游记"①。

该游记主要记录沿途山川地理、史迹、物产、风土人情等,同时论及政治、经济、宗教等问题。整个文本文人色彩很浓,文字以三峡等自然景观的描述见长。竹添所到之处,吟诗作文,考订古迹,抒胸中之感慨,发思古之幽情。朴学大师俞樾曾给予高度评价:

> 山水则究其脉络,风俗则言其得失,政治则考其本末,物产则察其盈虚,此虽生长于斯者,犹难言之。②

游记采用日记加汉诗的形式,诗文并茂,生动感人。从文本可以看出,虽然深受陆游的《入蜀记》和范成大的《吴船录》之影响,但竹添不落俗套,以自己敏锐的触觉和丰富的古典知识,观察捕捉所到之处的山川景物、风俗民情等,并用妙笔生花的笔触将其记录下来。游记中既有实录又有感发,是一部高水平的纪实性和富有艺术创造性价值的游记作品。从作品内容之丰富、描写之生动及诗文之优美等方面来看,与前述陆、范之大作相比,也并不逊色。

此类外交官游记文献还有柳原前光的《辀志》(手稿)、中田敬义的《五日纪

---

① 关于该游记,可参见张明杰:《明治时期最初的中国西部内地之旅——竹添进一郎及其〈栈云峡雨日记并诗草〉》,*Journal of Hospitality and Tourism*,2006年第1期,第26—47页;竹添进一郎、股野琢著,张明杰整理:《关于竹添进一郎及其〈栈云峡雨日记并诗草〉》,《栈云峡雨日记 苇杭游记》,中华书局,2007年。

② 俞樾于光绪丁丑夏为竹添进一郎《栈云峡雨日记》所作序,见该书上卷。

程》、中畑荣的《扶桑堂断片》《漂游日记》(两者均为手稿)等。[①]另外,石幡贞的
《清国纪行 桑蓬日乘》本亦用汉文写成,只是出版时作者将其改为汉文训读
体,前有柳原前光的汉文序,后有作者的汉文跋语。

中畑荣是一位长期被遗忘的涉华外交官,号含泽、节吾斋等,在华工作或游
历长达二三十年,精通汉语,交际广泛,又酷爱饮酒作文,是当时深谙中国内情
的"中国通"。惜中年早逝(享年五十六岁),且文稿无一付梓,故于日本也几乎
鲜为人知。现存其生前日记、游记、诗集主要有《扶桑堂断片》、《节吾斋杂稿》、
《节吾斋日记》(两种)、《漂游日记》、《八方楼诗集》、《横波集》等。其中汉文游记
包括《古临安再游记》《醉游纪程》《溯江再记》《皖行记》《湖南再游记》(以上收录
于《扶桑堂断片》),以及《漂游日记》等,另有一些汉文训读体游记,如《浪游日
记》《西航日记》《南游记》《长城游记》等。游历中所得或辑录的汉诗主要集中在
《浪游诗草》《八方楼诗集》和《横波集》中,其中与樊增祥、易实甫、袁旭等人的唱
和诗,以及游华时长冈护美与俞樾、张之洞、盛宣怀等人的唱和诗,尤值得一读。

前述《漂游日记》《古临安再游记》《醉游纪程》《溯江再记》《皖行记》《湖南再
游记》均是中畑于1898年至1901年前后游历苏、浙、湘、鄂、皖等省区的记录,
为我们了解"戊戌变法"失败后南方地市的人文景观、社会文化状况及日本人的
活动提供了参考。如1899年12月25日至翌年1月7日的绍兴之游,中畑借宿
于当地中西学堂日本教习处,与蔡元培等不期而遇,并得以短期内亲密交往,度
过了一段难忘时日。其见闻录于《醉游纪程》,这里摘录相关事项:

> 二十六日,天昙,阴雾濛濛。朝八时,舟入绍兴城,乃入中西学堂。
> 堂,山阴、会稽两县备餐食也。绅董徐氏所创设,系教授西学之起见,
> 开设已有年。又设佛、英、独、日语学科,去夏商量在杭领事,聘中羽舟
> 为东文教习。在籍编修蔡崔顺氏总理之。

---

① 柳原前光:《辄志》,现藏宫内厅书陵部,分册装订。早期与中国有关的主要是日本明
治三年(1870)至明治七年(1874)的日记。中田敬义:《五日纪程》,《东京地学协会报告》,
1883年第4期,为其1880年7月游八达岭长城等燕西诸胜时的记录。时值其供职于北京日
本公使馆。

此夜蔡太史为予张小宴，徐董、何教习皆会。①

文中绅董徐氏，系中西学堂创办者徐树兰，中羽舟则是日本教习中川羽舟，原名中川外雄，羽舟为其号。在籍编修蔡崔庼，即蔡元培。绍郡中西学堂创办于1897年，是继四川、天津等地中西学堂之后的又一所同名新式学堂。"戊戌变法"运动失败后，时任京师翰林院编修蔡元培回到家乡绍兴，不久便被委任执掌中西学堂，时间是1898年底。蔡元培到任后，竭力充实师资、教学（设备）、图书等，还在英、法语言之外，增设日文课程，并特地聘请日本教习中川羽舟。中畑来游正值蔡元培总理学堂满一年之时，两人虽是初次相见，但当晚中畑就得到蔡元培宴请，此后，又多次同席共饮，笔谈交流。如：

三十一日，晚亦临蔡氏招饮，快醉。会者学堂教习诸氏也。

一月一日，昙，冷太，过午又作雪。对坐羽舟，举杯消闲。崔庼来谓予曰："予等今有推广学堂之议，先生希为评议员，贷一臂之力。"遂示其纲目章程。予见之，滔滔十数百言，要归深见大势，叹息时艰，开学堂于绍兴，授以中西实学，因以及一省，因以及全国。思虑周到，规画有序，颇明晰。予喜其起见，答曰："予岂虽不敏不尽牛马之劳哉？"乃署名。崔庼喜去。②

蔡元培总理中西学堂仅一年，学堂各方面均有很大改观，作为新式教育设施，学堂也逐步成熟和完善。于是，1899年底，蔡元培参考日本学校章程等，亲自起草了《推广学堂议》，呼吁绍兴各县勿各自为政，而应筹集资金，集中人力和物力，统一办学，在府城和各县设立新学堂，并倡议将此学堂兴办之策推广到浙江全省，进而推广到全国。蔡元培将刚刻印好的《推广学堂议》出示给中畑，时间正值1900年元旦。"滔滔十数百言，要归深见大势，叹息时艰，开学堂于绍兴，授以中西实学，因以及一省，因以及全国。思虑周到，规画有序，颇明晰。"对此，

---

① 中畑荣：《醉游纪程》，1899年12月26日的日记，收录于《扶桑堂断片》。

② 中畑荣：《醉游纪程》，1899年12月31日和1900年1月1日的日记。原文日期使用汉字表记，引用时不做改动。

中畑深为感动,欣然接受蔡氏评议员之请,并提笔签名。

其后两三日,中畑几乎每晚与蔡元培相见,或参加其宴请,或列席他宴时同桌共饮。当中畑要离开绍兴之际,蔡元培及何阆仙等均"展纸磨墨求书",中畑再三推辞不得,只好答应,并为蔡元培等人的热情所感动。

> "予一介书生,学浅识狭,字尤拙也。予字于公等有何用处?虽然窨知百世之后,堂堂成天下之人,斯书或以是奋励公等子孙乎。"众称好。
>
> 夜与崔庼、羽舟对饮。三更坐舟向临安,皆相送至舟而别。多谢崔庼诸公,于予元无相识,公等开胸推襟款待无不到者。公等非深见天下大势,思两邦交谊,奚能如此哉?[①]

这篇游记虽篇幅不长(不足二十页),但披露了当时绍兴的一些真情实况,尤其是蔡元培与中西学堂的逸事。通过蔡氏与一异国游客的短暂交往,不难窥知蔡元培先生待人接物态度之诚恳,同时也可感受到其教育兴邦之热情。

另外,官派或准官派游华人士的作品中,还有股野琢的《苇杭游记》、馆森鸿的《姑苏记游》等汉文游记较为知名。

三、留学生或留学僧汉文游记

明治前期,除西藏等边远省区以外,中国大地到处都有日本官派军人或军事留学生活动的身影,这似乎已对其后中日两国交恶乃至战争的进程和结局做出了预告。这些军人和所谓留学生大多有一定的汉学素养,不少人还擅长汉诗文。如早期所谓"清国派遣将校"的曾根俊虎、大原里贤、岛弘毅等,他们不仅能阅读、书写汉文,而且还能与中国士人诗文唱和,其汉诗文本领在探知中国国情及各种情报方面发挥了重要作用。这些人除将所得情报定期向有关方面禀报之外,还将每天的活动记录成日记或游记。只是这些被纳入军事机密,除极少

---

① 中畑荣:《醉游纪程》,1900年1月7日的日记。

数被公开之外,其余或被秘藏或被销毁,外人难得一见。①

　　早期留学生中,有一位大藏省公派留学生井上陈政,其用汉文撰写的《清国周游记》尤值得一提。井上陈政本姓楢原,后因成为井上家养子,遂改姓井上。但1888年前后又恢复楢原姓,故在日本的相关资料中,其人时为井上陈政,时为楢原陈政。他本是大藏省印刷局一名少年学徒工。因聪颖好学,为局长得能良介所器重,并被派往清政府驻日公使馆,跟随何如璋公使等学习。1882年又随卸任的何如璋来华,还曾拜俞樾为师,前后滞留中国近六年时间。在华期间,他游历南北各地,探察政情商务,尤其是中法战争期间,奔赴福州战地,刺探军情战事。还曾于1885年秋冬,冒充纸贩,潜入江西、安徽等地,窥探包括宣纸在内的传统造纸工艺,并撰写《清国制纸调查巡回日记》②。1887年回国后,根据在华实地探查所得及相关情报资料,编写了两千余页的《禹域通纂》,成为当时日本人了解中国的重要信息源。③后陈政为伊藤博文及日本政府所器重,先后从事外交等事务。其供职于北京驻华公使馆时,赶上义和团运动爆发,亲身经历了所谓"北京龙城",并因腿部负伤感染破伤风而死,年仅三十八岁。

　　陈政在华游学期间留下不少文字记录,除上述《清国周游记》和《清国制纸调查巡回日记》之外,目前所能见到的主要还有以下两种:一是《清国纪行》,收录于早稻田大学图书馆所藏《宫岛诚一郎文书》④,由《旅行杂言》《广东省略说》等手稿组成,主要是其1882年初到中国后的旅行杂记等,可看作陈政最早发自中国的国情报告,后汇总为一册,题名为《清国纪行》;二是《中国漫游中之经历》,是其1887年10月于东京地学协会上的讲演稿,分三次连载于《东京地学

---

　　①　已公刊的此类文献资料主要有曾根俊虎的《清国漫游志》《北中国纪行》,以及刊载于《东京地学协会报告》中的一部分。关于早期日本人的涉华军事调查及资料,可参见张明杰:《近代日本人涉华边疆调查及其文献》,《国际汉学》,2016年第1期,第178—184,204—205页。

　　②　收录于《中国制纸业》(关彪编,诚心堂,1934年)中的井上陈政《清国制纸调查巡回日记》,为原富士造纸公司董事色川诚一于1907年所发现,后连载于《纸业杂志》第二卷第五至第八号。

　　③　井上陈政:《禹域通纂》(上下卷),大藏省藏版,1888年。

　　④　《宫岛诚一郎文书》分两大部分,一部分在国立国会图书馆宪政资料室,一部分在早稻田大学图书馆,均为宫岛诚一郎死后其子孙捐赠的。

协会报告》。①对日本人来讲,以上这些文字记录均是近代早期有关中国的重要情报。不过,其中汉文游记主要是《清国周游记》和《清国纪行》两种。

日本国立国会图书馆宪政资料室所藏《清国周游记》,系陈政致宫岛诚一郎的未刊日记,后被编入《宫岛诚一郎文书》,标题疑是整理者所加。游记前附有一封陈政致宫岛的亲笔书简,寄自"福州马尾船政公署"。由书简等资料可知,陈政将游记稿寄至宫岛手里,目的是请求审阅并撰序,但同时也是作为其留学中国的成果汇报。

此游记稿每半页十一行,每行二十五字,计七十七页。使用的是红格或蓝格稿纸,朱笔句读,修改处亦用朱笔,12月31日之后,日记未标明日期。从稿前所附似出自陈政之手的纸片可知,此手稿系雇人代写,故文中不乏错讹之处。

据日记记载,陈政自1883年11月16日从北京启程,直到抵达福州后的1884年3月20日左右,前后四个月有余,足迹遍及天津、河北、山西、陕西、河南、湖北、江苏、浙江及福建等。前半路程,即至湖北汉江段,主要是陆路之行,以车马徒步为主,后半则以水路舟楫为主,正所谓南船北马之旅。从日记内容来看,极为广泛,除沿途所见山川景物之外,还涉及人文地理、历史沿革、风土人情、商业贸易,以及人口、建制、物产、交通、农耕、水利、兵备、宗教、学制、赋税、货币、盐法、鸦片等,堪称19世纪80年代前半期中国社会的写实报告。俞樾在为该游记稿所撰写的序言中也指出:

> 自我京师首涂,西至三晋,南还吴越,以至于八闽,凡山川之向背、都邑之盛衰,物产之盈虚,风俗之得失,皆具载焉。……子德以异域之人,处逆旅之中,能如惠施之载书五车以自随哉?又岂能于所至之地一一披览其图经咨访其故老哉?何所言之详也。子德之才必有大遇人者。②

---

① 井上陈政的《中国漫游中之经历》分别刊载于《东京地学协会报告》第九年第七号(1887年,第3—26页)、第八号(1887年,第3—29页)和第十年第一号(1888年,第3—15页)。

② 俞樾为井上陈政所作序文收录于《春在堂杂文》四编卷八。引自大东文化大学图书馆藏井上陈政《游华日记》图片。

　　如果把陈政基于多年实地考察而编纂的《禹域通纂》看作明治时期有关中国的代表性文献,那么,《清国周游记》则可视为《禹域通纂》的部分雏形。从这一点来讲,在众多近代中国见闻录中,陈政的这部游记尤其值得关注。

　　关于陈政此次游华的记录,目前可确认的有三种文献存世,其中两种为手稿,一种是手稿翻拍图片,题名为《游华日记》(现藏于日本大东文化大学图书馆)。①两种手稿,一是前述《清国周游记》,二是《禹域游记》,均藏于日本国立国会图书馆。《禹域游记》(电子版早已在网上公布)为该馆1910年5月31日购入,计八十四页,每半页六行,每行二十五字。所用红格稿纸有"赛洛阳"(版心)及"福省军门前东阳堂"(栏外)字样。不过,该手稿是否真正出自陈政之手,有待进一步考证。

　　明治时期日本佛教徒的在华活动也值得关注,早在1873年,就有东本愿寺僧小栗栖香顶前往上海,后以留学身份入北京,从龙泉寺本然师学北京话,其实目的在于海外调查,为布教做准备。《北京纪游》《北京纪事》即其游学记录。这两份文献无论是在近代中日佛教关系史上,还是在语言学史上都具有重要意义。这方面已有陈继东和陈力卫两位学者的翔实研究,并有原文影印和精心整理本出版。②

　　另外,同属东本愿寺的僧人岳崎正纯也留下了汉文日记《中国在勤褥志》,这是其19世纪70年代后期于上海别院传教时的见闻及活动记录。③

---

　　①　大东文化大学图书馆所藏《游华日记》(包括俞樾序文约一百页,以下简称"大东藏本"),系米泽秀夫保存的井上陈政游华日记原稿照片。目前所知,根据此照片资料而研究发表的论文主要有佐藤武敏的《井上(楮原)陈政及其中国研究》(《东洋研究》,1986年第79期,第1—44页)和田中正俊的《〈禹域通纂〉与〈西行日记〉》(《田中正俊历史论文集》,汲古书院,2004年)。从照片上涂改等处来看,此大东文化大学藏本也属未定稿,只是篇幅和字数比国立国会图书馆所藏两种手稿本多一些。不过,三者在文字内容等方面有诸多差异,日期也多有出入。

　　②　可参考小栗栖香顶著,陈继东、陈力卫整理:《北京纪事　北京纪游》,中华书局,2008年;陈继东:《小栗栖香顶的清末中国体验:近代日中佛教交流的开端》,山喜房佛书林,2016年。

　　③　岳崎正纯:《中国在勤褥志》(封面有"黄历明治十季第七月起自笑观主人岳钝"),柏原祐泉编:《真宗史料集成》第十一卷《维新时期的真宗》,同朋舍,1975年。

四、汉学家汉文游记

在日本,通常把竹添进一郎(井井)的《栈云峡雨日记》、冈千仞(鹿门)的《观光纪游》(1886)和山本宪(梅崖)的《燕山楚水纪游》看作明治时期最具代表性的三大汉文体中国游记。三位作者也均为著名汉学家。因竹添游华时正值其任职于公使馆之际,故本文暂且将其归入外交官之列。其实,竹添除数年的职业外交官生涯之外,一生中身为汉学研究者的时期最长。

以上三大汉文游记,从游历时间之长、区域之广及记录文字之多来看,非冈千仞《观光纪游》莫属。其游华时间为1884年5月至翌年4月,长达近一年。游历地区以上海与苏杭为主,北到天津、北京,南至广东、香港,足迹遍及中国南北。归国后,于1886年自行刊印了《观光纪游》(十卷三册),具体由《航沪日记》《苏杭日记》《沪上日记》《燕京日记》《沪上再记》《粤南日记》等组成,共近十万字,不仅为三大游记之冠,而且在整个近代日本人所著汉文体中国游记中也是最长的一部。

《观光纪游》与通常以"观光"为名的游记不同,其显著特点在于社会实况考察,堪称一部晚清社会活生生的考察报告。书中虽不乏对各地历史沿革、地理物产、风土人情等的精彩描述,但给人的印象相对淡薄。书中分量较重,且给人印象最深的是有关人物会见及其议论的部分。冈千仞此游,面会过的中日人士众多,仅游记中记载的有名姓可考者就多达百余人,其中,中方包括李鸿章、盛宣怀、王韬、龚易图、俞樾、李鸿裔、文廷式、李慈铭、袁昶、邓承修、张裕钊、张焕纶(字经甫)等官绅名流。冈千仞与他们往来笔谈,纵横议论,留下了一幕幕两国士人思想交锋的场景。这在整个近代中日文化交流史上都是不多见的。其议论部分,内容丰富,涉及政治外交、军事海防、社会风习、经济贸易等诸多领域,尤其是在经史学术、科举制度等方面,常见冈千仞激烈的批判言辞。可以说,这一点与竹添的《栈云峡雨日记》形成鲜明对照。这些议论内容对我们了解当时两国士人的精神境界及知识阶层的思想状况大有帮助。从书中涉及的人员之多、谈论的内容之深、所含信息量之大等方面来看,在同时期甚至其后的日本人中国游记中,难觅出其右者。此游记出版后,在我国也产生过一定反响,近代启蒙思想家宋恕、蔡元培、鲁迅、周作人等都曾提及此书,或引用过其中的内

容,并给予不同程度的评价和首肯。①如蔡元培日记中曾有以下记述:

> 阅《日本国鹿门观光纪游》,言中国当变科举,激西学,又持中国唇
> 齿之义甚坚,皆不可易。时以烟毒、六经毒并言,其实谓八股毒耳。八
> 股之毒,殆逾雅片;若考据词章诸障,拔之较易,不在此例也。十年前
> 见此书,曾痛诋之,其时正入考据障中所忌耳。②

这条日记写于1899年六月十九日(7月26日),时值蔡元培担任绍兴中西
学堂总理(校长)期间。记述文字虽简短,却不失为研究和了解蔡元培早期思想
转变的极为关键的史料。从“十年前见此书,曾痛诋之,其时正入考据障中所忌
耳”不难看出:十年前受学养及见识所限,蔡元培并不能全面、客观地看待这本
书;十年后则清楚地认识到当时的局限,并自我检讨,对于冈千仞的批判与指
责,由指斥变为容纳,且自我反省,坦然相对。此种认识上的转变,正说明其由
“入考据障中”的传统士大夫向近代新型知识分子转型。

《燕山楚水纪游》刊于1898年,因属私人限定出版的非卖品,印数极少,故
成为坊间难以入手的珍本。山本宪游华是在1897年9月至12月,前后七十日,
是三大游记中出游时间最晚、滞留时间最短者。其游历区域正如书名所示,主
要是北京、上海及长江中下游部分地区。不过,其游华是在甲午战争后不久,同
时又处于中国历史转折关头的大事件——“戊戌变法”的前夜,故其见闻尤值得
重视。可以说这是一部“戊戌变法”前夕中国社会的纪实报告,字里行间凝聚着
作者对中国现实的忧虑。

游记中最值得关注的是作者与梁启超、汪康年、罗振玉、叶瀚、张謇等维新
改革派人士的交往及会谈记录,这对我们了解“戊戌变法”前夜中国思想界的动
向具有重要意义。尽管山本对当时已“奄奄一息”的老大国极度失望,但与罗振

---

① 关于冈千仞《观光纪游》,笔者已做过一些考察,请参见张明杰:《明治前期的中国游
记——冈千仞的〈观光纪游〉》,*Journal of Hospitality and Tourism*,2005年第1期,第26—
40页;冈千仞著、张明杰整理:《冈千仞及其游华》,《观光纪游　观光续集　观光游草》,中华书
局,2009年。

② 中国蔡元培研究会编:《蔡元培全集》第十五卷,浙江教育出版社,1998年,第226页。

玉、汪康年等人的访谈十分富有意义。我们也可以从中获知当时中日知识阶层在看待传统文化及兴国等问题上的思想异同。[①]

总体来看,明治时期的汉学家虽自幼接受以儒学为主的汉学教育,长于汉诗文,但他们在赴华之前,并没有接触过实际的中国,因此,头脑里无形中形成了一个虚幻的中国形象,而且这种中国形象又多是以孔孟学说为基础建立起来的。当他们踏上中国国土,触及现实中国时,自然就会受到强烈的刺激,即心目中的文化中国与亲眼看到的现实中国之间的极大反差,使他们对以前一直视为"圣人之国"的国度产生失望之感。加之日本明治维新后,所谓西方文明史观的影响,使得他们在看待中国时甚至有一种居高临下的姿态。

以上几位汉学家及深受中国传统文化影响的官派留学生陈政在各自游记中所流露出的对华认识,也许有一定代表性。如陈政的游记自序中有这样一段话:

> 盖禹域境土辽阔,人民蕃庶,泱泱乎大国哉。而其政教则桎梏旧术,不达世务,不能开本末之途,通有无之用。其卿士则学不验之法,守椎车之语,而不能画奇技。尊斯民譬之土龙,文章首目具而非龙也。刍灵徒备身体,而非人也。其施之于事,犹婴儿相戏,以尘为饭,以涂为羹,以木为戴,可以戏而不可食。故有万乘之号,而无千乘之用。然而其民则大抵俭啬,勤于商贾。其物产则饶于丝缕布帛铜铁煤矿,犹富者深藏而若虚,岂外刚内干之比欤?易曰变通则不倦。苟一旦奋然变通,则富强可举趾而俟,盖有渐矣。[②]

陈政虽对中国上下多有不满,但仍认为一旦奋起改革,则富强可待。这种认识和1876年游历川陕地区的竹添进一郎大抵相同。竹添在《栈云峡雨日记》自序中,认为中国:

---

① 参见张明杰:《明治后期的中国纪行——山本宪的〈燕山楚水纪游〉》,*Journal of Hospitality and Tourism*,2007年第1期,第58—68页,以及《明治汉学家的中国游记》,《读书》,2009年第8期,第82—89页。

② 井上陈政:《清国漫游记》自序,出版地不详,1902年。

譬之患寒疾者为庸医所误,荏苒弥日,色瘁而行槁。然其中犹未
至衰赢,药之得宜,霍然而起矣。①

但与陈政几乎同时期来华漫游的汉学家冈千仞则对中国的评价较为严厉:

譬犹笃疾人,非温补宽剂所能治,断然大承气汤之症也。②

冈千仞把中国看成危笃病人,一般温补药物已不起作用,非猛药而不可治。
而在甲午战争结束后不久来华的山本宪看来,中国:

自非一大猛断,改革制度,安能救之耶?……譬诸疾笃,非寻常汤
药所以能救,独有手术一法耳。③

也就是说,泱泱大国已病入膏肓,药物已无济于事,非手术(即从根本上改
革制度)不可。由此,我们不难窥知晚清时期日本人的中国观及其演变。

另外,实业界人士同时又是著名汉诗人的永井久一郎(禾原)(1852—
1913)所作的《观光私记》,不妨也可将其纳入汉学家游记之列,而且可以将其看
作明治时期最后一部较有影响力的汉文游记。曾任日本邮船公司上海支店长、
时任横滨商业会议所特别议员永井久一郎于1910年随日本"赴清实业团"来华
考察,经朝鲜入中国东北边境,历访沈阳、大连、天津、北京等地后,南下汉口、武
昌,至南京参观劝业会,后又访镇江、上海、苏州、杭州等,最后从上海归国,历时
近两月,事后用汉文撰写了《观光私记》(1910),在日本受到高度评价。该游记
不仅记述了实业团的访华活动,而且详细再现了作者及其他实业团成员在参观

──────────

①　竹添进一郎:《栈云峡雨日记》,奎文堂藏版,1879年。此引自竹添进一郎、股野琢著,
张明杰整理:《栈云峡雨日记·苇杭游记》,中华书局,2007年,第18—19页。
②　冈千仞:《观光纪游》卷六,鼓亭藏版,1886年。此引自冈千仞著,张明杰整理:《观光
纪游　观光续记　观光游草》,中华书局,2009年,第134页。
③　山本宪:《燕山楚水纪游》卷一,梅清处藏版,1898年。

途中或酒席宴会上的即兴赋诗、诗文唱和等情形,从而展示了诗文交流在清末中日民间外交上的作用。

五、今后的课题

在明治时期游华日本人所留下的见闻记录中,汉文游记虽然只是其中的一部分,但内容极为丰富,其价值和影响也不可小觑。可以说,这些文献是学术研究上极为重要的第一手资料,对解读近代中日关系、考察当时的中国现状及中日文化交流情况等均有重要意义。比如,上述外交官与汉学家的游记可以弥补我国此领域文献资料之不足,扩展或深化相关研究。单就中日关系史研究而言,长期以来学界多依赖以《日本外交文书》为代表的官方文献,而这些官方文献多经严格筛选编辑而成,带有鲜明的国家主义色彩,而且其中的一些资料本身也是在明确的主观意识下编写的。在利用这些文献资料时,除了参照中外相关记述,还应重视当时的一些亲历者留下的日记等游记文献,这样才有可能接近或还原历史原貌。本节所涉及的柳原前光、中畑荣、井上陈政等人的汉文日记等即在应重视文献之列。但是,由于这类日记等资料多为非公开出版物,收藏也比较隐秘、分散,一些手稿甚至其存在至今鲜为人知,故有待进一步发掘、整理和研究。

第二节　竹添进一郎及其《栈云峡雨日记》

日本明治时期有三部最著名的汉文体中国游记,即竹添进一郎的《栈云峡雨日记》、冈千仞的《观光纪游》和山本宪的《燕山楚水纪游》。从时间来看,竹添的游记最早,出版于1879年,是竹添于1876年5月—8月间深入汉中蜀地并沿江而下的游历记录;后两者的出游时间分别是1884年和1897年。1871年,《中日修好条规》及《通商章程》签订,两年后的1873年正式换文生效。此后两国人民的往来和交流才逐渐频繁起来。可以说,竹添是1871年以来最先深入我国西部腹地川陕地区游历的日本人,其撰写的《栈云峡雨日记》也是日本人留下的最早有关此地区的见闻录。从这一点来讲,这部游记可谓中日近代交流史上具有开拓意义的珍贵文献。

竹添进一郎,名光鸿,字渐卿,号井井或井井居士,故世人多以"竹添井井"称之。晚年亦号独抱楼,进一郎为其通称。生于肥后(今日本熊本县)天草上村。其父竹添光强是儒医,曾师从江户后期著名儒学家广濑淡窗,为其门下十八才子之一。竹添自幼聪颖过人,有神童之称,但身体羸弱。父母期其日后大成,严加教导,并亲授经书和作诗作文。据说竹添四岁诵《孝经》,五岁学《论语》,七岁读《资治通鉴》,在乡里颇负才名。十六岁时至熊本城,入儒学名家之一的木下犀潭门下学习。木下一门人才辈出,竹添与井上毅(后成为文部大臣)、冈松瓮谷等即其中的佼佼者。1865年,竹添被荐举为藩校时习馆(1754年设立)"居寮生",后又被提拔为训导,作为儒学者由一介平民进入藩士之列。当时日本正处于明治维新前夜,社会动荡不安,政局不稳,各藩竞相购置兵器和舰船。熊本藩购入的汽船"万里丸"在航海中不幸被撞破,而日本又无修理的船坞,于是以漂流名义,竹添被秘密派往上海,负责修船。因为这是受藩命而偷偷潜入上海,故此次上海之行鲜为人知。这是继1862年高杉晋作等人乘"千岁丸"到上海之后日本人又一次进入中国,对竹添来说这无疑是一次难得的异国体验。在上海看到洋人昂首阔步,而中国人反被奴役的情景后,其身心所受到的冲击和震撼,想必不亚于高杉晋作等志士。

在萨摩、长州诸藩讨伐幕府前后,竹添又肩负藩命,奔走于京都、江户及东北仙台间,传递信息。后为了解海外情况,特赴长崎学习英语及"洋学",但不久又被召回任藩校训导。废藩置县后,其一度靠开私塾授徒维持生计。后来在胜海舟的劝说下,于1874年上京,翌年进入政府修史局,后又转入法制局。1875年末,适逢政府任命森有礼为驻华公使,在赴任前不久,竹添被正式纳为随员一同前往。据说这是在胜海舟、井上毅及伊藤博文等人的斡旋下才实现的。因为森有礼虽曾游学欧洲,有丰富的西洋知识,但并不熟悉中国事务,于是汉学功底好,又能文善诗的竹添便被选中以辅佐之。森有礼是明治初年颇有影响的学术团体明六社的发起人,与西村茂树、福泽谕吉、西周等人在政治、经济、宗教等领域极力宣扬西方启蒙思想,是彻头彻尾的欧化主义者,同时又是虔诚的基督教徒。而竹添自幼诵读经书,深受儒家思想影响。据说,在赴任的船上,两人就孔子与耶稣、儒教与基督教、东西方文明等问题展开激烈论战,互不相让,直到舟抵芝罘。虽然争论结束后，两人重归于好，但后来两人的关系有些微妙。森有礼在任期间，竹添入蜀游历，其成果《栈云峡雨日记》收录了包括伊藤博文、胜海舟等在内的中日两国四十余人的序跋、评语等，但唯独不见森有礼的名字。

由于天津河口封冻，竹添一行由芝罘陆路北上，于1876年1月初抵达北京。但其对赴任地及工作尚未完全适应，便由于外务机构人员简编而离职。至于深层原因，尚未公开，但从竹添其后的经历来看，似乎出于政府的特殊考虑和安排。于是，竹添趁此机会，特请长假，以实现远赴内陆川陕地区游历的夙愿。但同时也不排除调查侦探的潜在目的。关于此次去川陕地区旅行的动机和出发时间，竹添在其游记自序中坦言：

> 余从森公使航清国，驻北京公馆者数月，每闻客自蜀中来，谈其山水风土，神飞魂驰，不能自禁。遂请于公使，与津田君亮以九年五月二日治装启行，即清历光绪二年四月九日也。[①]

这里的"九年"为明治九年，即1876年。同行者除使馆同僚津田静一外，还有一名北京人侯志信，作随从和向导。竹添装扮成蒙古行脚僧，一行三人从北京出发，经涿州、正定、顺德、邯郸、彰德府、新乡等地至洛阳，然后经函谷关入陕，横断险阻经秦蜀栈道进入四川，后顺流下长江，过三峡，8月21日抵上海。用竹添自己的话讲：

> 是行为日百十有一日，为程九千余里。大抵车取二，轿取三，舟则略与二者相抵。[②]

关于此次长途旅行的见闻录《栈云峡雨日记》，竹添简单地概括道：

> 其记之也，北则详于雍豫，西南则详于梁蜀。若夫武昌以下，我邦

---

① 竹添进一郎：《栈云峡雨日记》卷之上，奎文堂藏版，1879年，第1页。
② 竹添进一郎：《栈云峡雨日记》卷之下，奎文堂藏版，1879年，第27页。

人士足迹或有及焉者,其山川风俗皆能述之,不复须烦言也。[1]

　　1879年刻印刊行后,这部凝聚着竹添几多辛劳和非凡才学的游记,一时使其名声大振。

　　结束此次旅行后,又恰值陆军大佐福原和胜一行为搜集中国情报而潜入中国,竹添接到加入队伍的指令后,继续留在上海。在福原的劝说下,他还特地回国将妻子接来,做好了在中国长期工作的思想准备。但不料第二年(1877),日本国内爆发反抗明治新政府的"西南之役",福原奉命回国参战,后负伤而死。其组织失去头目后,竹添又在上海滞留了一段时间,后回国进入大藏省工作。

　　在上海期间,竹添曾携家眷游历苏杭,并亲自到诂经精舍访俞樾,因当时俞已回苏州,他又赶往苏州春在堂,与心慕已久的朴学大师会面笔谈。此后,两人书信往来,结下了深厚的友谊。俞樾在其《春在堂随笔》《春在堂杂文续编》等著作中都曾谈及两人的交往。另外,在其选定的东国文士诗集《东瀛诗选》中,特地收录竹添的四十余首诗作,并在作者简介中写道:

　　　　井井在东国即慕余名,及来中华访余于西湖第一楼,不值,遂至吴中春在堂,修相见之礼,出所著《栈云峡雨日记》,索序。盖其自我京师首涂,由直隶、河南、陕西,而至四川,又由蜀东下道楚,以达于吴。记其所经历也。于山水脉络、风俗得失、物产盈虚,言之历历。余甚奇之,为制序于其简端。嗣后遂频通音问,又承以所刻《栈云峡雨诗草》见赠,则苏杭游览之诗,亦附焉。蜀中山水本奇,其诗足以副之。余兹选《东瀛诗》,因列为一家。井井全集固未之见,然此一集中已美不胜收矣。[2]

诗集中收录的竹添《呈俞曲园太史》曰:

---

　　① 竹添进一郎:《栈云峡雨日记》卷之下,奎文堂藏版,1879年,第27页。
　　② 俞樾著,佐野正巳编:《东瀛诗选》,汲古书院,1981年,第481页。此书是根据庆应义塾大学附属研究所斯道文库所藏四十四卷本复制的。

霁月光风满讲帷,熏陶自恨及门迟。

汉唐以下无经学,许郑之间有友师。

金印终输经国业,尘心不系钓鱼丝。

玉堂若使神仙老,辜负湖山晴雨奇。

俞樾则次其韵赠曰:

东瀛仙客驻幨帷,游览都忘归计迟。

万里云山俱入画,一门风雅自相师。

青衫旧恨关时局,黄绢新词斗邑丝。

自愧迂疏章句士,感君欣赏奈无奇。[1]

后来,俞樾在给东本愿寺上海别院僧北方心泉的信中还多次提及竹添,并托心泉代转给竹添的书札。如1882年11月22日的信中写道:

又承寄下竹添君书,亦收到。兹有复书,乞为邮达。[2]

同月28日又写道:

二十二日……并托寄竹添君书,未知照入否?前承寄下之书籍及竹添君所寄硫磺,收到无误。[3]

另外,在致北方心泉的诗中,有"更烦问讯竹添子,何日吴门再过从"之句,[4]

---

① 俞樾著,佐野正巳编:《东瀛诗选》,汲古书院,1981年,第486页。

② 李庆编注:《东瀛遗墨——近代中日文化交流稀见史料辑注》,上海人民出版社,1999年,第85页。

③ 李庆编注:《东瀛遗墨——近代中日文化交流稀见史料辑注》,上海人民出版社,1999年,第86页。

④ 李庆编注:《东瀛遗墨——近代中日文化交流稀见史料辑注》,上海人民出版社,1999年,第95页。

表达了俞樾对挚友竹添的问候和期待。

在大藏省供职期间，竹添还常应外务卿大久保利通之约请，论述中日关系及对华政策等问题，深受大久保器重。当时，中国北方遭遇旱灾，大部分地区闹饥荒，饿殍遍野，情景凄惨。以涩泽荣一、益田孝等为首的有识之士，在日本募集救灾款项。1878年5月，竹添奉大久保之命，只身携带救灾款赴华，并亲自与李鸿章交涉赈灾方法，给李鸿章留下好感。李鸿章在为其《栈云峡雨日记并诗草》所写的序言中一开头即提到这一点：

> 光绪三年，畿辅、山西、河南饥，其明年日本井井居士竹添进一，实来饩饥氓以粟。余既感其意而谢之。①

竹添在中国前后滞留五个月后回国，但回来后没想到颇器重自己的大久保外务卿横死于刺客之手。

之后，接连发生了日本出兵台湾和强迫琉球终止向清政府朝贡等一系列损害中国利益、伤害中国人感情的事件，中日关系趋于紧张。1879年3月—4月间，日本又公然向琉球王下达废藩置县的通告，强行将琉球改为冲绳县。为此，清政府总理衙门及驻日公使何如璋等人向日本提出强烈抗议和严正交涉，中国国内对日感情也进一步恶化。就在此时，竹添作为大藏权少书记官，随宍户玑公使再次赴华，负责通商事宜和琉球问题交涉。王韬在东渡日本的前两日，曾于上海的有马洋行见到竹添，后竹添还专门为其饯行，并亲自与驻沪领事品川忠道一起将王韬送至船上。《扶桑游记》开篇〔即光绪五年（1879）闰三月初七日记〕记载：

> 自吴门归，摈挡行李作东瀛之游。偕钱昕伯至有马洋行，见日本文士竹添渐卿。渐卿名光鸿，字进一，自号井井居士，肥后人。曾至京师，游西蜀，溯大江而南，著《栈云峡雨日记》及诗钞，传颂一时，所交多海内名流。笔谈良久，甚相契合，约明日为杯酒之会。俞君荫甫谓井

---

① 李鸿章：《叙》，竹添进一郎：《栈云峡雨日记》卷之上，奎文堂藏版，1879年，第4页。

井重意气,喜交游,洵不诬也。①

第二天,王韬偕钱昕伯应邀赴宴。紧接着初九日记写道:

> 品川忠道招饮,暮偕渐卿、昕伯同往。……是夕,渐卿饮酒甚豪,
> 颇有醉意。品川领事馈余洋酒四瓶,偕译官吴硕送余至船。渐卿虽稍
> 醉,亦掉臂踊跃而前。余东游实以此为发轫。②

由此可知,竹添与王韬似乎是一见如故。

1880年5月,竹添被任命为驻天津领事,后又兼任芝罘和牛庄领事,多次直接与李鸿章就琉球问题进行谈判。由于日方在琉球问题上的强硬姿态,竹添与李鸿章虽几经谈判,但终未达成协议。

1882年夏,汉城(今韩国首尔)发生士兵叛乱,闵氏家族被袭,日本使馆遭火攻,军事教官堀本礼造等人遇害。在闵妃等人的请求下,清政府派兵镇压,拘捕了叛乱首谋大院君,并将其移送至保定。这便是历史上所说的"壬午军乱"。日本以此为契机,加紧了对朝鲜和中国的外交攻势。在此背景下,在清政府尤其是在北洋要人中有一定人际关系的竹添被任命为朝鲜常驻公使,并于1883年1月走马上任。

"壬午军乱"之后,借助清政府势力恢复元气的闵妃派(保守派)与得到日本后援意欲进行国内改革的金玉君等开化派之间的矛盾日趋激化,随时有爆发的危险。出于削弱和驱逐在朝鲜的中国势力之目的,竹添参与了金玉君、朴泳孝等开化党人发动的政变(即甲申事变),并率领日本士兵占领王宫。清政府及时派兵救援,政变失败,竹添仓皇逃往仁川。回国后,竹添即遭免职。不过,其用汉文撰写的记述此次甲申事变的《纪韩京之变》一文(收录于《独抱楼诗文稿》),却一直被日本学界称为明治时期的汉文名篇之一。

---

① 王韬:《扶桑游记》,陈尚凡、任光亮校点:《漫游随录 扶桑游记》,湖南人民出版社,1982年,第177页。

② 王韬:《扶桑游记》,陈尚凡、任光亮校点:《漫游随录 扶桑游记》,湖南人民出版社,1982年,第178—179页。

　　离职后的竹添隐居于神奈川西南部的海滨城市小田原,每日读书养病,并建读书楼,名曰"独抱楼",真正过起了读书、著书的文人生活。

　　1893 年,应学友同时又是文部大臣的井上毅之请,担任东京帝国大学教授,但两年后又因病辞退。此后再无出仕,全心致力于学术研究,相继完成《左氏会笺》《毛诗会笺》《论语会笺》三部巨著。鉴于其卓越的学术成就,1914 年被授予文学博士,并获得学士院奖。1917 年病逝。据说竹添晚年于小田原隐居后,曾四度组阁的政治元老伊藤博文常上门造访,与其回忆往事,谈诗论文。[①]

　　从以上经历来看,竹添既是一名外交官,同时又是一位出色的学者和诗人。可以说,无论是在近代中日关系史上,还是在近代中日文化交流史上,竹添都是一位不容忽视的人物。

　　1879 年由奎文堂刻印刊行的《栈云峡雨日记》,在中日两国,尤其在知识阶层都有一定影响,这从本书所附的四十余位中日人士的题跋、评语中即可察知。另外,"一九八一年中国新闻代表团访日时,日本文部大臣还将其作为礼物赠送给代表团"[②]。

　　前面提到,竹添是近代最早深入巴蜀地区游历的日本人,因此,对他来说,日本尚无这方面的游记资料可供参考。不过,作为汉诗文方面有较深造诣的汉学家,竹添在举此艰难之行前,曾熟读陆游的《入蜀记》和范成大的《吴船录》,并深受两者影响,这从其在游记中多次引用或言及两者中便可察知。但竹添并未完全沿用两者的形式,而是以自己敏锐的触觉和丰富的古典知识,观察、捕捉所到之处的山川景物、风土人情等,并将其记录下来。这一游记既有日记又有诗作,有实录,也有感发,诗文并茂,生动感人,是一部有较强的纪实性和较高的艺术创造性价值的游记。从其内容之丰富、描写之生动、诗文之优美等方面来看,竹添的这部游记与前两者相比,可以说毫不逊色。

　　对竹添来说,尽管其心目中(观念上)的文化中国和亲眼看到的现实中国之间有极大反差,但单从游记本身看,他并未像之后来华游历的日本同胞那样,对现实中国持蔑视态度。其对清末腐败吏治及鸦片、厘金等社会之弊的批判或讽

---

　　①　松崎鹤雄:《柔父随笔》,座右宝刊行会,1943 年,第 191—192 页。

　　②　钟叔河:《曾经沧海　放眼全球:王韬海外之游与其思想的发展》,王韬:《漫游随录·扶桑游记》,湖南人民出版社,1982 年,第 24 页。

刺,基本上也是善意的,尤其是在沟洫治水、食盐专卖、税制等方面提出的具有
建设性的改革建议,是应该加以肯定的。竹添在游记自序中的所言,基本上体
现了其对当时的中国及中国人的认识:

> 余足迹殆遍于禹域,与其国人交亦众矣。君子则忠信好学,小人
> 则力竞于利,皆能茹淡苦孜,百折不挠,有不可侮者。但举业囿之于
> 上,苛敛困之于下,以致萎荣不振。譬之患寒疾者为庸医所误,荏苒弥
> 日,色瘁而形槁,然其中犹未至衰羸,药之得宜,确然而起矣。①

最后,就原书版本等做一介绍。

《栈云峡雨日记》初版刻印本分上、中、下三卷,上、中两卷为日记,题签为
《栈云峡雨日记》,下卷是诗草,题签为《栈云峡雨诗草》。繁体竖排,每页十行,
每行二十字。上有评语栏,大小约占整体的四分之一,评语字数不一。版心有
"奎文堂藏"四字。

上卷卷首有三条实美、伊藤博文的题词和李鸿章、俞樾、钟文丞的序文,中
卷结尾有川田瓮江、重野安绎、土井有恪、藤野海南、高心夔、杨岘、强汝洵、李鸿
裔、吴大廷、齐学裘、薛福成、曾纪泽的题识,下卷诗草收录巴蜀之行时的诗作一
百五十四首(内有高心夔的酬和诗一首),另作为附录还收录北京赴任时的诗六
首(题为《乘槎稿》)、后来滞留上海时的诗作九首(题为《沪上游草》),以及游历
苏杭时的诗作二十三首(题为《杭苏游草》,内有俞樾的酬和诗一首)。卷尾有大
槻盘溪、杨岘、吴大廷、雪门、刘瑞芬、李鸿裔、高心夔(与徐庆铨并识)的题识。
通卷页上有三岛毅、重野安绎、大槻盘溪、小野湖山、藤野海南、川田瓮江、木下
梅里、俞樾、李鸿裔、高心夔、方德骥、蔡尔康、万世清、钱徵等三十余位中日名士
的评语。顺便提一下,宋恕也曾为这本书写过跋文,而且是分别对日记和诗草
作的,限于篇幅,这里从略。②但笔者目前所看到的版本中尚未发现有收录者。

底页印有"明治十一年十一月三十日 版权免许,同十二年三月出版,著述

---

① 竹添进一郎:《栈云峡雨日记》卷之上,奎文堂藏版,1879年,第11页。
② 胡珠生编:《宋恕集》(上、下册),中华书局,1993年,第313—315,845—846页。

人熊本县士族竹添进一郎(地址略),出版人熊本县士族中沟熊象(地址略),颁行书肆丸屋善七,太田勘右卫门,星野松藏(地址略)"。另外,据入谷仙介的解题可知,汲古书院所藏本的底页,出版人为东京府平民野口爱,颁行书肆为丸屋善七等二十余家书店(其中东京店八家,大阪和京都店各两家,另外还有甲府、名古屋、丰桥、广岛、冈山、长崎、高崎、岐阜、仙台等店)。①后来又有活字版问世,即1893年5月出版的《栈云峡雨日记并诗草》,且作为附录收录于竹添的《独抱楼诗文稿》(1912)中。该活字版除了题词、序文等排列方式与刻印本略有不同,诗草后的附录与初版刻印本也有明显出入,即在刻印本收录的《乘槎稿》《沪上游草》《杭苏游草》基础上,增添了《燕京游草》(十三首诗),而且上栏有张之洞的评语。这部活字版《栈云峡雨日记并诗草》,发行者为野口爱,印刷者为岛连太郎,印刷所是秀英舍,发售书肆为博文馆、牧野善兵卫、三木佐助、长崎次郎。由此可知,此书销路甚好,深受读者欢迎。现在在日本的古书肆,尚不难买到1879年的刻印本。这也从一个侧面说明,此书销量之大。目前我国有几家图书馆尚保存着这部书的初版刻印本。②

在日本,《栈云峡雨日记》是汉文体中国游记中最广为人知的一部。除了收录于《诗集　日本汉诗》和《幕末明治中国见闻录集成》的汉文初版③,尚有日文翻译本和详细的译注本。其日记部分,早在1944年就由米内山庸夫(其本人也曾于1910年游历过滇蜀,并著有《云南四川踏查记》)进行日语翻译,与陆游的《入蜀记》和范成大的《吴船录》合为一册,书名为《入蜀记》(大阪屋书店出版)。2000年又有东洋文库出版的岩城秀夫译注的《栈云峡雨日记——明治汉诗人的四川之旅》,这是一部用现代日语翻译并做了详细注释的辛劳之作,为此游记的传播与普及发挥了重要作用。

---

① 富士川英郎等编:《诗集　日本汉诗》第十八卷,汲古书院,1988年,第7页。

② 王宝平主编:《中国馆藏日人汉文书目》,杭州大学出版社,1997年,第478页。

③ 《栈云峡雨日记》汉文初版分别收录于富士川英郎等编:《诗集　日本汉诗》第十八卷,汲古书院,1988年;小岛晋治监修:《幕末明治中国见闻录集成》第十九卷,Yunima Shobo,1997年。

第三节　冈千仞及其《观光纪游》

王韬在《扶桑游记》中曾记述：

> 日国人才,聚于东京,所见多不凡之士,而鹿门尤其佼佼者。[①]

这位东瀛不凡之士中的佼佼者"鹿门",即汉学家冈千仞。他于1884年6月来华,以上海为据点,南达港粤,北涉京津,历时三百余日,后将其所见所闻撰写成《观光纪游》十卷,自行刊印。这些文字记录对于我们了解清末社会,尤其是中法战争之际中国官民与知识阶层的思想状况,以及日本汉学家的中国观等,可谓不可多得的珍贵资料。

一、冈千仞的生平及业绩

冈千仞,字天爵,号鹿门,生于东北仙台藩。早年就读于藩校养贤堂,习"四书五经",后游学江户,入幕府直辖的昌平黉学问所,师事安积艮斋等,修经史。昌平黉为当时日本汉学的最高学府,培养了众多知名学者和政治家。鹿门于昌平黉学习前后长达九年,并曾任书生寮舍长,同窗中有重野安绎、中村正直、松本奎堂和松林饭山等人,其中与尊王攘夷的志士松本和松林二人交往尤契,后来三人于大阪开设私塾"双松冈"(塾名取自三人之姓),培养学子。在幕藩体制行将解体的幕末,日本诸藩有拥护幕府的佐幕派和主张尊王攘夷的讨幕派之分,前者以会津藩、仙台藩等为主,后者以萨摩藩和长州藩为代表。鹿门虽身为佐幕派仙台藩的藩士,但始终倡勤王大义,尤其是在以仙台藩为主的东北诸藩结成"奥羽越列藩同盟"以抗拒王师时,毅然挺身而出,加以劝阻和反对,结果被藩主下狱,险些丧命。明治初年,改名为千仞,字振衣。这显然来源于左思"振

---

① 王韬著,陈尚凡、任光亮校点:《漫游随录·扶桑游记》,湖南人民出版社,1982年,第201页。

衣千仞冈,濯足万里流"之诗句。而且他还给收于自己门下的兄长台辅的儿子起名为濯,字万里。

明治维新后,冈千仞出任大学教官、文部省职员、修史馆编修等,但任职时间均不长,多因机构调整等而失去职位。1878年初,受聘于东京府书籍馆,翌年担任该馆干事(实际相当于馆长),但一年后因书籍馆归属文部省,他借此机会以眼疾为由辞职,其实这与其对藩阀政治不满大有关系。其后他绝念仕途,潜心办塾,著述授业或漫游各地,以一在野文人之身终其一生。他先后于故乡仙台和东京开办麟经堂、绥猷堂、鹿门书院等私塾,号称弟子三千,片山潜、馆森鸿、吴秀三等皆为其知名弟子。

冈千仞志向高远,性情豪放,为人耿直,平生尤好论时事。学问以经史为主,文章以唐宋八大家为宗,其文明显胜于其诗。对此,黄遵宪在信中曾有中肯评价:

> 仆来大国,阅人多矣。然于文最爱吾子……于诗最爱龟谷省轩。
> 虽不敢谓天下公论,然私意如此,不能随他人为转移也。[①]

另外,冈千仞还对世界舆地、历史颇感兴趣,长于修史编志。一生著述等身,主要有《尊攘纪事》《藏名山房杂著》《砚癖斋诗钞》《涉史偶笔》《仙台史料》《藏名山房文初集》等,另有《法兰西志》《美利坚志》《纳尔逊传》等与人合译或加以润色的译作。据笔者调查,现在仅收藏于东京都立中央图书馆"特别征购文库"的冈千仞著述(含未刊)就有近五十种,共二百九十八册。

冈千仞与福泽谕吉、伊藤博文等算是同时代的人,若不是愤慨于当时的藩阀政治,自动辞官下野,或许名声会更加显赫。他回顾自身,在王政复古的年代,虽身为朝敌仙台藩藩士,却始终倡勤王大义,为国奔走,并因此下狱,甚至险些丧命。尽管如此,维新后,只见昔日学友,不分前后,均飞黄腾达,而自己好不容易得到一官半职,却均短命而终。虽胸怀报国之志、经国之策,但却无用武之地。这种不平或无奈,冈千仞曾向王韬及驻日使馆人员透露过,而且后来游华

---

① 《黄遵宪致冈千仞函》,陈铮编:《黄遵宪全集》上,中华书局,2005年,第316页。

时,面对李鸿章悯其才学的提问也曾直言以对:

> 维新事业成于西南藩士。小人东北人,故当路诸人外小人,小人
> 亦不屑依附当路人。①

即使仕途无望,也绝不屈从权势,其倔强性格和刚烈形象溢于言表。

二、与清末文人的交往及游华动机

从藩校养贤堂到江户昌平黉,其间冈千仞接受的均是以中国经史为主的汉学教育。他所了解的始终不过是文献上的中国而已,此时他尚未与现实中国发生直接关系或接触。不过,1877年末中国驻日使馆的开设及之后王韬的日本之游,给冈千仞创造了直接与中国文人交往的契机。冈千仞自中国驻日使馆正式开展工作的1878年初始,与何如璋、张斯桂、黄遵宪、沈文荧等使馆人员有密切交往,常出入使馆或于他处把酒论诗,切磋文艺。②后与黎庶昌、杨守敬、姚文栋等亦结下了深厚友谊。中国驻日使馆起初将东京芝增上寺作为临时住处,后移至永田町二丁目。这里离冈千仞位于芝爱宕下四丁目的私宅不远,这给他与使馆人员的交流带来了地利之便。除使馆人员外,他还与王治本、王仁乾等赴日民间人士,以及1879年访日的报业人士王韬也有很深的交情。冈千仞的一首五言诗如实地体现了他们之间的这种情谊:

> 公度与梅史,紫诠亦狂客。
> 海外得三士,相见莫相逆。③

当然,冈千仞与其他大多数明治时期的汉学家一样,虽长于汉诗、汉文,但毫无听说能力,交流完全借助于笔墨。正如其自身所坦言:

---

① 冈千仞:《观光纪游》卷六,石鼓亭藏版,1886年,第15页。
② 郑子瑜、实藤惠秀编校:《黄遵宪与日本友人笔谈遗稿》,早稻田大学东洋文学研究会,1968年。
③ 冈千仞:《鸿雪一斑》卷二《杂忆绝》,《藏名山房杂著》(中),草私史亭,1881自序版。

余不解中语,叙寻常寒暄,皆待毛颖子。①

　　除通过笔谈交流思想、切磋技艺之外,当时他们之间还流行着真正文人式的交往方式,即互赠著述或诗作,并征求对方的序跋、评语等。冈千仞的大多著作中均有驻日使馆人员及其他清末文人的序跋、评语及题字。如其《藏名山房文集》,除卷首有署名"岭南黄遵宪"的序文和黎庶昌的题词之外,各卷文中尚有许多出自黄遵宪与王韬等人之手的评语和圈点。同时,黄遵宪的《日本杂事诗》和王韬的《扶桑游记》也分别载有冈千仞的跋文。②可以说,与使馆人员,尤其是与访日的王韬的交流,在一定程度上促成了冈千仞的赴华游历。这里有必要回顾一下王韬的访日及其与冈千仞交往的过程。

　　王韬名扬东瀛,主要缘于其编译的《普法战纪》。该书单行本于1873年在中国香港出版,出版后的当年就传入日本,成为继《海国图志》之后的又一部备受瞩目的汉文书,为当时知识界,尤其是维新志士们了解世界形势提供了重要信息。③邀请王韬访日主要出于为《普法战纪》加注训点之目的,邀请发起人以报知新闻社的栗本锄云和汉学家重野安绎(成斋)为主,通过曾于中国香港拜访过王韬的寺田望南发出邀请。冈千仞与龟谷行等人也予以协助。此事,冈千仞在游记中亦曾提及:

　　望南归自欧洲,见紫诠于香港。紫诠东游,实由望南谋,成斋、锄云以下招致之也。

---

　　①　冈千仞:《观光纪游》之凡例。以下引文除注明出处外,均出自该书,为避免烦琐,恕不一一注明。
　　②　关于冈千仞与清末人士之间的交流,除上述《黄遵宪与日本友人笔谈遗稿》外,日本东洋文库尚藏有许多这方面的书简资料。可参考郑海麟整理发表的《王韬、黄遵宪与日本冈鹿门的文字因缘》(《近代中国》第九辑)、《清季名流学士遗墨》(同上,第十一辑)。另有陈捷:《关于和冈千仞来日的中国知识分子的交流——通过〈莲池笔谈〉〈清讌笔谈〉》,《日本女子大学人间社会学部纪要》,2001年第12期,第137—159页;易惠莉:《日本汉学家冈千仞与王韬——兼论1860—1870年代中日知识界的交流》,《近代中国》第十二辑,2002年,第76页等。
　　③　《普法战纪》1878年陆军文库翻刻本出版,1887年又有山田荣造的校勘本问世。

冈千仞对《普法战纪》尤为赞赏,他曾托经香港赴欧洲视察的佐和东野向王韬致意:

> 近读香港王紫诠《普法战纪》,服其虑之深而其思之远。东野航过香港,见紫诠质以余言。紫诠游欧洲,谙海外事情,必知所以变而通之。[①]

可见冈千仞早已通过《普法战纪》,对素无面识的王韬抱有敬慕之情。

1879年5月1日,王韬到达长崎,随后北上,于东京等地漫游近四个月,并将所见所闻撰写成《扶桑游记》一书,于翌年刊出。细检《扶桑游记》,则可发现除发起人栗本锄云外,出现最多的就是冈千仞的名字。王韬在自序中写道:

> 抵江都之首日,即大会于长酡亭上,集者廿二人。翌日,我国星使宴余于旗亭,招成斋先生以下诸同人相见言欢。由此壶觞之会,文字之饮,殆无虚日。余之行也,饯别于中村楼,会者六十余人。承诸君子之款待周旋,可谓至矣。中间偕作晃山之游,遍探山中诸名胜。[②]

以上王韬言及的滞日时的主要活动,每次都有冈千仞的身影,甚至中间有一段时间,冈千仞与王韬或一同出游,或造访寓所,近乎形影不离。

短时期内两人之所以能如此深交,除双方均擅长诗文之外,尚有几个共同点可以考虑。一是两人都学贯东西,重经世致用,而且对历史和五洲形势尤感兴趣。如前所述,王韬的《普法战纪》曾得到冈千仞赞许。冈千仞本身也曾与人合作编译并出版了《美利坚志》和《法兰西志》。换言之,两人在治"史"方面有着共同的话题,较之常人更容易深谈和交流。二是两人的性格比较接近。尤其是在为人耿直、性情豪放、不拘小节等方面,颇为相似。王韬向以"性情旷逸"著

---

① 冈千仞:《送佐和少警视奉使欧洲序》,《藏名山房文初集》卷二,冈百世,1920年。
② 王韬著,陈尚凡、任光亮校点:《漫游随录·扶桑游记》,湖南人民出版社,1982年,第172页。

称,他也曾评价冈千仞"性豪爽高亢,以友朋、文字为性命"。①三是两人都有近于怀才不遇、仕途不畅的境遇。曾被李鸿章视为"名士"与"狂士"的王韬,其坎坷人生当不必赘言,就冈千仞来说,仅从上述简介中也不难窥知其怀才不遇的身世。以上这些共同点,无形中缩短了两人的距离,增强了相互间的亲近感,让两人于短期内便结成莫逆之交。

王韬归国后,两人仍书信往来不绝。后来冈千仞赴北海道远游,于归途函馆接到由东京转来的王韬寄自香港的赠书《蘅华馆诗抄》。看到自己的名字屡屡出现于王韬的诗集中,身在旅途的冈千仞可谓喜出望外。他旋即给王韬写了一封长信,并于末尾表达了欲游中土的素志:

　　人生百岁,忽焉半百,逝者如斯,他年追悔不可复及。弟将以来岁秋冬间,航中土,穷域外之壮观。弟策此事,非一朝夕。唯病目不愈,故因循至今日。顾北海此游,侵炎槁,凌风涛,蹈霜雪,冒险峻,而眼疾不加剧,此谚所谓不医常得中医者,甚无足忧。弟已决是志,不知先生果不鄙弃弟,绍介名公钜卿,徘徊盛都大邑,使弟得达是志否?②

对此,王韬不久亦复函作答:

　　来书云:秋冬之间,征车西迈,拟北探燕台,南穷粤峤,抒怀旧之蓄念,发思古之幽情,极黄河泰山之观,而与名公巨卿相接,庶足为豪耳。阁下之志,于是为不凡矣。弟蠖屈天南,岩栖谷饮,与当世大僚,久相隔绝;又生平不喜竿牍,以此人事并绝,日惟闭户读书,慨慕黄虞而已。③

---

① 王韬著,陈尚凡、任光亮校点:《漫游随录·扶桑游记》,湖南人民出版社,1982年,第201页。

② 郑海麟辑录:《王韬遗墨》,《近代中国》第九辑,1999年,第143页。此信日期署"1879年"。

③ 郑海麟辑录:《王韬遗墨》,《近代中国》第九辑,1999年,第140页。此信日期署"光绪六年(1880)五月十日"。

当然,后几句话并非王韬不愿尽引荐介绍之劳,或出于实情,唯恐令其失望而已,同时也不妨理解为谦辞。对冈千仞的来游,王韬心里还是很欢迎的。这从其1883年正月致冈千仞的信中可得到佐证:

> 阁下欲来中土,北历燕台,南穷粤峤,何不及弟未死时歌来游之什乎?①

总之,冈千仞早有游中国之志,后与王韬的交往,终促其下定决心。

另外,促其游华的原因,尚有两点值得考虑。其一是辞官后的境遇。前文亦多少有所提及,王韬来访的1879年,正值冈千仞担任东京府书籍馆干事期间,是其工作与生活较为充实或富足的时期。但好景不长,第二年书籍馆归属文部省,他也随之辞职。其后,不再出仕,而是于私塾教授汉学,或漫游各地,以文墨为生计,生活处于不安定状态。在这种不得志的境遇下,筹划中土之游,也是不难理解的。其二则是出于其作为汉学家的自负。日本明治初期,在所谓"文明开化"的风潮下,儒学及佛教思想等受到排斥,西欧近代学术及思想被源源不断地介绍进来。即使在这样的时期,冈千仞亦始终不失作为一名汉学家的自负。他一方面与人合作编译美、法史志,另一方面又在自办的私塾里于传统经史的基础上,导入《格物入门》《万国公法》等新书,培养能适合新时代要求的人才。通过这些方式,实践躬行,为社会尽力。另外,由于鸦片战争后中国一步步沦为半殖民地半封建社会,中日关系也逐渐发生了逆转,日本国内对华强硬论日趋强盛,整个日本正处于所谓"脱亚入欧"的前夜。可以说,在当时所谓"今论事者,发言辄曰欧美"②的形势下,为了向世人证明汉学者并非那种不谙宇内大势的迂腐儒生,同时也是为了了解中国国情,探索中日关系及东亚地区的未来走向,冈千仞多年来一直策划着要"一游中土"。正如其在游记中所言:"己以疏狂,为当路所外,常思一游中土,见一有心之人,反复讨论,以求中土为西人所

---

① 郑海麟辑录:《王韬遗墨》,《近代中国》第九辑,第140页。此信日期署"光绪九年(1883)正月廿又七日"。
② 冈千仞:《观光纪游》自序。以下引文除注明出处外,均出自该书,为避免烦琐,恕不一一注明。

凌轹之故。"

三、游华及其见闻录

冈千仞的游华夙愿终于在1884年得以实现,时年五十二岁。也许是巧合,这与王韬东游扶桑时的年龄一致。此行自5月29日离开东京算起,直至翌年4月18日返回,历时三百二十余日,"所经殆八九千里"。全程由其侄冈濯陪同,另外,出发时巧遇驻日使馆的杨守敬期满归国,得以同船。他本拟先航渡香港会王韬,但得知王韬已"移居沪上",于是直接抵沪(6月6日)。

在上海,冈千仞受到药善堂主岸田吟香及驻沪日本领事馆人员的热情接待,同时也得到王韬、张焕纶等沪上名士的礼遇。在他们的关照下,他在上海结识了不少中外人士,而且通过浏览市街、参观租界等,短期内便对这座"东洋第一"的都市有了大致了解。

冈千仞到上海后不久,《申报》就以《文士来游》为题,报道了其来华之事。在详述其生平后,报道最后称:

> 前日至沪。行箧中有书数百卷、诸友荐引笔札数十函。此固日本
> 名流中之矫矫者也。想所至之处,必当倒屣争迎矣。①

这篇报道长达四百余字。作为一名海外民间游客,能享受到《申报》如此厚爱,恐属例外。1884年底,该报还以《日事客谈》为题,登载了他与沪上名士畅谈时事的长文。②

1884年6月20日,冈千仞离沪赴苏州、杭州,游览江浙名胜,并于当地拜会了俞樾、李梅生等同时代名流。进而于余姚访朱舜水后裔,还在同船归国的旅日华侨王惕斋的邀请下,至慈溪的王氏家族做家庭访问。此后,冈千仞还欲往福州见何如璋,但因中法马尾之战,不得已于8月下旬返回上海。在上海逗留月余后,又乘"武昌"号客轮北上,经芝罘,10月6日抵天津。在此,他幸会朱舜

---

① 《申报》光绪十年五月二十二日(1884年6月15日)。
② 《申报》光绪十年十一月初二(1884年12月18日)。

水后裔、时为李鸿章幕僚的朱舜江，由其引荐，多次面会道台盛宣怀，并经盛氏斡旋，得以进见直隶总督李鸿章。随后入北京，游览长城等帝都名胜，与御史邓承修、翰林编修徐琪、文士李慈铭、同文馆教习丁韪良等笔谈交流。后绕道保定，专程造访莲池书院，拜会山主张裕钊。再经天津，二度会李鸿章后，返回上海。归沪后，得知中日两国于朝鲜半岛发生冲突，日本驻韩公使竹添进一郎由仁川仓皇逃回日本。

冈千仞在沪度过1885年元旦后，本欲溯长江，览江岸诸胜，后采纳王韬"闽粤暖地，宜冬游者"的建议，决定先赴港粤，尔后再游长江。他于1月8日离沪，经香港入广东，不料在当地染上时疫，静养多日仍不见好转，遂取消长江之游，径往香港，接受英国医生诊治。疗养近两个月后，于4月10日乘英国客轮离港归国。

冈千仞此游，从南到北除欣赏和游览诸多名胜之外，主要活动就是会客访友，交流思想。其间，他面会过的中日人士难计其数，仅游记中记载的有名姓可考者就多达百余人，其中中方除以上提到的王韬、李鸿章、盛宣怀、俞樾、李鸿裔、李慈铭、邓承修、徐琪、张裕钊之外，还有龚易图、李士棻、文廷式、沈子培、袁昶、张焕纶等官绅名流。冈千仞与他们往来笔谈，或论学或谈时事，既广开了闻见，又加深了认识。另外，游历中冈千仞获赠书一百四十三种，加上自购的书籍，总数达二百七十一种，共一千八百二十九卷，为实现其"重修鹿门精舍，拥万卷"的夙愿前进了一大步。不过，此游更大的收获则是记述并撰写了见闻录《观光纪游》。此书的问世，使其文名享誉文坛。

《观光纪游》是一部格调高雅的汉文体游记，由《航沪日记》《苏杭日记》《燕京日记》《粤南日记》等十卷组成，有近十万字，是近代日本人所著汉文体中国游记中最长的一部。该游记虽冠以"观光"之名，但着眼点并不在山水名胜上，实际上更像是一部考察记，一部晚清社会的考察报告。书中虽不乏对各地历史沿革、地理物产、风土人情等的精彩描写，但给人的印象显得相对不深。书中分量较重，且给人印象最深的是有关人物会见及其议论的记述。尤其是议论部分，内容丰富，涉及包括经史学术、科举制度等在内的政治外交、军事海防、社会风习、经济贸易等诸多领域，而且其中常见冈千仞激烈的批判言辞。这一点与竹添进一郎的《栈云峡雨日记》形成鲜明对照。

四、冈千仞的中国认识

冈千仞游华时的 19 世纪 80 年代初中期,中国所处的客观环境异常严峻。鸦片战争后的巨额赔款、太平天国运动导致的严重破坏和长期萧条、中法战争危机、沙俄对东北领土的蚕食、国内频发的自然灾害等,使国家濒于危难状态。尤其是中法战争爆发后中方节节败退,国家已到了生死存亡关头。那么,当时的中国社会和中国士人是怎样一种情形呢? 作为一名关注中国和东亚局势的海外游客,冈千仞的观察可以说具有一定的代表性。

冈千仞游华期间,始终以严厉的目光来审视中国的方方面面,对晚清社会的种种弊端痛加抨击。他把中国社会与经济落后的原因归结为"烟毒"和"经毒",认为"目下中土非一扫烟毒与六经毒则不可为也"。

在上海,他一方面为都市的繁华而惊叹,另一方面又为鸦片的横行而深感震惊。尤其当得知沪上"名流第一"的王韬也沉溺于"烟毒"后,难以掩饰心中的疑惑与失望。冈千仞抵沪后,即随岸田吟香拜会多年未见的王韬。第二天向来访的倪鸿询问"上海名流",对方列举了胡公寿等七八人后,补充说"而王君紫诠为第一流"。此次能与沪上"名流第一"的老友王韬重逢,冈千仞觉得不虚此行。在他为此而深感高兴时,无意中从岸田吟香口中得知,前日"紫诠数说头痛,如不胜坐者,恐瘾毒"。日后当张焕纶、葛士浚等上海书院士子来访时,冈千仞谈到"闻紫诠亦近吃洋烟",葛士浚当即对答:"洋烟盛行,或由愤世之士借烟排一切无聊,非特误庸愚小民,聪明士人亦往往婴其毒。"

他于市街散步时,亦常看到标有"洋烟"二字的楼房。他还走进其中一家烟馆,并在游记中对其内部光景做了生动描述:"室央设转丸场,丸斗大,观者簇拥。左右为烟室,床上陈烟具,管长尺余,两人对卧,盆点小玻灯,拈烟膏管孔,且燎且嘘。其昏然如眠,陶然如醉,恍然如死,皆入佳境者。"后在慈溪王氏家族的一次宴席上,冈千仞看到宴席散后,客人一般均另入一室,两人对卧吸食鸦片,于是就"痛驳烟毒缩人命,耗国力,苟有人心者所不忍为"。当时在场的秀才王砚云则有些不快地反击:"洋烟行于中土,一般为俗,虽圣人再生,不可复救。"冈千仞心想:"此虽非由衷之言,亦可以知其成弊害,一至此极。"他引述魏源的话说:"耗中土之精英,岁千万计。此漏不塞,虽万物为金,阴阳为炭,不能供尾闻之壑。"最后不解地追问："中土不猛省于此,何也?"

可以说,当时中国上下鸦片流行之广、毒害之深,完全出乎这位东洋汉学家的意料,而且更让他感到疑惑的是中国士人对此表现出的那种麻木不仁的态度。

在北京,冈千仞曾与科举出仕的翰林学士徐琪、朱容生等把笔畅谈,并对他们"笔翰如流,顷刻间累十数纸"的气度深表折服,然而对八股取士的科举制度却抱有强烈的批判态度,指斥"科举为误天下之本"。在仙林寺僧院住宿时,他与日本僧侣无适谈起科举考试,最后感叹道："耗有用精神于无用八股,黄口入学,白首无成。"他一再主张中国目下"绝大急务在一变国是,废科举,改革文武制度,洗刷千年陋习,振起天下之元气矣"。对此,盛宣怀曾深表同感,认为:

> 中土二百余年,以八股取文士而韬略不精,以弓石取武士而攻战无用。相沿成习,人材难出,以所用非其所习也。①

同时,冈千仞还批判官绅及知识阶层守旧自封,不达外情,敦促士人讲格致实学,用心外事,变法自强。他对那些即使在中法战事紧迫,国家处于危难关头,仍不能为国献一计策的迂腐儒生,深感失望。当俞樾的高足王梦薇来访时,冈千仞问其中法交战之事。王以"通观《二十四史》,其与夷狄战,尤为无策"作答之后,趁机对日本模仿欧美之举提出非议："圣人之道,自有致富强之法。贵国不求于此,而求于彼,殆下乔木而入幽谷者。"对此,冈千仞在称其"直据其所见,不少修饰,极为快人"的同时,又不禁发出感慨："呜呼! 陆有轮车,海有轮船,网设电线,联络全世界之声息,宇内之变,至此而极矣。而犹墨守六经,不知富强为何事。一旦法虏滋扰,茫然不知所措手,皆为此论所误者。"他甚至对李慈铭询问日本沿革一事,耿耿于怀,认为"我邦学者无不涉中土沿革,而中土学士蒙然我邦沿革。譬犹用兵,我瞭敌情,敌蒙我情,非中土之得者"。在论及中法战争时,他亦一针见血地指出"中人病在不得外情"。

---

① 《盛宣怀与冈千仞、冈濯笔谈》,吴伦霓霞、王尔敏编:《清季外交因应函电资料》,香港中文大学中国文化研究所,1993年,第507页。

在冈千仞游华期间所交往的中国士人中,张焕纶、葛士浚、姚文楠等沪上书院士子是很特殊的群体。他们主动向冈千仞请教,甚至对其毫无忌惮的指责和批判也能洗耳恭听,给冈千仞留下了较好的印象。[①]冈千仞曾指出"此游见士人亦多,语及外事,茫如雾中。唯经甫慨然用心时事,真难得之士"。但即使对这位关心时事的张焕纶,冈千仞也认为"中人论事,多不得外情,不独经甫"。他在造访莲池书院时,告诫前来请教的年轻学子,"方今宇内大势一变,不可一日忽外事",读书做学问要"有为于当世",不要像张佩纶大学士那样"滔滔万言,而炮声一发,狼狈失措,弃兵而遁"。

在游历江浙一带时,冈千仞接到中法马尾之战的通报后,急促返回上海。当通过洋馆林立的上海租界,目睹自来水、电灯等西洋文明的"利器"后,他不禁流露出羡慕之情,同时又对中国人的故步自封深感惋惜:"是游自上海至宁波,往复四五千里,一资舟楫,不劳寸步,天下岂多有此陆海形胜之地乎?唯中人不讲富强之实政、格致之实学,居今世而行古道,骛虚文而忽实理,其为彼所轻侮,抑有故也。"在北京,他向来访的翰林学士直言相谏:"方今所急,不在于万卷经史,而在于究格致之学,讲富强之实。"在与李鸿章第二次会面的当日,他还写信给朱舜江说:"中土无人不口自强,盖自强之本在自治。圣人说自治之本,曰格致,曰正诚。仆游中土,未见一人讲格致之学,又未见一人持正诚之教。盖或有之,仆未见其人也。其忽自治如斯,欲求自强之功,茫乎不可得也。"

冈千仞在华期间,尤其关心中法战争的局势,屡屡与中国士人议论或探讨战局,同时留心搜集各方情报,及时了解和掌握战况。他曾批评《沪报》和《申报》"议论无一定旨义",尤其是关于台湾、福州海战的报道"道听途说,讹谬极多"。在广东他还设法求见两广总督张之洞和彭雪琴元帅,但因两者督战公务繁忙,未能如愿。他甚至对张之洞的《书目答问》一书提出质疑:"《答问》,揭《炮说》《操炮法》《炮表》《水师操练》《行军测绘》《防海新论》等诸书,为兵书之不可不见者。此皆译书,无用于科举者。香涛急于武备,故揭此等书目,用心当世者。唯《格物入门》《地理全志》《瀛环志略》《万国公法》等书,当方今急于洋务之

---

①　冈千仞游华期间,曾将与沪上书院士子的笔谈录寄给《邮便报知新闻》,由该报分三期连载。此资料已由易惠莉教授整理后发表,见《日本汉学家冈千仞与晚清上海书院士子的笔话》,《档案与史料》,2002年第6期,第8—13页。

时,不可不一日讲之。而香涛不一言道及,未为知时务也。"

他在天津会李鸿章时,李鸿章见他身着和服,以为是一个"古貌古心"的迂腐儒生,言语中不免带有"谐谑"。冈千仞遂解释:"敝邦列官途,不得不欧服。小人处士,故袭故服。邦俗故如斯,古一字,小人所不悦说。"李鸿章接着问:"足下已不悦古一字,然则知时务乎?"冈千仞立刻回答:"小人敢谓知时务乎?唯时中圣人之道,孟子称夫子为圣之时者。小人私以为不知时,则不可与谈学,又不可与论时事。"结果连这位中堂大人也只好"默然"。当时,冈千仞对李鸿章寄予很高的期望。在第二次被约见时,他直言不讳地讲:"方今中外,皆属望相公,切望乘是机,建大策,运大势,转祸为福,变危为安。"对此李鸿章则回应:"我邦攘夷论盛兴,亦犹贵国廿年前。老夫意以为非经五年,则不可有为。老夫叨蒙大用,任大责重,欲请间自便,而不可得。切羡足下绝念当世,漫游域外,以遣其壮志。"可见两人所思所想之差异。当时由于清政府软弱无力,国事混乱,加上不少军政要人苟且偷安,致使法国侵略军有机可乘,中方连连失利。特别是马尾海战,中方损失惨重。这些事实无形中也让冈千仞感到自己的对华论切中要害。尤其是他得知曾在日本有过多年交往的老友、时任福建船政大臣何如璋竟临阵脱逃的消息后,更是感到震惊,认为其已不值一论。另外,具有讽刺意味的是,正是被他寄予厚望的李鸿章日后与法国公使巴德诺在天津签订了丧权辱国的《中法会订越南条约》,时间也正是他回国后不久的1885年6月9日。

不管怎么说,上述冈千仞的对华批评或建议在当时是很对症的,具有一定的现实意义。盛宣怀及上海书院士子们对此也给予一定评价。不过,由于其游华的前几年,中日间接连发生日本侵犯台湾、吞并琉球,以及朝鲜壬午兵变等重大事件,游华期间又正值中法战争爆发,同时遭遇朝鲜甲申事变,而日本国内又正值所谓"脱亚论"出笼之时,中日关系处于紧张状态①,加上冈千仞自身受西方文明史观之影响,不时显露出居高临下的傲慢姿态,有时故意避重就轻,甚或流露出狭隘的民族主义观点,致使其游华期间的言论并未得到更为广泛的回应。

---

① 福泽谕吉的"脱亚"与"入欧"思想虽早有萌芽,但比较有代表性的"脱亚"理论则集中表现在其于1885年3月发表的《脱亚论》著作中。

《观光纪游》出版后,在中国也产生过一定反响,宋恕、蔡元培、鲁迅、周作人等都提及过此书,或引用过其中的内容,并给予不同程度的评价和首肯。限于篇幅,这里不予详述。[①]

第四节　桑原骘藏及其《考史游记》

作为日本近代东洋史学的创始人之一,桑原骘藏(1870—1931)及其中国学已成为国际汉学领域不容忽视的一部分。

总的来看,桑原一生主要有两大学术成就:一是以《中等东洋史》为代表的历史教科书的编纂;二是以《蒲寿庚的事迹》为代表的东洋史研究。另外,还有一项与两者有关的特殊学术活动及成果,即桑原于中国留学期间所进行的数次访古考察及其成果《考史游记》。这是其学术生涯中唯一的一项实践性学术成果,对其一生的学术活动有重大影响。这部游记详细记述了桑原所探访的山东、河南、陕西、内蒙古等地的一些重要城区的主要史迹,记录了所经之地的山川景物、风土物产及政治、经济、交通、文化等社会状况,而且配有大量珍贵图片,是一部学术文献价值极高的访古考史游记,一直被日本学界视为游记中的典范之作。

一、桑原骘藏生平及学术

桑原生于福井县敦贺市一个从事造纸业的家庭,在三兄弟中排行第二。自幼身体羸弱,但学习成绩一直很优秀。在家乡读完小学后,只身前往京都,入府立中学,后经第三高等学校,于1893年考入东京帝国大学汉学科。同学中有大町桂月、笹川临风、田冈岭云等。据说桑原中学时代就曾抱有要成为"世界性历史学家"的志向。大学毕业后,又继续深造,师事从德国留学归来的坪井九马三、林泰辅、那珂通世等,攻读东洋史。在即将毕业的1898年春,编写出版了

---

① 参见张明杰:《明治前期的中国游记——冈千仞的〈观光纪游〉》,*Journal of Hospitality and Tourism*,2005年第1期,第26—40页。

《中等东洋史》，这也使其名声传遍日本，不久又传到中国。毕业后，就任第三高等学校教授，一年后转任东京高等师范学校教授，此后，一直在该校工作了近十年。东京高等师范学校简称"高师"，即后来的东京教育大学和如今的筑波大学的前身，是一所重点培养教员的高等教育机构，其毕业生活跃于日本各地的大中学校。清末聘任的日本教习中，有不少也出自该校。

1900年初，文廷式东渡日本时，由内藤湖南引荐，专程去那珂通世家拜访，并于席间见到桑原骘藏和白鸟库吉。当时文廷式与代表日本东洋史学界最高峰的五名学者的交流，以及围绕"景教碑"激烈争论的情形，在文廷式的《东游日记》中皆有记载。[①]

1901年5月，桑原当选为当时在史学界最有影响的史学会评议员，1903年10月结婚，翌年5月，长子武夫出生。1907年4月前往中国，开始为期两年的官费留学和研究。

留学期满后，于1909年4月就任刚成立不久的京都帝国大学文科教授，担任东洋史第二讲座主持者。第一讲座主持者为内藤湖南和富冈谦藏，因此，桑原和内藤几乎成了京大东洋史的代名词，而且直到今天，人们一谈起京都帝国大学的东洋史学科，自然也会提到此二人。其后，桑原一直在京都帝国大学工作，直到退休。在此期间先后担任京大研究专刊《艺文》编辑委员、史学研究会机关杂志《史林》评议员等。1910年被授予文学博士学位。1923年，因出版《宋末提举市舶西域人蒲寿庚的事迹》（以下简称《蒲寿庚的事迹》）而荣获日本学士院奖。1929年8月，于京都帝国大学夏季讲习会做关于"中国古代法律"的系列讲演后，突然咯血，其后一直卧病在家，直至1931年5月去世。

桑原一生治学严谨，上述《蒲寿庚的事迹》和论文集《东洋史说苑》是其生前出版过的著作。[②]死后由其弟子整理编辑，相继刊出《东西交通史论丛》（1933）、《东洋文明史论丛》（1934）、《中国法制史论丛》（1935）等著作。1968年岩波书店出版了五卷本《桑原骘藏全集》（另有附录一卷）。

前面曾提到，桑原一生主要有两大学术成就，即历史教科书的编撰和东洋

---

① 参见文廷式：《东游日记》，汪叔子编：《文廷式集》下册，中华书局，1993年，第1170—1171页。

② 《东洋史说苑》已出版中译本，钱婉约、王广生译：《东洋史说苑》，中华书局，2005年。

史研究。桑原编写出版了多种东洋史方面的教科书、教授资料及教学地图等，其中最有影响的首推读研究生期间编写的《中等东洋史》上、下卷（大日本图书株式会社，1898年3月和5月）。这部在题材和内容上均有创新的教科书，在日本近代东洋史学科的确立和发展过程中起到了重要作用。该书在总论的基础上把全史分为四期，即：上古期，汉族增势时代；中古期，汉族盛势时代；近古期，蒙古族最盛时代；近世期，欧人东渐时代（至甲午战争前夕）。它打破了以往只记述中国朝代兴亡的编写体例，在叙述中国自身的兴亡和发展的同时，注重中国与周边国家及民族的交流，把中国史放在整个亚洲史，乃至世界史的框架下加以综合把握和梳理。桑原在编写过程中，除依据中国的史籍，尤其是像《读史方舆纪要》《西域图志》《蒙古游牧记》《满洲源流考》等舆地、方志资料外，还参考了大量欧美人的著述，使本书在题材和内容的深度和广度上，与以往的此类教材有诸多不同。正如王国维在该书的中译本序言中所讲：

　　桑原君之此书，于中国及塞外之事，多据中国正史，其印度及中央亚细亚之事，多采自西书。虽间有一二歧误，然简而赅，博而要。以视集合无系统之事实者，其高下得失，识者自能辨之。[①]

梁启超亦曾给予该书很高评价，认为：

　　现行东洋史之最良者，推《中等东洋史》……颇能包罗诸家之所长，专为中学校教科用，条理颇整。……繁简得宜，论断有识。[②]

《中等东洋史》付梓后的第二年（1899）末，即出版了由王国维作序的中译本，题名为《东洋史要》，由罗振玉题签，樊炳清翻译，东文学社印行。译本出版后，国内学界竞相翻刻。后来又有两种译本问世，即1904年上海文明书局版《中等东洋史教科书》（周同愈译）和1908年上海商务印书馆版《订正东洋史要》

---

　　① 王国维：《〈东洋史要〉序》，桑原骘藏著，樊炳清译：《东洋史要》，上海东文学社，1899年。本文据东京都立中央图书馆"特别买上文库"所藏该书的缩微胶卷加以引用。
　　② 梁启超：《东籍月旦》，《饮冰室文集》，香港天行出版社，1974年，第348页。

（金为译）。①另外，1904年由泰东同文局出版的《东亚史课本》，则是根据桑原的另一本《初等东洋史》翻译的。仅从以上多种译本及翻刻在中国的流布，就不难想象桑原教科书对清末中国学界，尤其是历史教学所带来的影响。

可以说，桑原的这本《东洋史要》是近代最早从日本译介过来的历史教材。尽管在此之前，已有那珂通世的《中国通史》（东文学社，1899年6月）和河野通之等编的《最近中国史》（振东学社，1898年秋）被介绍到中国，但两书原本均为汉文编著，只不过是稍做处理后移植过来而已。桑原的《东洋史要》在为当时的学堂广泛采用的同时，还直接影响到我国学者自编的历史教材。后来，由陈应年编写并在当时的中学中推广使用的《中国历史教科书》，就是据桑原本改编而成的国产教材。因此，可以说桑原及其东洋史教科书不仅对日本近代东洋史学的创立和发展做出了巨大贡献，而且还对中国近代历史学教育的确立和普及产生了一定影响。

桑原的第二大学术成就则在于对东洋史的课题研究上，主要包括中国文化史论、东西交通史论和中国法制史论三个方面。其研究成果主要体现在生前出版的《东洋史说苑》和《蒲寿庚的事迹》两书，以及死后出版的三大论丛（《东西交通史论丛》《东洋文明史论丛》《中国法制史论丛》）等著述中。

关于中国文化史论，桑原发表的论著最多，主要集中在《东洋史说苑》和《东洋文明史论丛》两个集子里，后收录于《桑原骘藏全集》第一、二卷。较有代表性的有《秦始皇帝》（1913）、《中国人发辫的历史》（1913）、《东洋人的发明》（1914）、《中国人的文弱和保守》（1916）、《中国人食人肉的习俗》（1919）、《关于大秦景教流行中国碑》（1923）、《历史上所见之南北中国》（1925）等。这些论著在当时及之后都产生过一定影响。如《历史上所见之南北中国》一文，桑原详细论述了历史上中国南北社会与文化的差异，指出中国社会经济的发展，经历了先北后南的历史过程，但南方的开发与发展后来居上，各方面均超越北方。其原因桑原认为在于：

---

① 关于清末译介的历史教科书，李孝迁在《清季中国史、东洋史教科书介译初探》一文中有详细考察。此文刊载于《史学月刊》，2003年第9期，第101—110页。

过去一千六百年间,北方野蛮夷狄的入侵和南方优秀汉族人的移住这两个事实,是解释南北盛衰原因的最重要的因素。①

最后桑原得出结论:

由上古至中古,由中古至近代,随着时代推移,南方在各方面均凌驾于北方之上。爱护种族之心较旺盛、知识文化较为进步、经济状态较为良好且户籍人口亦较众多的南方,对将来的中国而言,无疑将比北方占有更为重要的位置。②

当然,桑原的见解在中国并非鲜见,类似的观点早已有之,但其丰富的资料、翔实的考证,以及明快简捷的论述,在当时及其后确实博得了不少赞誉。

但是,桑原在研究中国文化史时,有时几乎是特意挖掘中国文化中的负面成分,大书特书,总不免给人以别有企图之感,尽管其高足弟子为此极力辩护。③如上面提到的《中国人食人肉的习俗》,以及1923年8月连载于《大阪每日新闻》上的《中国的宦官》等文,桑原使用丰富的历史文献,旁征博引,东西比照,极力证明中国文化史上非人道的残酷行为。当然,不能否认桑原是以严肃的学术态度从事这些研究的,从历史上看,有些研究事例本身也是不争的事实,但关键是其意图及文章本身所造成的社会影响。其在前一文的结尾部分指出:

为了更好地了解中国人,有必要从表里两面来观察他们。通过经传诗文,来了解中国人的长处美点固然需要,但同时也应该了解其相反的方面。对中国人来说,食人肉习俗的存在并非光彩之事,但这确

---

① 桑原骘藏:《桑原骘藏全集》第二卷,岩波书店,1968年,第26页。
② 桑原骘藏:《桑原骘藏全集》第二卷,岩波书店,1968年,第27页。
③ 宫崎市定《桑原史学的立场》(《桑原骘藏全集》别册《月报》,第3—4页)和贝冢茂树于桑原全集中的《解说》(《桑原骘藏全集》第一卷,岩波书店,第680—681页)等文,均不同程度地认为桑原并非只是找出中国的阴暗面,而是"正因为其热爱中国""为了更好地了解中国人",才写下这类著作的。

然的事实,到底是无法掩盖的。①

由此便不难看出,桑原的真正意图并非仅仅在于让日本人"更好地了解中国人",而是想修正日本人过去一向尊崇中国文化的传统中国观。以至于后来在日本发动侵华战争前夕或战争期间,一些不怀好意的人屡屡搬出桑原的这些文章,来证明所谓中国人的"野蛮"和"残酷",企图以此来掩盖侵略战争的不义。不管桑原本人的主观愿望如何,这种事实已成为不可改变的历史,尤其值得我们深思。

东西交通史论是桑原一生重要的研究课题,他为此孜孜不息,并在此领域取得了巨大成就。其成果除单行本之外,集中于《东西交通史论丛》。主要成果有《明清时期在中国的耶稣教士》(1900)、《关于大宛国的贵山城》(1915)、《再论大宛国的贵山城》(1916)、《张骞的远征》(1916)、《波斯湾的东洋贸易港》(1916)、《隋唐时代来往于中国的西域人》(1916)、《蒲寿庚的事迹》(1923)等。桑原与白鸟库吉、藤田丰八之间关于大宛国首都贵山城的论争,成了日本东洋史学界的一桩美谈,他们严肃认真的学术批评与平等争论的治学态度,给当时及其后的史学界同人及学子以很大影响。

在桑原硕果累累的东西交通史研究方面,最受人瞩目的还是《蒲寿庚的事迹》一书。如果说《张骞的远征》是其年轻时研究陆路交通取得的一大研究成果,那么《蒲寿庚的事迹》则是其中年以后海路交通研究之集大成者。这部研究中世纪中西关系史,尤其是中国和阿拉伯国家海上交通史的力作,涉猎广泛,资料翔实,论证有力,成为中外关系研究史上的不朽名著。早在1929年,《蒲寿庚的事迹》即被译成中文,而且有两个不同译本。一是由陈裕菁译,上海中华书局1929年出版的译本,书名为《蒲寿庚考》("南京中国史学会丛书"),一是由冯攸译,1930年初上海商务印书馆发行的译本,书名为《唐宋元时代中西通商史》("中外交通史料名著丛书"),后改名为《中国阿拉伯海上交通史》,于1934年改版发行。另外,本书的英译本也于1928年由东洋文库刊出。可以说其影响之广、评价之高在中外关系史研究领域都是不多见的。

_____

① 桑原骘藏:《桑原骘藏全集》第一卷,岩波书店,1968年,第458页。

中国法制史研究是桑原起步较晚的一个领域,但也是他晚年最下功夫的一项研究。这方面的成果集中体现在《东洋法制史论丛》一书,后收录于全集第三卷,主要有《中国的孝道》(1928)、《唐明律之比较》(1928)和《中国古代的法律》(1929)等。《中国的孝道》是一篇由十八章组成的长篇大论,桑原引经据典,东西对照,刻意盛赞儒家的孝道,并从法律角度极力强调其在中国社会生活中的作用,认为:

> 孝道是中国的生命,也是其国粹。……抛开孝道,国家和社会都难于存续。[①]

桑原的意图似乎在于让人们充分认识到中国儒教文化的真正价值,重视"以儒教中的孝道为基础的道德教育"和"以儒教的服从与秩序为目的的政治哲学"。但是这种把孝道作为东洋道德精华而加以强调本身,说明桑原对作为孝道本家的中国的理解,还是有一定局限性的。这总不免让人联想起当年的辜鸿铭及其言论。

有人把内藤湖南比作中国的章炳麟,把德富苏峰称为中国的梁启超。若模仿这种近乎牵强的比拟方法,则应把桑原看作中国的陈垣。

二、中国留学及《考史游记》

《考史游记》由《长安之旅》《山东河南游记》《东蒙古纪行》三篇长篇游记和《观耕台》《寄自南京》两篇短文组成,另附有二百七十一张图片和四十二幅插图,是桑原去世后由以森鹿三为主的弟子整理,1942年由弘文堂书店出版的。出版后深受好评,很快售罄绝版,1968年修订后收录于《桑原骘藏全集》第五卷。2001年岩波书店又改版刊出了文库本,但也很快销售一空。其受欢迎程度可见一斑。

桑原来中国留学,是在1907年4月,由日本文部省选派,用今天的话来说,属高级进修或访问学者。据桑原弟子砺波护介绍,当初桑原被文部省选定去欧

---

① 桑原骘藏:《桑原骘藏全集》第三卷,岩波书店,1968年,第62页。

洲留学,且已接受了体检,但后来听从青山胤通医学博士的劝告,放弃欧洲,而改为中国。大概由于体质虚弱,不适于长途颠簸的欧洲之行。但从赴中国后所进行的几次长途旅行来看,其胆识和勇气之大不能不令人叹服。

桑原在中国留学的两年间,有过四次大的旅行。第一次即前往洛阳、长安的旅行,是桑原抵北京后最早开始的一次长途之旅。出发时间为1907年9月3日,10月28日返回,主要路线是北京—彰德府—新乡县—清化镇—黄河—洛阳—陕州—潼关—长安—咸阳—乾州,后从郑州返回北京。除北京至清化镇和郑州至北京段乘火车外,其余基本上是利用马车或者骑马、徒步。按桑原本人的记述,全程为五十六天,行程五千五百里,除去火车,近三千里。同行者为早于桑原抵北京留学的宇野哲人。事后,桑原将此次考察之行撰写成旅行报告,邮寄给文部省,后由文部省转给《历史地理》杂志,由该杂志于1908年3月开始分期连载,题名为《雍豫二州旅行日记》,即本书中的《长安之旅》。

第二次为山东、河南之旅。时间是1908年4月22日至6月4日,前后四十四天,行程约三千五百里。主要路线为北京—保定—献州—景州—德州—济南—泰安—曲阜—济宁—曹县—开封,后从郑州经彰德府、保定返回北京。除中国随从外,这次旅行只有桑原一人。旅行结束后,桑原呈交给文部省的报告,就是后来连载于《历史地理》上的《山东河南地方游历报告书》,即本书中的《山东河南游记》。

第三次是内蒙古东部之行。出发时间为1908年7月16日,即刚从山东、河南旅行归来不久,返回时间是8月28日,大约一个半月。主要路线为北京—古北口—承德—平泉—黑城—赤峰—巴林石桥—波罗和屯—巴林王府—经棚—应昌城址—多伦诺尔,后从张家口经宣化、怀来、八达岭返回北京。同行者是时任北京实习馆教习的矢野仁一,去路另有日华洋行的三岛海云等同行。这次旅行后呈交给文部省的旅行报告,后来连载于《历史地理》杂志的《东蒙古旅行报告书》,即本书中的《东蒙古纪行》。

第四次为归国途中的江南之行。时间大致在1909年2月末3月初至4月中旬。森鹿三据借阅的桑原日记推测,桑原离开北京前往上海大概是1909年2月末3月初,4月14日由上海回国,4月18日抵京都。由此看来,至少有一个多月时间可供桑原巡游江南。但遗憾的是,桑原好像没有撰写江南游记,我们只能从其发表于北京的日文杂志《燕尘》上的短信《寄自南京》，以及回国后所做的讲演中，略知其曾去南京、杭州、绍兴、镇江等地游览过，具体情况不得而知。辛亥革命前夕，具体地说是1909年冬春之交的上海、南京、杭州等江南诸城，在这位少壮敏锐的东洋史学家的眼里，究竟是一种什么样子，只能靠我们去想象了。这一点不免令人遗憾。

当然，除了以上四次大的旅行，桑原还曾到北京及其远近郊考察旅行，《考史游记》中记载的观耕台、房山金陵，以及宇野哲人所著的《中国文明记》中言及的回子营等，即其中一部分。

从以上可知，桑原所探访的城市和地区均是我国历史上的重要城区，是中华文明的主要发源地。选择这些地方考察旅行，本身足以说明桑原作为史学者的高超识见和眼力，同时也赋予这部游记以更高的起点。

桑原大学进的是汉学科，研究生时的专业是东洋史，毕业后又一直从事东洋史方面的教学和研究，且在学界享有一定声誉。但真正踏上中国的国土，这还是第一次。因此，他非常珍视这次机会，尽管身体素质欠佳，而且旅途中又有诸多不便，甚至危险，但他毅然决定去各地旅行考察，并以顽强的毅力，完成多次艰苦的长途跋涉。在山东曲阜考察时，桑原写道：

> 是日自早六点至晚七点，除约两小时的午休以外，前后十一个小时均徒步历观复圣庙、至圣庙、孔林、少昊陵、颜林及元圣庙。县里特派的引导官及护卫兵等，均疲惫不堪落在后面，我戏言般地写了"非不敢力，足不进也"几字给他们看，结果大家禁不住苦笑起来。[①]

桑原旅行之辛苦及毅力之坚强，由此可见一斑。据说桑原除了在中国的几次旅行，一生几乎没有进行过什么长途旅行。可以说，他于中国从事访古探查，主要是出于学术目的，即一方面欲通过考察获得直观性体验，另一方面则希望取得实证性材料。从游记中我们也不难看出其对学术的执着与笃爱态度。同时还应该指出的是，他对中国的史籍多抱有不信任态度，这就更加坚定了他要

---

① 桑原骘藏著，张明杰译：《考史游记》，中华书局，2007年，第147页。

实地调查验证的决心。换言之,对中国史籍的怀疑和批判态度,也是促使他考察史迹的不可否认的动机之一。

为了使旅行进展顺利并有更大的收获,桑原总是在出发前做周密的准备。从选定旅行路线,调查旅途里程,到查找古迹、文物,借阅并抄写有关的地志、考古录及前人的游记等,均精心以对,一丝不苟,似乎连一碑一坟也不轻易放过。如旅途中经常参考的《西安府志》《陕西通志》《山东通志》等,均是通过服部宇之吉(时任京师大学堂总教习)借来并抄录的。尽管东蒙古之行是猝然决定的,准备时间十分仓促,但桑原仍在短期内借阅并抄录了《承德府志》《口北三厅志》,以及甘伯乐、基德斯敦的《蒙古旅行报告》等重要文献。可见桑原在出发前调查准备之周到、详密。我们在阅读《考史游记》时,也会情不自禁地为桑原对中国史地及其沿革的熟知程度而感到吃惊。当然这和桑原本身的多学博识分不开,但同时可以想象,如果没有事前周到的准备和充分的预备知识,恐怕也是很难做到的。据笔者粗略统计,《考史游记》中引用的中国文献就有一百三十余部,仅通志、地志类也不下二十部。其中引用次数较多的,有《读史方舆纪要》《鸿雪因缘图记》《御批通鉴》《承德府志》《西安府志》《河南通志》《金石萃编》《益州于役志》《辙环杂录》《山东考古录》《畿府通志》《山东通志》《陕西通志》《蒙古游牧记》等。

桑原的治学方法及特点中,最显著的一项就是以近代的科学方法,对材料进行严密的考证、分析和综合,然后得出明晰的结论。同时注重利用西方的资料来研究中国,在研究中又特别重视中国与外国及周边诸民族的关系。因此,这本《考史游记》也明显地反映出他的这一治学特点或风格。譬如,在考察陵墓、碑刻等史迹、遗物时,他尤其关心宗教及少数民族方面的史料或史实。在宗教方面,桑原对佛教、基督教、伊斯兰教等相关遗址、文物等特别留心,并对发现之材料表现出极高的热情,大秦景教流行中国碑(以下简称"景教碑")即其中一例。

桑原在西安寻访到此碑后,即进行翔实的调查和考证,对景教,即聂斯脱利教的创立、东渐及景教碑的出土由来等详加论证,认为景教碑的出土地点应在长安崇圣寺(即金圣寺),理由是"崇圣寺为原唐长安大秦寺所在地,武宗会昌六年大秦寺废后,崇圣寺迁移至此地,故景教碑于崇圣寺内发现之"。这一长安金圣寺出土说,与伯希和、石田干之助、洪业、徐光启等人一致,至今仍是学界较有说服力的主张。其后,桑原又于西关外目睹众人搬运一大龟趺的场面,当时心存疑惑,回住处后方知,一洋人欲高价收买景教碑运往伦敦,陕西巡抚得知后,即命人移至碑林,以绝其觊觎。随后桑原还亲自去碑林验证。在离开西安时,又于敷水镇附近目睹一特大马车陷入泥泞中,据说是一洋人从西安往郑州运送碑石。后从宇野哲人的来信中得知,这一洋人即丹麦记者荷乐模,因陕西巡抚出面制止,其阴谋未逞,最后荷乐模获准复制一个同样大小的碑模运往伦敦。桑原离开西安时所见之陷入泥泞中的马车,运送的正是这方仿造的景教碑。可以说桑原是目睹景教碑险些蒙难,并将其过程详细记载于日记的外国学者。从此,他与景教碑结下了不解之缘。首先他把当时制作该碑的拓片,通过《历史地理》杂志公之于众。接着于1910年在《艺文》创刊号上发表了《西安府的大秦景教流行中国碑》,1923年又在纪念景教碑复制模型抵达京都大学的史学研究会上,做了题为"大秦景教流行中国碑"的讲演,后来收录于《桑原骘藏全集》第一卷上的《关于大秦景教流行中国碑》一文,即由此讲演稿加工而成。

汉民族与周边不同民族的交往也一直是桑原关注的焦点之一,仅从其下决心赴东蒙古地区旅行这一点即可得到佐证。他对蒙古族的历史文化及社会生活状态等表现出的异常关心,在其游记中可以明显看出,这里无须多言。另外,对于和蕃公主、蕃酋石像、苏禄国王墓、蒙古字碑、居庸关过街塔六体文字等,桑原也倾注了极大的热情。

桑原的几次考察旅行均收获颇丰,例如于保定的官厕中发现遭弃置的经幢石(后引起当地政府重视,集资修建碑亭,复其六幢亭旧观),于灵岩寺找到日本遣元僧邵元所书息庵禅师碑,于开封费尽周折终于寻访到宴台国书碑,于东蒙古地区对大名城、上都、应昌城址及临潢府的考察,等等,这些都是有代表性的重大收获。在旅行中,桑原还制作了许多贵重的碑刻拓片,拍摄了大量照片,留下一大批珍贵的直观材料,尤其在时隔近百年的今天看来,弥足珍贵。京都大学人文科学研究所收藏的石刻拓本资料中,有上万件画像砖石和汉代至元代的文字拓本,其中的三千余件属于桑原和内藤湖南的旧藏,而桑原的拓本大多是在中国旅行时所获。

正如书名所示,《考史游记》重点在"史"上。游记始终以"史"为轴心展开,访古考史既表明了其宗旨和内容,又道出了其价值所在。桑原于书中不仅详录了各地的主要古迹、遗物等所在位置、形状大小及内容,而且对所探访的名城、陵墓、碑碣,以及途经的大川、寺庙等,多详述其沿革由来,让人知其今古之变。如开封、长安、大名城、上都、帝陵、黄河、白马寺等,其历史沿革一目了然。对一些诸如宗教或民族历史文化等问题,则多从研究史的角度进行考察,以利于人们从学术史上对其加以把握。譬如说,佛教及伊斯兰教的传入、大秦景教碑、女真文字等,通过桑原基于学术史的考察和记述,其至均可独立成为一篇研究史论。另外,对"史"的侧重,还体现在桑原对历史人物的评价上。这也是我们了解桑原史学思想和中国观的重要方向。比如,桑原对秦始皇和董仲舒的评价就很有代表性。关于秦始皇,桑原写道:

> 始皇为希世豪杰,中国四千年的史乘,始皇之前无始皇,始皇之后亦无始皇。但由于昏聩者不察,乱放恶言,耳食之徒随之附和,终使千古豪杰,枉与桀纣为伍。说什么焚古经,说什么坑儒生,举世责其暴,但这是当时所需之政策,始皇以前已实行,并被倡导。说什么求仙药,说什么崇坟墓,举世笑其愚,但这是当时流行的社会风习,不只是始皇如此。他所实施的郡县制度、中央集权,此后为历代所循奉,直至今日。纵然有圣人出现,也一定会改变吗?我平生对始皇素有好感,寄予同情,于笔于口皆已公开过几分。如今亲自来到骊山下,吊其陵墓,不知始皇遗灵果然能知否? [①]

而对于董仲舒,桑原则指出:

> 其实董仲舒不过是一介纯粹的儒学者,并没有政治家的才干。[②]

结合1949年之后我国有关秦始皇的评价及法、儒家之争等历史来看,不能

---

① 桑原骘藏著,张明杰译:《考史游记》,中华书局,2007年,第86页。
② 桑原骘藏著,张明杰译:《考史游记》,中华书局,2007年,第45页。

不佩服桑原的见地之高。这也从一个侧面反映了日本近代重视实学、不尚虚文的学风。

在考史的同时,桑原还不忘对当时的社会状态,尤其是经济、文化等状况进行描述。比如,以农耕与畜牧为代表的内蒙古地区的开发、喇嘛的日常生活及信仰、内蒙古地区盐的开发与贩运、罂粟的栽培、山东曹县一带的治安、山东省内学外语之学生人数、各地的日本教习等记述,对了解清末社会状况均有很大的参考价值。尤其是有关内蒙古地区的记述,因同时代资料比较匮乏,《东蒙古纪行》不失为弥补这一缺憾的重要文献。如早在1906年末,清政府就已颁布和实施鸦片禁烟章程,而桑原途经经棚时却看到有鸦片(罂粟)被广泛种植,这也从一个方面暴露出清末社会的混乱。

另外,应该指出的是,桑原于中国留学和旅行时,恰值日俄战后不久,从时代背景来看,正是日本民族主义思潮和国家主义思想激剧膨胀的时期。从这部游记中,也多多少少能嗅到一些时代的气息。我们在肯定桑原对学术的执着态度和这本书的学术价值的同时,还应看到其个人情怀及与时代的关系等。

第五节　永井久一郎及其《观光私记》

1910年于南京举办的南洋劝业会可谓中国最早的博览会。当时日本特意组建了实业观光团前来访问考察。关于此次实业观光团的访华,现存主要文献除该团组织编写的《赴清实业团志》之外,还有永井久一郎用汉文撰写的私人记录——《观光私记》。本节以后者为主,兼及作者的汉诗集《来青阁集》,考察此实业观光团的访华活动,尤其是汉诗文方面的交流情形,从而揭示诗文交流在清末中日民间外交上的作用。

一、实业观光团的访华背景及成员

日俄战争后,日本加速了对华渗透与扩张的步伐,尤其是强化了对东北地区的侵蚀和经营。其行径不仅遭到中国政府和人民的反对,而且在国际社会上也引起了强烈不满和抵制。在1905年召开的朴次茅斯媾和会议上,日本外相小村寿太郎亲身体验了四面楚歌的境况。加之当时美国加利福尼亚州刮起的排斥日本移民之风,以及围绕争夺中国市场而导致的日美关系恶化等,小村及日本政府痛感获得国际舆论支持的必要性和迫切性。①在政府外交处于窘迫状态之际,日本政府不得不抛出"民间外交"这一招。

为呼应政府的这一策略,以东京商务总会(日本称"商业会议所")为主的实业界组织开始酝酿并实施邀请美国实业界人士组团访日的计划,后经多方协调和努力,正式向美国实业界发出了邀请。于是,美国太平洋沿岸实业代表团一行五十四人,于1908年10月抵达日本,进行了为期二十余天的考察访问。基于礼尚往来,日本商界也收到美方邀请,因此,以商界巨头涩泽荣一为团长的日本实业代表团一行五十一人,于翌年9月至11月对美国进行了公事访问。②日美两国如此大规模的民间实业团互访,此前尚无先例。通过访问和交流,双方增进了了解,加深了感情,同时确认了一些共同关心的问题,无疑取得了一定成果。但由于双方在目的与利益上不尽相同,故互访多停留在形式上,并未获得多少实质性的成效。而双方关心的问题依然绕不开中国这个巨大的市场,尤其是美国实业界,把中国看作东方或亚洲贸易的中心,期待进一步扩大中国市场。在日美两国实业团互访的1908—1909年,作为旧金山实业界代表的罗伯特·多拉尔(Robert Dollar)两次访问上海等地,传达了美国实业界欲与中国同行密切交往的愿望和信息,回国后又为邀请中国实业团访美而积极活动。及时捕捉到这一动向的日本实业界人士或许受此刺激,决定赶在美国实业团访华之前,率先组团赴华。显而易见,这是基于与美国同行业的竞争意识而采取的先下手为强之策略,目的在于扩大和增强在中国市场上的影响力。当然,这也是日本政府所期待的。

在政府部门的后援下,经涩泽荣一和中野武营等斡旋,以日本邮船会社社

---

① 据《涩泽荣一传记资料》,小村寿太郎自朴次茅斯媾和会议归来后,即于政府官邸召见涩泽荣一、中野武营等东京商务总会高层干部,希望商界人士能协助政府从事对外尤其是对美民间外交活动。参见涩泽青渊记念财团龙门社编:《涩泽荣一传记资料》第三十五卷,龙门社,1961年,第151页。

② 关于日美实业团互访,参见木村昌人:《日米民间经济外交1905—1911》,《庆应通信》,1988年,第45—154页;松村正义:《新版 国际交流史——近现代日本的广报文化外交与民间交流》,地人馆,2002年,第185—191页。

长近藤廉平为团长的"赴清实业团"(以下简称"实业团")一行十二人,于1910年5月5日举行了正式"结团"仪式。其成员为大阪商务总会会长土居通夫、横滨商务总会会长大谷嘉兵卫、川崎造船所社长松方幸次郎、东京商务总会副会长大桥新太郎、神户商务总会会长泷川辨三、名古屋商务总会副会长铃木揔兵卫、横滨商务总会特别会员永井久一郎、三井物产会社理事福井菊三郎、日清汽船会社董事白岩龙平、京都商务总会会员岛津源藏、东京商务总会秘书长白石重太郎,另有日本邮船会社西乡午次郎、川村景敏二人作为团长随员同行。从人员来看,可谓囊括了日本东西两地实业界的领军人物。其中,土居通夫和大谷嘉兵卫两人还曾是日本访美实业团的成员。不知是有意安排还是巧合,该团"结团"仪式选在广岛马关市(今日本下关市)的春帆楼举行。这里正好是十五年前李鸿章与日本代表签署《马关条约》之地。

实业团一行,经朝鲜进入中国东北边境,历访沈阳、大连、天津、北京等地后,南下汉口、武昌,至南京参加劝业会。之后,又访镇江、上海、苏州、杭州等,最后从上海归国,历时近两个月。此次实业团访华,可看作清末中、日、美三国实业界开展互访活动中的一环,是近代较早的由政府背后运作、实业界出面实施的民间经济外交活动。实业团于中国各地所受到的欢迎及款待,可谓史无前例。①

二、永井久一郎其人

永井久一郎,名匡温或温,字伯良、耐甫,号禾原,另有别号来青山人,久一郎为其通称,尾张鸣尾(现名古屋市)人,明治时期较为活跃的汉学家、诗人。少时,师从汉学家鹫津毅堂,后随其转赴江户,并曾寄宿当时的汉学最高殿堂昌平簧,从江户诗坛大家森春涛、大沼枕山等学诗。同时又在福泽谕吉开办的庆应义塾修习洋(西洋)学,堪称和、汉、洋学兼备的俊才。明治维新后,留学美国,归来后任职于文部省、内务省等机构,官至会计局长。其间,娶鹫津恩师之次女为妻,其长子壮吉,即后来大名鼎鼎的作家永井荷风。1897年,永井辞去官职,欣

---

① 有关实业团访华,参见中村义:《赴清实业团》,《社会科学讨究》,1997年第2期,第373—396页;野泽丰:《辛亥革命与产业问题——1910年南洋劝业会和日美两实业团对中国的访问》,《人文学报》,1982年第154期,第119—150页。

然接受日本邮船会社上海支店长一职，寓沪三年，与官商名流、文人墨客等往来，诗酒争逐，文名技艺大进。①后转任横滨支店长，一直工作到1911年。其间，又多次游历中国和美国，为明治时期少有的官商经验俱全的国际化人才。有《西游诗》《西游诗续稿》《西游诗再续稿》《雪炎百日吟稿》等诗集，以及诗稿总集《来青阁集》十卷传世。若述及日本明治汉诗文坛史，永井久一郎当占有一席之地。但遗憾的是，当今日本人，只知有永井荷风，不知有永井久一郎。这也难怪，因为在日本，论文名或者说是知名度，永井久一郎远不及其子永井荷风。

同时期的汉诗人、曾任帝室博物馆馆长股野琢曾这样概括永井一生：

进为良吏退为商，半世才名梦一场。
昭代喧传风雅报，观光健笔录遗芳。②

这首诗可谓永井一生的真实写照，同时也是对其晚年所撰《观光私记》的高度评价。

三、《观光私记》文本内容及汉诗

《观光私记》刊行于日本明治四十三年（1910）九月，即永井自中国归来的两个月后。与永井交往甚密的同门诗友永坂周题写书名。文本采用竖排铅印，每页十行，每行二十二个字。文体则为日记体，汉文书写，夹杂着汉诗。这种记述体属日本传统游记范畴，也是幕末明治初期以来汉文体海外见闻录的一大定式。前有冈田穆的《沪吴日记》、竹添进一郎的《栈云峡雨日记》、小栗栖香顶的《北京纪事》《北京纪游》、冈千仞的《观光纪游》、山本宪的《燕山楚水纪游》、井上陈政的《清国周游记》、股野琢的《苇杭游记》等名篇。③管见所及，永井的这部作

① 参见永井禾原：《淞水骊歌 附别集》，东京来青阁刊本，1900年；《西游诗》，申江印书公会排印本，1898年；《西游诗续稿》，上海刊本，1900年；等等。其中除永井本人的诗作外，还有李宝嘉、文廷式、董康、汪康年、洪述祖、姚文藻等沪上名流的唱和诗篇。
② 股野琢：《永井禾原追悼祭书感》，《邀月楼存稿》卷三，私家刊本，1919年。
③ 参见张明杰：《"近代日本人中国游记"丛书》（中华书局，2007—2009年）中的《栈云峡雨日记 苇杭游记》（竹添进一郎、股野琢著，张明杰整理）、《北京纪事 北京纪游》（小栗栖香顶著，陈继东、陈力卫整理）、《观光纪游 观光续记 观光游草》（冈千仞著，张明杰整理）等书。

品应属明治时期最后一本较有影响力的汉文体游记。

文本记述从1910年(明治四十三年)5月3日永井离开东京开始,一直到同年7月3日返回东京的私宅为止。最后附带记录实业团成员回国后的一些交际应酬。就文本内容而言,主要是实业团所到之处的参观和交流等情况,同时还有一些永井本人的观感及私人活动等。以永井为主的实业团成员在参观途中或酒席宴会上的即兴赋诗和诗文唱和等,成为此次访问交流中的一大亮点。

文本开篇有永井的一首留别诗,真实地道出了他出发时的心境:

迎宾话别醉何嫌,万里行吟掀皓髯。

老境未忘周览好,十年重渡壮心添。

沈阳烟树新诗料,楚甸晴波旧镜奁。

最爱江南佳丽地,秦淮画舫定留淹。[1]

在汽船即将离开马关驶往釜山之际,永井口占一诗:

禹域箕邦如比邻,旧知山色绿应新。

轻帆斜剪马关水,欲问观光第一津。

经由并顺访朝鲜釜山、京城、平壤等地时,又得十一首诗,其中有跟近藤团长的唱和,也有应酬时的赠答,但多为应时之作,情调轻快。

自5月12日进入中国东北边境后,文本记述除实业团的活动之外,还有永井对当地地形实况等的观察和议论。其中对安奉(安东至奉天)铁道等的介绍和论评尤为详细。从中可知日俄战争后,日本加快了对东北地区的开发和经营。落足中国土地后,永井所咏的第一首诗是当地官僚赋诗相赠后的次韵之作:

飙轮旋转自登高,起伏峰峦入眼豪。

---

[1]　永井久一郎:《观光私记》,私家刊本,1910年,第1页。以下引用除注明出处者之外,均出自该文本,为避免烦琐,恕不一一标注。

山驿春归知未远,梨花如雪扑吟袍。

接着,在到草河口途中,又得一首:

北地春光慰客魂,坡仙佳句到今存。
深青淡白难描得,杨柳梨花处处村。

像这样的即景诗作,文本中尚有不少。除永井及近藤团长之外,实业团成员中,还有雅号为鹿山的铃木摠兵卫也善吟诗,他们于旅途赋诗唱酬,互遣旅怀。

5月14日中午,实业团至桥头驿,永井与前来迎接并供午餐的本溪知县两度赋诗唱酬。其次韵诗云:

来此桥头驿,清和景物幽。
仰瞻福金岭,坐渡细河流。
美酒易成醉,瑶章难可酬。
忽逢如旧识,临别约东游。

又云:

一笑相逢古蓟东,钦君才笔有神通。
山迎山送车窗里,欲续唱酬皮陆风。

前者巧用"福金"与"细河"两地名,对仗工稳,显示了作者非凡的文字功底。对初次见面的异国人士来说,这种诗句唱和,在交际和沟通上所起的作用,可以说远远胜于其他交流手段。虽是初次相见,却已发展到"忽逢如旧识,临别约东游"之程度。

当天傍晚,到达沈阳,当地众多官商和媒体界人士前来迎接。5月15日,访问锡良总督,并观瞻宫殿,宫内宝库所藏古铜器、书画、珠宝、瓷器等,令观者大饱眼福。中午,日本总领事招宴,锡良、熊西龄等中国官商四十余人及当地日本官商六十余人到场。晚间,锡良又于总督公署宴请团员及大仓喜八郎等。大仓喜八郎是大仓财阀的创始人,在甲午与日俄两次战争中大发横财,当时正致力于我国东北资源的开发。文本中大仓喜八郎的出现,恰好折射出历史的一幕。由此也不难窥知,日本官方的精心策划和安排。

该晚,永井特赋诗一首,呈赠锡良总督:

休道天涯知己稀,观光万里赋如归。

阛阓自古陪都盛,缔构于今禁阙巍。

三省苍生钦硕德,东瀛远客仰余晖。

千秋人物得亲接,最喜斯行愿不违。

民政使张元奇则次其韵作答,且于次日将自著《兰台集》《洞庭集》《辽东集》赠送给永井。5月16日,在张元奇、熊西龄及东三省报界代表汪洋等人士的招待宴会上,永井又即席赋诗,熊西龄、姚绍崇等和之。后汪洋以诗相赠,永井即叠其前韵答之。一场公事宴请,几乎变成了文人墨客式的诗吟会。异国人士间的距离感也在这融洽的诗文唱和中消失殆尽。

接下来的几日,是到抚顺、大连、旅顺、营口等地参观。所到之处,中日两国官商争相接待,尤其是日本国策机构"满铁",对实业团一行更是殷勤备至。出于宣传等目的,"满铁"曾不惜成本邀请一些知名人士来东三省观光游览,作家夏目漱石即其中之一。[①]对"满铁"来说,这次实业团来访,更是对外宣传的好时机。总裁中村是公等亲自迎接,并派卧铺专列和接待员予以护送。连日的参观、酒宴等,永井亲身感受到在这片中国土地上越来越盛的日本势力。

5月23日清晨,实业团抵达天津。中午,直隶总督陈夔龙设宴招待。永井席间赋诗赠呈,曰:

---

① 夏目漱石受"满铁"总裁中村是公之邀请,于1909年9月来中国东北观光旅行,事后写下了游记《满韩处处》,连载于《朝日新闻》。可参见王成译:《中国印象记·满韩漫游》,中华书局,2007年。

> 远来海外此陪欢,未识人间一笑难。
> 邻谊同文千载古,和平今日万邦安。
> 清谈便觉襟怀阔,殷意偏欣礼数宽。
> 当世英豪头尚黑,相看如雪是心肝。

陈总督随即次韵书于扇头相赠,而且在座的提学使傅增湘亦有诗相和。晚上,当地官商于海关道蔡绍基私宅宴请实业团一行,永井见其"家屋宏壮,庭园多栽花木,且养奇禽",于是席间赋诗赠东道主:

> 红薇碧杜满园栽,初夏风光入快哉。
> 花有娇姿还解语,鸟多慧性便呼杯。
> 清歌忽起灯高照,远客时来宴盛开。
> 地主情深何以答,愧吾饱德醉忘回。

傅增湘及盐运使张镇芳即次韵相答。由此,永井与傅增湘喜结文字缘,后两人又再度赋诗唱和。在实业团访华期间,此类宴请比比皆是,永井与中国官商的诗文唱酬也是接连不断。

25日,永井在一宴席上还巧遇旧友——财政监理官刘葱石,以及天津报界名流方若(号药雨),彼此以诗相酬。永井的次韵诗曰:

> 人间经浩劫,重作北燕游。
> 已有千秋笔,岂无当世谋。
> 笙歌欣再会,意气自相投。
> 记否东台饮,回头岁月悠。

见方若又有追忆游岚山诗,于是永井再度次其韵赋诗并兼呈刘葱石:

> 新栽杨柳已青青,来倚李公祠下亭。
> 歌里玉堂春色好,樽前话旧与君听。

在久别重逢的喜悦心情与笙歌中话旧的欢乐气氛溢于诗句。

5月26日至6月3日，实业团一行在北京访问。其间，或拜会王公大臣、军政显要及各界名流，或外出游览、接受宴请等，活动频繁，殆无虚日。即便如此，永井仍忙里偷闲，多次到琉璃厂购书猎画，以满足其文人趣味。在京期间，他得以与前任驻日公使李盛铎及其女婿何震彝相会，又多次与旧友董康会面，还被邀至其家，观其"古书充栋"的书斋，并获赠钱谦益题序的《列朝诗集》（王渔洋遗藏）、《百家诗话总龟后集》和《敦煌石室遗书》等珍贵书籍。在外务部迎宾馆宴席上，永井赋诗呈赠尚书那桐及诸大员，曰：

> 醁醹雪白沁衣香，银烛摇摇照夜廊。
> 为客何妨千日醉，登楼消受十分凉。
> 两心不隔同文国，万里相追一苇航。
> 满座名流多旧识，言欢促膝引杯长。

外务部左参议曾述棨次韵相和。宾主间的融洽气氛仅从最后两句诗即可想象。在大清、交通两大银行及北京商务总会的招待宴会上，陆宗舆酒后向永井出示旧作《登黄鹤楼诗》，永井即次韵酬之：

> 雨中新树夏初天，京洛风光胜往年。
> 和气满堂皆耆宿，醉题四壁总云烟。
> 诸公门有三千履，远客囊无十万钱。
> 紫笋朱樱清味足，高谈彻夜酒樽前。

离别北京时，永井曾不无遗憾地写道：

> 余来北京三回，此次淹留虽日最久，公事匆忙，应酬频繁，如毓朗
> 公、喀喇沁王则虽有文字之旧交，未得亲聆其教为憾。

由此可知，永井于异国他乡以文会友，朋友何其多。

6月4日，实业团在众人相送下，乘邮传部特备的专车离京南下。途中，永井有《渡易水》《过邯郸驿》《渡黄河》《火车发驻马店》等即兴诗作。6月6日午后，抵汉口。永井对沿路景象观察颇详：

> 昨出北京，经直隶、河南，到湖北。随车南下，则觉地味加丰，农民增富。其家，在河南皆茅舍土墙，及入湖北，瓦屋白壁，有大异其趣者。到汉口江岸驿，大江东流，眼界忽阔。

汉口日商尤多，正金银行、日清汽船、三菱公司、三井洋行、大仓洋行、日隆洋行等皆为其中的大户。抵汉口第二天，永井即参观日商经营的东亚面粉公司，又乘船至汉阳铁厂巡览。在铁厂总办特设的宴席上，永井赋诗述感怀：

> 两度前游秋已迟，十年重到夏初时。
> 汀前寒柳昔伤别，湖面碧荷今促诗。
> 出水便看新叶长，无花亦听暗香吹。
> 琴台仍有知音在，欢饮何须问子期。

在汉口停留三日，照例是接受宴请、参观游览等。文本中，永井对汉口之形胜、大冶铁矿之矿藏及开发等记述尤详，说明其极具商业远瞻意识。

6月11日，实业团抵南京。南洋大臣两江总督张人骏设宴招待，布政使樊增祥、提学使李瑞清等官员及商绅列席。永井即席赋诗赠呈：

> 接人襟度信宽哉，今日佳筵叨一陪。
> 劝业有方开赛会，兴文此地育贤才。
> 弦歌如雨庭前起，花草成丛座上栽。
> 烂漫主情难答得，趋风千里泛楂来。

樊布政使走笔以答。樊增祥，号樊山，诗文闻名遐迩，尤其为当时的日本文人所敬仰。永井当然不会陌生,称其"著有《樊山集》,夙负文名"。能在"夙负文名"的樊布政使及诸位显要官商面前披露诗作,展现诗才,足以说明永井在汉诗文创作方面的胆识和能力。席间,张总督还特地约请永井"明日题字寄赠,以为纪念"。借用永井本人的记述"是夕,情意融洽,主宾尽欢而散"。

其后数日,以参观南洋劝业会或游览名胜为主,并频繁接受两国官商的宴请。6月14日上午,永井特地去拜访老友陈衡恪,其父陈三立亦出迎,并惠赠《文廷式遗著》《云起轩词钞》等。陈衡恪曾于日本留学多年,永井通过旧识易顺鼎之介绍,与其相识。文廷式为永井旧友,十年前永井寓居上海时,与文氏交往密切,永井的诗集里不仅有两人的唱和诗,而且有出自文氏之手的序文和诸多评语。①1900年初,文廷式东渡日本,也曾受到永井的多方关照。②不过,永井此次访华,已距文氏辞世六年,于此得到故人的遗著,想必也是莫大的安慰。

当天下午,永井又出席实业家张謇主事的江苏咨议局和江南高中两等商业学堂专为实业团举办的宴会。张謇数年前曾东渡日本观摩大阪博览会,是积极倡导发展教育、振兴实业的务实派人物。③遗憾的是,张謇本人因事未能到场,其欢迎辞由他人代读。因宴席设在凤凰台畔胡家花园,当天又恰值风雨,席上,永井即景赋诗:

> 往事茫茫二水流,佳招冒雨共登楼。
>
> 凤凰去后台还废,太白来边我亦游。

---

① 可参见永井禾原:《西游诗续稿》(卷一、卷二),1990年上海刊本,第14页。如:"洪荫之大令招饮于余洗尘,文艺阁学士、志仲鲁观察、小田切领事、姚赋秋明府来会。红袖侑酒,清歌助兴,座间赋呈:雨余新水涨申江,万里重来估客艭。妆阁今番寻约到,诗坛我辈望风降。恼人国色花千朵,得意春风燕几双。佳夜无多须尽醉,鲥鱼上市酒盈缸。文艺阁曰:为君浮一大白。"其后有文廷式的次韵诗。此略。标点为笔者添加。

② 详见文廷式:《东游日记》。如2月18日:"永井禾原君招饮'像雪轩'楼,同集者森槐(大来)南、本田幸之助、田边为三郎、永坂周二,暨永井君之弟三桥,又白岩、岩永,共九人,作诗数章,情韵交美。"同月20日:"永井禾原来谈。"汪叔子编:《文廷式集》下册,中华书局,1993年,第1162—1163页。又见前引永井禾原:《西游诗续稿》卷二,上海刊本,第38页:"庚子二月,文艺阁学士东游入京,次日见过敝庐,邀饮香雪轩,酒间赋呈。"后录有两人的诗作,此略。

③ 张謇于1903年以观摩在大阪举办的日本第五届内国劝业博览会之名义,东渡日本参观考察。此为其生涯中唯一的一次出国考察,事后留下考察记录《癸卯东游日记》。

宾主东南箭金美,园林日夕石泉幽。

百年长计诸公在,何用独先天下忧。

在座者数人亦以诗和之。①

在南京期间,永井又顺访镇江,观慈寿塔,并即兴赋《登金山寺浮图诗》:

庄严七宝涌中霄,万丈浮图自六朝。

我亦登高穷绝顶,谁能问法暂停桡。

无边佛域三千界,入眼扬州廿四桥。

历劫依然灵迹在,大江东去水迢迢。

秦淮画舫,箫鼓盈船,灯火如昼,名花供奉,觥筹交错,在如此美景下永井兴致极高,赋诗曰:

二千年后忆英雄,王气销沉与梦同。

淡粉轻烟人不见,临春结绮迹还空。

柳深一曲青溪上,歌起六朝明月中。

风雅于今犹未歇,满船灯火影摇红。

前述永井离开东京时的留别诗句"最爱江南佳丽地,秦淮画舫定留淹",至此则得到兑现或验证。

6月16日晚,抵上海。两国官商来迎者冠盖如云。翌日,永井即前往位于静安寺路斜桥的盛宣怀家拜访。永井曾与盛宣怀过往甚密,为多年老友。②又

---

① 白石重太郎:《赴清实业团志》,博文馆,非卖品,1914年。第140页亦记述:"下午5时,江苏咨议局及江南高中两等商业学堂联合欢迎会。席上,代读张謇氏欢迎祝词。张因在旅途未及与会。团员永井氏与主办方诸氏有诗之应酬。"由此不禁联想,若张謇在场,与永井会有什么样的诗文唱酬呢?

② 盛宣怀1908年秋赴日考察兼治病时,也曾多次会晤永井。可参见盛宣怀:《愚斋东游日记》,附录于《愚斋存稿》卷末。

至洋务局会见时为海关道的旧识蔡乃煌。下午,面会专从苏州来访的挚友姚文藻,并于次日上午偕铃木鹿山回访。姚出示所携数幅古画请品评,令永井感觉"眼福无限"。鹿山拿出纸扇,乞题字,姚即席赋诗题赠。6月19日,盛宣怀特地设家宴,宴请实业团一行。

6月21日至24日,实业团一行赴苏州和杭州参观游览。江苏巡抚程德全设午宴招待。永井即席赋诗,程巡抚亦赋两首七绝相赠。苏杭的名胜美景、画舫情调等,更催发了永井的诗兴,短短几日,竟得诗十余首,还获赠寒山寺《枫桥夜泊》诗新旧两碑拓本。

6月26日,送别部分团员回国,接待王一亭等沪上名士来访。夜晚,出席王一亭等名士的招待宴,永井即席赋五言诗呈赠主人。宴毕,又受邀至大舞台看戏。6月28日下午,随近藤团长等乘船离沪。文本中有永井对上海的感怀:

> 十四年前,余始来上海,留寓三年。回国后,来游者两回,已经五年。此次淹留仅十日,然通观大势,则贸易日进,商业年盛,租界致扩大,人家顿增加。电车开通,自动车奔驰,沪宁铁路及沪杭铁路亦全告成,行旅之便实为大。又余初来之日,试算邦人留沪者,未踰一千,今已十倍矣。实出意料之外也。

这段文字不仅代表了永井的汉文书写特征,而且从一个侧面体现了其对当时上海乃至中国的一种较为客观的认识。

以上是《观光私记》文本中记述的实业团的主要活动,尤其是作者永井的在华行踪,以及诗文创作与交流情况等。内容以公事访问、实业交流为主,兼及个人情趣等,可谓丰富多彩。无论从近代中日关系史、经济或文化交流史,还是汉字传播史等领域来看,《观光私记》都是一个值得重视的文本,尤其是可以从中了解汉诗文在清末中日实业界交流过程中所起的媒介作用。

四、对永井汉诗的评价及对日本近代汉诗文的再认识

永井年少时即崭露诗文头角,只是入仕途后,因公务繁忙等,一时无暇顾及。辞官后,诗兴大发,尤其是寓居沪上,与中国本土士人频繁交往后,诗文技

艺日臻成熟,收获亦颇丰。回国后,或自创诗吟社,或出入名流诗会,成为诗坛
活跃分子。晚年他在诗稿《来青阁集》自序中记述:

> 少时课余学诗,所作日多,然概不足存也。明治戊辰,年甫十七,
> 奔走国事,寻入东京,专修泰西学,竟负笈美国。归后,一官二十年。
> 此间足迹遍内外,多事殆废吟咏。丁酉挂冠管邮船公司事,驻上海三
> 阅年。一旦回国,又屡出游海外,诗渐富,已付印者有之。点检旧稿,
> 共计二千余首。半生心血未忍尽捐,兹加删酌,汰其大半,汇曰《来青
> 阁集》。①

由此可知,永井诗作之丰。对其诗作,姚文藻曾这样评价:

> 禾原侍郎诗取径盛唐,措词沉雄,寓意深稳,而又加之以激宕之
> 气、悱恻之情,迥乎尚矣。②

文廷式也间作批语,谓之"兼有晚唐北宋之懿者"③,或"得渔洋神理",似"晚
唐人诗"④等。李宝嘉则有"清词丽句,奔赴毫端"⑤等评语。入谷仙介认为永井
的汉诗"在森春涛的熏陶下,继承了清朝中期感伤、洗练的诗风,一直影响到荷
风文学"⑥。但就《观光私记》中的诗作来看,总体上给人以清新、明快之感。

永井此次随实业团访华,共作汉诗七十六首。除十余首作于出发时的日本
和朝鲜境内之外,其余皆于中国所作。其汉诗大体可分为以下几种类型(见表
6-1)。

---

① 永井禾原:《来青阁集》卷首自序,私家版,1913年排印。
② 姚文藻:《西游诗稿序》,永井禾原:《西游诗》序言页。
③ 文廷式:《西游诗续稿序》,永井禾原:《西游诗续稿》卷一,1990年上海刊本,第1页。
④ 永井禾原:《西游诗续稿》卷一,上海刊本,第42、47页。
⑤ 永井禾原:《西游诗续稿》卷一,上海刊本,第39页。
⑥ 入谷仙介:《来青阁集 解题》,《诗集 日本汉诗》第十九卷,汲古书院,1988年,第
13页。

表 6-1　汉诗的分类

种类	数量/首
留别	1
唱和	42
即景	29
风流	4

可见,出于交流目的的唱和诗占了多半。其中,呈赠提学使傅增湘、那桐中堂及诸大员、汉阳铁厂李总办、两江总督张人骏、布政使樊增祥、湖广总督端澂、书画家王一亭等诗篇,以及与方若、陆宗舆等名流的酬和诗篇,均值得称颂。永井本人似乎对这些诗作颇为满意,后经删改,几乎如数录于《来青阁集》。

大凡国际间官方交往,总离不开宴会酒席。酒席上,宾主双方又总会相继致辞,或表欢迎,或陈答谢,几成定规。但是,永井在这种僵化的官方交往模式下,还能借助笔墨进行诗文唱和,增进彼此间的思想或感情交流。这种情形正是同为汉文化圈的不同国家或地区官民交往史上的一大特征。近代中国,尤其是清末时期,诗文交流可谓士大夫之间交往的重要手段。永井虽身为异国人士,但能很快融入士大夫的交际圈,并与之进行同步式的思想和感情交流,正是缘于汉诗文的作用。在加深理解、增进友情方面,这种私人间的诗酬应和往往胜于官方交际。

在以"脱亚入欧"为时尚的近代日本,强大的西学潮流将汉学逐渐挤出主流圈,儒学教养及汉诗文技能等也随之处于弱势地位。但作为一种底(暗)流,汉诗文仍作用于社会的方方面面。从永井的《观光私记》中我们也不难看出,以汉诗文为媒介的交流与沟通即使在实业领域也曾起到积极作用。这也为我们重新认识近代日本汉诗文提供了一个很好的实例。

参考文献

[1] 程颢,程颐.二程集[M].王孝鱼,点校.北京:中华书局,1981.

[2] 陈高华,吴泰.宋元时期的海外贸易[M].天津:天津人民出版社,1981.

[3] 陈耆卿.嘉定赤城志[M].台北:成文出版社,1983.

[4] 程端礼.畏斋集[M].台北:台湾商务印书馆,1983.

[5] 程文海.雪楼集[M].台北:台湾商务印书馆,1983.

[6] 慈怡.佛光大辞典[M].北京:书目文献出版社,1993.

[7] 苌岚.7—14世纪中日文化交流的考古学研究[M].北京:中国社会科学出版社,2001.

[8] 董诰,等.全唐文[M].北京:中华书局,1983.

[9] 杜继文,魏道儒.中国禅宗通史[M].南京:江苏人民出版社,2008.

[10] 冯福京,等.昌国州图志[M].台北:成文出版社,1983.

[11] 高荣盛.元代海外贸易研究[M].成都:四川人民出版社,1998.

[12] 胡平生,张萌.礼记[M].北京:中华书局,2017.

[13] 黄溍.金华黄先生文集[M].上海:上海书店,1989.

[14] 黄纯艳.宋代海外贸易[M].北京:社会科学文献出版社,2003.

[15] 弘学,李清禾,蒲正信.圆悟克勤禅师——碧岩录·心要·语录[M].成都:巴蜀书社,2006.

[16] 黄奎.中国禅宗清规[M].北京:宗教文化出版社,2008.

[17] 韩天雍.中日禅宗墨迹研究及其相关文化之考察[M].杭州:中国美术学

院出版社,2008.

[18] 纪华传. 江南古佛:中峰明本与元代禅宗[M]. 北京:中国社会科学出版社,2006.

[19] 康保成. 傩戏艺术源流[M]. 广州:广东高等教育出版社,2011.

[20] 刘昫,等. 旧唐书[M]. 北京:中华书局,1975.

[21] 罗濬,等. 宝庆四明志[M]. 台北:成文出版社,1983.

[22] 罗钦顺. 困知记[M]. 北京:中华书局,1990.

[23] 黎靖德. 朱子语类[M]. 北京:中华书局,1994.

[24] 刘毅. 镰仓时代禅宗传入与武士兴禅[J]. 日本研究,1996(1):38-44.

[25] 梁晓虹. 日本禅[M]. 杭州:浙江人民出版社,1997.

[26] 罗振玉. 雪堂自述[M]. 南京:江苏人民出版社,1999.

[27] 李学勤. 十三经注疏[M]. 北京:北京大学出版社,2000.

[28] 廖梅.汪康年:从民权论到文化保守主义[M]. 上海:上海古籍出版社,2000.

[29] 刘长东. 宋代五山十刹寺制考论[J]. 宗教学研究,2004(2):100-108.

[30] 刘长久. 中国禅宗[M]. 桂林:广西师范大学出版社,2006.

[31] 李寅生. 论宋元时期的中日文化交流及相互影响[M]. 成都:巴蜀书社,2007.

[32] 刘雨珍. 清代首届驻日公使馆员笔谈资料汇编[M]. 天津:天津人民出版社,2010.

[33] 吕顺长. 清末中日教育文化交流之研究[M]. 北京:商务印书馆,2012.

[34] 吕顺长. 清末维新派人物致山本宪书札考释[M]. 上海:上海交通大学出版社,2017.

[35] 穆根来,汶江,黄倬汉. 中国印度见闻录[M]. 北京:中华书局,1983.

[36] 木宫泰彦. 日中文化交流史[M]. 胡锡年,译. 北京:商务印书馆,1980.

[37] 梅应发,刘锡. 开庆四明续志[M]. 台北:成文出版社,1983.

[38] 欧阳修,宋祁. 新唐书[M]. 北京:中华书局,1975.

[39] 普济. 五灯会元[M]. 苏渊雷,点校. 北京:中华书局,1984.

[40] 璩鑫圭,唐炎良. 中国近代教育史资料汇编:学制演变[M]. 上海:上海教

育出版社,1991.

[41] 松元文三郎.弥勒净土论[M].张元林,译.北京:宗教文化出版社,
2004.

[42] 宋元人.四书五经[M].天津:天津古籍出版社,1988.

[43] 上海图书馆.汪康年师友书札:第一册[M].上海:上海古籍出版社,
1986.

[44] 宋濂.宋学士文集[M].上海:上海书店出版社,1989.

[45] 宋濂,等.元史[M].北京:中华书局,1996.

[46] 施言."2000首届中国弥勒文化学术研讨会"综述[J].佛学研究,2000
(0):365-368.

[47] 施培毅,徐寿凯.吴汝纶全集:第四册[M].合肥:黄山书社,2002.

[48] 卢辅圣.揭傒斯事迹系年[M].上海:上海书画出版社,2007.

[49] 深见东州.日本入宋僧研究——以日本汉文史料为中心[D].杭州:浙江
大学,2006.

[50] 田汝成.西湖游览志余[M].上海:上海古籍出版社,1980.

[51] 王溥.唐会要[M].北京:中华书局,1955.

[52] 王元恭.至正四明续志[M].台北:成文出版社,1983.

[53] 魏道儒.宋代禅宗文化[M].郑州:中州古籍出版社,1993.

[54] 武安隆,刘玉敏.严修东游日记[M].天津:天津人民出版社,1995.

[55] 王晓秋,大庭修.中日文化交流史大系:历史卷[M].杭州:浙江人民出版
社,1996.

[56] 王勇,上原昭一.中日文化交流史大系:艺术卷[M].杭州:浙江人民出版
社,1996.

[57] 王勇,中西进.中日文化交流史大系:人物卷[M].杭州:浙江人民出版
社,1996.

[58] 王宝平,吕顺长.晚清中国人日本考察记集成:教育考察记[M].杭州:杭
州大学出版社,1999.

[59] 王冠倬.中国古船图谱[M].北京:生活·读书·新知三联书店,2000.

[60] 王勇.日本文化[M].北京:高等教育出版社,2001.

[61] 汪向荣,汪皓. 中世纪的中日关系[M]. 北京:中国青年出版社,2001.

[62] 吴言生. 禅宗哲学象征[M]. 北京:中华书局,2001.

[63] 吴言生. 禅宗思想渊源[M]. 北京:中华书局,2001.

[64] 吴言生. 禅宗诗歌境界[M]. 北京:中华书局,2001.

[65] 王宝平,刘雨珍,孙雪梅. 晚清东游日记汇编:日本政法考察记[M]. 上海:上海古籍出版社,2002.

[66] 王公伟. 中国佛教净土宗的思想发展历程探析[J]. 世界宗教研究,2005(4):18-25.

[67] 王钦若,等. 册府元龟:拾壹[M]. 校订本. 周勋初,等,校订. 南京:凤凰出版社,2006.

[68] 王金林. 日本神道研究[M]. 上海:上海辞书出版社,2007.

[69] 王守仁. 阳明先生集要[M]. 施邦曜,辑评. 王晓昕,赵平略,点校. 北京:中华书局,2008.

[70] 王勇,郭万平,王国平. 南宋临安对外交流[M]. 杭州:杭州出版社,2008.

[71] 王守仁. 王文成公全书:第一册[M]. 王晓昕,赵平略,点校. 北京:中华书局,2015.

[72] 夏应元. 中国禅僧东渡日本及其影响[J]. 历史研究,1982(3):181-192.

[73] 谢弗. 唐代的外来文明[M]. 吴玉贵,译. 北京:中国社会科学出版社,1995.

[74] 夏秀瑞,孙玉琴. 中国对外贸易史[M]. 北京:对外经济贸易大学出版社,2001.

[75] 徐兴庆. "儒、释、道、医"的中日文化交流——从戴笠到独立性易的流转人生[J]. 台大历史学报,2014(54):123-210.

[76] 徐兴庆. 天闲老人独立性易全集:上册[M]. 台北:台湾大学出版中心,2015.

[77] 徐兴庆. 天闲老人独立性易全集:下册[M]. 台北:台湾大学出版中心,2015.

[78] 永瑢,等. 四库全书总目[M]. 北京:中华书局,1965.

[79] 袁桷. 延祐四明志[M]. 台北:成文出版社,1983.

[80] 圆仁. 入唐求法巡礼行记[M]. 顾承甫,何泉达,点校. 上海:上海古籍出版社,1986.

[81] 袁桷. 清容居士集[M]. 上海:上海书店出版社,1989.

[82] 严绍璗. 汉籍在日本的流布研究[M]. 南京:江苏古籍出版社,1992.

[83] 俞清源. 径山史志[M]. 杭州:浙江大学出版社,1995.

[84] 杨曾文. 日本佛教史[M]. 杭州:浙江人民出版社,1995.

[85] 杨曾文,源了圆. 中日文化交流史大系:宗教卷[M]. 杭州:浙江人民出版社,1996.

[86] 杨曾文. 宋元禅宗史[M]. 北京:中国社会科学出版社,2006.

[87] 闫孟祥. 宋代临济禅发展演变[M]. 北京:宗教文化出版社,2006.

[88] 朱熹. 四书章句集注[M]. 中华书局,1983.

[89] 张声振. 中日关系史:卷一[M]. 长春:吉林文史出版社,1986.

[90] 郑思肖. 郑思肖集[M]. 陈福康,校点. 上海:上海古籍出版社,1991.

[91] 真人开元. 唐大和尚东征传[M]. 汪向荣,校注. 北京:中华书局,2000.

[92] 朱谦之. 日本的朱子学[M]. 北京:人民出版社,2000.

[93] 张文良. 弥勒信仰述评[M]//佛光山文教基金会. 中国佛教学术论典:第22册. 高雄:佛光山文教基金会,2001.

[94] 朱熹. 朱子全书:第六册[M]. 上海:上海古籍出版社,2002.

[95] 张子开. 唐五代马祖禅系的弥勒信仰[J]. 西华大学学报(哲学社会科学版),2006(4):1-7.

[96] 张子开. 念佛、净土观念与早期禅宗弥勒信仰[J]. 宗教学研究,2006(4):82-89.

[97] 张伯伟. 禅与诗学[M]. 增订版. 北京:人民文学出版社,2008.

[98] 阿部吉雄. 日本朱子学と朝鮮[M]. 東京:東京大学出版会,1965.

[99] 般若. 華嚴經[M]. 東京:大藏出版株式会社,1934.

[100] 北村澤吉. 五山文学史稿[M]. 東京:冨山房,1942.

[101] 川瀬一馬. 五山版の研究[M]. 東京:日本古書籍商協会,1970.

[102] 船岡誠. 日本禅宗の成立[M]. 東京:吉川弘文館,1987.

[103] 川添昭二. よみがえる中世1[M]. 東京:平凡社,1988.

[104] 川添昭二．北条時宗[M]．東京：吉川弘文館，2001．

[105] 東野治之．日唐間における渤海の中継貿易[J]．日本歴史，1984
（438）：80–85．

[106] 東野治之．遣唐使と正倉院[M]．東京：岩波書店，1992．

[107] 大阪大学文学部日本史研究室．古代中世の社会と国家[M]．大阪：清
文堂出版，1998．

[108] 大島晃．日本漢学研究試論—林羅山の儒学—[M]．東京：汲古書院，
2017．

[109] 福嶋俊翁．大宋径山佛鑑無準禅師[M]．京都：佛鑑禅師七百年遠諱局，
1950．

[110] 飯沼賢司．八幡神とはなにか[M]．東京：角川書店，2004．

[111] 国書刊行会．続々群書類従：第十[M]．東京：続群書類従完成会，
1907．

[112] 高峰顕日，仏国国師語録刊行会．訓注仏国録[M]．東京：仏国国師語録
刊行会，1975．

[113] 岡田譲．東洋漆芸史の研究[M]．東京：中央公論美術出版，1978．

[114] 国書研究室．国書総目録：第7巻[M]．東京：岩波書店，1982．

[115] 古田紹欽．日本禅宗史の諸問題[M]．東京：大東出版社，1988．

[116] 宮崎道生．熊沢蕃山の研究[M]．京都：思文閣，1990．

[117] 亀井明徳．唐代陶磁貿易の展開と商人[M] //荒野泰典，等．アジアの
なかの日本史3 海上の道．東京：東京大学出版会，1992．

[118] 宮崎道生．熊沢蕃山—人物・事蹟・思想—[M]．東京：新人物往来社，
1995．

[119] 鷲尾順敬．日本禅宗史の研究[M]．東京：教典出版，1945．

[120] 虎関師錬．元亨釈書[M]．東京：吉川弘文館，1965．

[121] 黒板勝美，国史大系編修会．新訂増補国史大系[M]．完成記念版．東
京：吉川弘文館，1966．

[122] 黒板勝美，国史大系編修会．新訂増補国史大系：巻一下[M]．完成記念
版．東京：吉川弘文館，1967．

[122] 後藤陽一,友枝龍太郎.日本思想大系30 熊沢蕃山[M].東京:岩波書店,1971.

[124] 晦岩智昭.人天眼目[M].東京:大藏出版株式会社,1934.

[125] 榎本渉.初期日元貿易と人的交流[M]//宋代史研究会.宋代の長江流域:社会経済史の視点から.東京:汲古書院,2006.

[126] 榎本渉.東アジア海域と日中交流―九～一四世紀―[M].東京:吉川弘文館,2007.

[127] 景徐周麟.翰林葫蘆集[M].京都:思文閣,1973.

[128] 井上哲次郎.日本陽明学派之哲学[M].東京:冨山房,1903.

[129] 京都史跡会.羅山先生文集[M].京都:平安考古学会,1918.

[130] 金沢弘.日本美術全集:第15巻[M].東京:学習研究社,1979.

[131] 箭内健次.鎖国日本と国際交流[M].東京:吉川弘文館,1988.

[132] 久須本文雄.日本中世禅林の儒学[M].東京:山喜房佛書林,1992.

[133] 近代アジア教育史研究会.近代日本のアジア教育認識(資料篇)[M].東京:竜渓書舎,2002.

[134] 吉田俊純.水戸学と明治維新[M].東京:吉川弘文館,2003.

[135] 堀勇雄.林羅山[M].東京:吉川弘文館,1964.

[136] 了真,等.一山国師語録[M].東京:仏書刊行会,1912.

[137] 鈴木学術財団.大日本佛教全書[M].東京:鈴木学術財団,1971.

[138] 蘭坡景茞.雪樵獨唱集[M].東京:東京大学出版会,1971.

[139] 鎌倉市史編纂委員会.鎌倉市史史料編:第二[M].東京:吉川弘文館,1972.

[140] 李成市.東アジアの王権と交易[M].東京:青木書店,1997.

[141] 林鵞峰.鵞峰林学士文集[M].東京:ぺりかん社,1997.

[142] 鳥山喜一.満鮮文化史観[M].東京:刀江書院,1935.

[143] 南基鶴.蒙古襲来と鎌倉幕府[M].京都:臨川書店,1996.

[144] 平方和夫.長楽寺一翁院豪について―黄竜派から仏光派へ―[J].駒澤史学,1980(27):27-60.

[145] 日野龍夫.江戸の儒学[M].東京:ぺりかん社,2005.

［146］塙保己一. 群書類従[M]. 東京:経済雑誌社,1893.

［147］塙保己一. 続群書類従:第9輯[M]. 太田藤四郎,補. 東京:続群書類従完成会,1958.

［148］清水茂,等. 日本詩史・五山堂詩話[M]. 東京:岩波書店,1991.

［149］清水真澄. 圓覚寺藏 佛光国師坐像[J]. 國華,2003(1287).

［150］瑞渓周鳳. 臥雲日件録抜尤[M]. 惟高妙安,抄. 東京:岩波書店,1992.

［151］瑞渓周鳳. 善隣国宝記・新訂続善隣国宝記[M]. 東京:集英社,1995.

［152］山本憲. 燕山楚水紀遊[M]. 東京:上野松亀舎,1898.

［153］石村喜英. 黄檗独立性易禅師交遊の一側面[J]. 佛教史研究,1969
(4):141-165.

［154］石村喜英. 深見玄岱の研究:日中文化交流上における玄岱伝と黄檗独立性易禅师伝[M]. 東京:雄山閣,1973.

［155］上村観光. 五山文学全集[M]. 京都:思文閣,1973.

［156］石田一良,金谷治. 日本思想大系28:藤原惺窩・林羅山[M]. 東京:岩波書店,1975.

［157］森克己. 増補日宋文化交流の諸問題[M]. 東京:国書刊行会,1975.

［158］森克己. 新訂日宋貿易の研究[M]. 東京:国書刊行会,1975.

［159］石井正敏. 渤海の日唐間における中継的役割について[J]. 東方学,1976(51):72-90.

［160］神吽. 八幡宇佐宮御託宣集[M]. 東京:神道大系編纂会,1989.

［161］神道大系編纂会. 神道大系[M]. 東京:神道大系編纂会,1989.

［162］三上次男. 高句麗と渤海[M]. 東京:吉川弘文館,1990.

［163］松川健二. 論語の思想史[M]. 東京:汲古書院,1994.

［164］山家浩樹. 無外如大と無着[J]. 金沢文庫研究,1998(301):1-11.

［165］三橋正. 平安時代の信仰と宗教儀礼[M]. 東京:続群書類従完成会,2000.

［166］松川健二. 宋明の論語[M]. 東京:汲古書院,2000.

［167］山内晋次. 奈良平安期の日本とアジア[M]. 東京:吉川弘文館,2003.

［168］山口建治. オニ考 コトバでたどる民間信仰[M]. 東京:勁草書房,

2016.

［169］山本憲関係資料研究会. 変法派の書簡と燕山楚水紀遊―山本憲関係
　　　資料の世界―［M］. 東京：汲古書院,2017.

［170］藤原継縄,等. 続日本紀［M］. 青木和夫,等,校注. 東京：岩波書店,
　　　1990.

［171］藤樹書院. 藤樹先生全集［M］. 東京：岩波書店,1940.

［172］太極蔵主,等. 碧山日録［M］. 東京：すみや書房,1969.

［173］田山方南. 禅林墨跡拾遺［M］. 東京：禅林墨蹟刊行会,1977.

［174］田山方南. 禅林墨蹟［M］. 京都：思文閣,1981.

［175］卍元師蛮. 本朝高僧伝［M］. 東京：仏書刊行会,1913.

［176］武内義雄. 論語之研究［M］. 東京：岩波書店,1939.

［177］惟肖得巌. 東海璚華集［M］. 東京：東京大学出版会,1968.

［178］無象静照. 興禪記［M］. 東京：東京大学出版会,1972.

［179］汪婉. 清末中国対日教育視察之研究［M］. 東京：汲古書院,1998.

［180］五島美術館学芸部. 鎌倉円覚寺の名宝：七百二十年の歴史を語る禅の
　　　文化［M］. 東京：五島美術館,2006.

［181］相良亨. 近世日本における儒教運動の譜系［M］. 松戸：理想社,1965.

［182］相良亨,溝口雄三,福永光司. 日本思想大系46：佐藤一斎・大塩中斎
　　　［M］. 東京：岩波書店,1980.

［183］小野勝年. 入唐求法行歴の研究：智証大師円珍篇［M］. 京都：法蔵館,
　　　1982.

［184］小島晋治. 幕末明治中国見聞録集成［M］. 東京：ゆまに書房,1997.

［185］西尾賢隆. 中世の日中交流と禅宗［M］. 東京：吉川弘文館,1999.

［186］圓心. 東福開山聖一国師年譜［M］. 方秀,校. 東京：佛書刊行会,1912.

［187］円珍. 智證大師全集：下巻［M］. 大津：園城寺事務所,1919.

［188］佚名. 蔭涼軒日録［M］. 東京：有精堂,1936.

［189］義堂周信. 空華日用工夫略集［M］. 東京：太洋社,1939.

［190］玉村竹二,井上禅定. 円覚寺史［M］. 東京：春秋社,1964.

［191］玉村竹二. 五山文学新集［M］. 東京：東京大学出版会,1967–1972.

［192］一真,等.佛光国師語録［M］.東京:鈴木学術財団,1971.

［193］義堂周信.空華集［M］.京都:思文閣,1973.

［194］玉村竹二.日本禅宗史論集:上［M］.京都:思文閣,1976.

［195］玉村竹二.日本禅宗史論集:下之一［M］.京都:思文閣,1979.

［196］玉村竹二.诗轴集成［M］.東京:東京大学出版会,1981.

［197］玉村竹二.日本禅宗史論集:下之二［M］.京都:思文閣,1981.

［198］蔭木英雄.訓注空華日用工夫略集:中世禅僧の生活と文学［M］.京都:
思文閣,1982.

［199］玉村竹二.扶桑五山記［M］.京都:臨川書店,1983.

［200］玉村竹二.五山文学:大陸文化紹介者としての五山禅僧の活動［M］.
東京:至文堂,1985.

［201］玉村竹二.五山禅林宗派図［M］.京都:思文閣,1985.

［202］佐野公治.四書学史の研究［M］.東京:創文社,1988.

［203］蔭木英雄.中世禅林詩史［M］.東京:笠間書院,1994.

［204］玉村竹二.五山禪僧傳記集成［M］.京都:思文閣,2003.

［205］兪慰慈.五山文学の研究［M］.東京:汲古書院,2004.

［206］野口善敬.元代禅宗史研究［M］.京都:禅文化研究所,2005.

［207］斎藤英喜.陰陽道の神々［M］.京都:思文閣,2007.

［208］正宗敦夫.蕃山全集［M］.東京:蕃山全集刊行会,1941.

［209］足利衍述.鎌倉室町時代之儒教［M］.東京:日本古典全集刊行会,1932.

［210］辻善之助.日本佛教史［M］.東京:岩波書店,1970.

［211］佐伯有清.日本古代の政治と社会［M］.東京:吉川弘文館,1970.

［212］中岩圓月.东海一漚集［M］.京都:思文閣,1973.

［213］竹内理三.鎌倉遺文:古文書編［M］.東京:東京堂出版,1978.

［214］佐伯有清.『入唐求法巡礼行記』所載人名考異―円仁をめぐる無名の
人々―［M］//井上光貞博士還歴記念会.古代史論叢:下卷.東京:吉
川弘文館,1978.

［215］猪口篤志.日本漢文学史［M］.東京:角川書店,1984.

［216］竹貫元勝.日本禅宗史［M］.東京:大蔵出版,1989.

［217］住顯,等. 石溪心月禅師語録［M］. 東京:国書刊行会,1987.

［218］張偉雄. 文人外交官の明治日本［M］. 東京:柏書房,1999.

［219］佐伯弘次. モンゴル襲来の衝撃［M］. 東京:中央公論新社,2003.

［220］佐藤錬太郎.『論語』学而篇「学而時習之」章の解釈をめぐって［J］.斯文,2013(123):1–15.

［221］佐藤秀孝. 霊石如芝の活動とその功績—入元日本僧と鎌倉末期の日本禅林の動向を踏まえて—［J］. 駒沢大学仏教学部論集,2005(36):19–95.

［222］佐藤秀孝. 西澗子曇の渡来とその功績—蒙古襲来を挟んで二度の来日を果たした中国禅僧の数奇な生涯—［J］. 駒沢大学仏教学部論集,2007(37):39–147.